21 世纪新闻传播学系列教材

理论新闻传播学导论

第二版

童 兵 著

中国人民大学出版社

· 北京 ·

总序

PREFACE

中国人民大学出版社策划出版的这部"21世纪新闻传播学系列教材"，是一部在新闻传播学领域内，皋牢百代，卢牟六合，贯穴古今，笼罩中外，密切联系新闻传播工作的实际，广泛吸收新闻传播学的最新研究成果，高掯遐揽，取精用宏，供新世纪的高等院校新闻传播院系教学使用的系列教材。

20世纪初以来的100年，是世界新闻传播事业飞速发展的100年。这100年来，随着科学技术的不断发展，继报纸、期刊、通讯社之后，广播、电视、网络和多种新媒体相继问世，新闻传播的媒介日趋多元化，新闻传播的手段日趋现代化，"地球村"变得越来越小，新闻传播事业对世界政治、经济和文化的影响则变得越来越大。

这100年，也是中国新闻事业飞速发展的100年。其中最近的30年，即中国改革开放以来的30年，发展得尤为迅猛。据上个世纪末的统计数字，截至1999年，全国已有公开发行的报纸2 100种，通讯社2家，广播电台1 200座，有线和无线电视台3 000多座。其中，报纸年出版总数达到195亿份，广播人口覆盖率达到88.2%，电视人口覆盖率达到89%，电视受众超过9亿。与此同时，全国各类新闻从业人员的总数也已超过55万。

进入新世纪以后，中国新闻事业发展的势头更为迅猛。

报纸、期刊、通讯社、广播电台、电视台的数量在宏观调控下，虽无大变化，但软硬件的实力，都有了很大的提高。据 2008 年的最新统计数字，全国报纸的期发数已达 1.07 亿份，稳居世界第一位。全世界发行量最高的 100 家报纸中，中国占了 25 家（大陆 24 家，台湾 1 家）。电视受众超过了 12 亿，覆盖率达到了 97.1%。宽带网的上网人数超过了 2.23 亿。手机的拥有量超过了 5.39 亿，手机短信的发送量超过 3 500 亿条。手机的功能已进入 3G 时代，由一般的通话，发展到手机短信、手机报和手机电视。与此同时，新闻传播业的产值也大大提高，超过了 5 440 亿元人民币，成为国民经济的第四大主导产业。中国在以上统计数据中的后几项数字，都已稳居世界的前列。

这样大的发展规模，这样快的发展速度，在世界和中国新闻事业史上都是空前的。回顾既往，盱衡未来，新闻传播事业在 21 世纪还将保持旺盛的发展势头。新闻传播，作为上层建筑和意识形态的一个重要组成部分，在全面准确地宣传党的基本理论、基本路线和基本方针以及各项决策，反映人民群众的伟大业绩和精神风貌，以及推动改革开放和社会主义现代化建设等方面，必将继续发挥着重要的作用。

与新闻传播事业的发展相配合，这 100 年来，为中国的新闻战线培养和输送人才的中国新闻教育，也有了相应的发展。中国的新闻教育起始于上个世纪初，迄今有近 90 年的历史。新中国成立前的 30 年，虽然先后在个别院校中设立了新闻系或新闻专科，但规模都不大，设备也不够完善，在校学生的人数，最多的时候不超过 400 人，30 年间累计培养出来的毕业生还不到 3 000 人。新中国成立后，为了为新中国的新闻事业培养人才，新闻教育有了新的发展，但到 20 世纪 60 年代中期为止，全国的新闻教育机构也还只有 14 家。当时全国只有 343 家报社、78 座广播电台和 13 家电视台，革命老区来的新闻工作骨干，正当盛年，足以支撑大局，新闻系和新闻专业的学生统招统分，基本上能够满足中央和省市以上新闻单位梯队建设方面的需要。“文化大革命”爆发后，新闻事业进入低谷，新闻人才的培养也被迫中辍。拨乱反正之后，新闻事业有了飞速的发展，但新闻工作的人才却出现了断层，明显供不应求。中国的新闻教育得以重整旗鼓并得到空前迅猛的发展，主要是改革开放以来 30 年间的事情。这 30 年来，中国新闻教育和中国新闻事业同步发展。截至 1999 年，全国设有新闻传播学类院、系、专业的高校已由改革开放之初的两三所增加到 60 所以上，各种类型和层次的专业教学点已不下 600 个。新闻专业的教学已从单一的大学本科教育，发展到博士生、硕士生、本科生、大专生、成人教育、函授教育等多层次的格局，个别院系还设置了新闻传播学方向的博士后流动站。改革开放之初，全国在校的新闻系科学生总共只有 500 来人，现在仅本科生就有6 000人，加上大专生和研究生接近 10 000 人。30 年间累计向新闻单位输送的毕业生超过 30 000 人。办学层次、办学规模、办学水平都有了很大的提高。进入新世纪以后，随着新闻传播事业的加速发展和新闻战线人才需求的不断增加，中国的新闻教育还将会有更大幅度的发展。

一般说来，新闻教育质量的高低，起决定作用的，主要是两个因素：一个是师资，一个是教材。两者之间，教材的作用更大。这是因为，师资的多少和良窳，往往受办学主客观条件的限制，而教材一旦完成，就可以直接嘉惠于学子，风行四海，无远弗届。进一步说，一部好的教材，不仅可以满足教学的需要，培养出一大批人才，而且还可以同时拥有一定的学术含量，推动新闻传播学研究的发展。1919年出版的徐宝璜的《新闻学》，1927年出版的戈公振的《中国报学史》，就是很好的例子。两书都是作者在高等学校从事新闻学理论和新闻史教学时作为教材编写出来的，出版之后，立即引起世人的关注和推崇，几十年来一再重版，历久不衰，至今仍然是公认的新闻学理论和新闻史方面的传世之作和经典之作。正因为这样，新闻教育的前辈们，历来十分重视教材的建设。新中国成立初期的十来年，坊间出版的新闻学方面的书籍，绝大部分都是教材。改革开放以后，新闻传播学研究空前繁荣，新闻学方面的书籍大量问世，但教材仍然在其中占了很大的比重。这些教材，覆盖了新闻传播学的方方面面，经过出版家和众多作者们的长期努力，门类和品种基本配套齐全，曾经为同时期的新闻教学做出过重要的贡献。但是，随着时间的推移和新闻工作实际的飞速发展，这些教材的体例日显陈旧，观点和内容也亟待调整和更新。一些属于学科前沿和科技含量较高的新开课程的教材尚付阙如，使现有的教材出现了不少缺口。在新世纪已经到来之际，积聚力量，重新编写出一套体系完整，门类齐全，能够为新世纪的新闻教育和新闻人才培养服务的新闻传播学的系列教材，已经成为人们的共识和新闻业界及新闻教育界的迫切需求。

呈现在读者面前的，就是应这样的需求产生的一套系列教材，它将涵盖新闻学、传播学两个二级学科的方方面面的内容，满足新闻、广播、电视、广告、媒体经济、多媒体等多个专业的教学需要。负责这些教材编写工作的，是中国人民大学、复旦大学、北京大学、清华大学、中国传媒大学、中国青年政治学院等多所著名院校长期从事新闻传播学方面教学与研究工作的专家学者，其中有相当大的一部分编写者，都是相关学科的国家级学术带头人，堪称一时之选。收入本系列的教材，既有国家级的重点教材，也有部级的重点教材，其他的也都是经过严格筛选的精品，所以，它们的质量是有保证的，它们的权威性也将会得到社会的认同。

21世纪是一个高度信息化的时代，是信息经济和知识经济占主导地位的时代。信息经济和知识经济有两大支柱，一是以高新科技为代表的传播技术产业，二是从事新闻和信息产品生产的媒体产业。新闻传播学作为将这两大领域有机联结的桥梁，在今后的国家建设和社会发展中必将发挥越来越重要的作用。中国人民大学出版社经过精心策划，隆重推出这套系列教材，是具有高度的前瞻性和战略眼光的。在这里，我谨代表编委会和全体作者向中国人民大学出版社表示由衷的感谢。

这部系列教材开始策划于上个世纪的最后一年，本世纪初起陆续问世，迄今已编写出版了近50种。在体例和内容的创新和开拓等方面，远远超过同时期出版的同类教材。其中的有些教材，还根据整个新闻传播理论与实践的发展和新闻传播学教学与研究的发展，陆续做了必要的补充和修订，重新出版，实现了内容的与时俱进。

21世纪，中国的新闻传播事业和新闻教育事业都将有一个大的发展。这批系列教材的问世，将会为新闻传播事业和新闻教育事业的发展和繁荣、为新世纪新闻传播人才的培养做出其应有的贡献。这是出版者和全体作者共同的一点希望。是为序。

方汉奇

于中国人民大学宜园

第二版序言

FOREWORD

《理论新闻传播学导论》第二版问世，离初版已整整十一年了。这十一年，中国的新闻传播事业及产业有了长足进步，有中国特色的新闻传播学也有了一定发展。但新闻传播学界对新闻学、传播学和新闻传播学的称谓尚未取得共识，实质上反映了学界对新闻传播学的研究对象至今仍存有不同看法。新闻传播学作为一门已经不很年轻的学科，在理论框架的构建上也没有取得实质性的突破。这种种状况，说明了被人们称为“显学”的新闻传播学，其学科建设还有很长的路要走。

我在初版序言中曾经强调，“新闻传播学不是新闻学加传播学，而是研究新闻传播过程及其规律的学科，它是在传统新闻学基础上，吸收传播学的一些学术成果，运用传播学的一些学术名词，用新的视角和方法审视新闻传播现象，考察新闻传播过程，讨论这种不同于一般大众传播的新闻传播的特殊规律及其原理、原则。”不曾料想，这段话以至“新闻传播学”的称谓引起了某些人的误读。他们说，作者放弃了新闻学，要用传播学取代新闻学。其实，我写作这部书的初衷，是站在传统新闻学的基础上，吸收传播学的有益成果，运用传播学的一些有生命力的学术名词，采取新的视角和方法拓深传统新闻学的研究领域。或许可以说，试图推动现代新闻学的建设。以作者陋见，现代新闻学不同于传统新闻学的地方，在于克服后者把主要研究目光放在新闻内容的考量上，而对新闻传播过程的各个环节、传播致效原则的坚守以及宏观新闻传播规律的探索有所忽略等不足。

我深为赞赏拉斯韦尔提出的传播“五 W”模式。在初版绪论中，我指出，“谁？说了什么？通过什么渠道？对谁？取得了什么效果？”由这五个问题组成的“拉斯韦尔公式”，犹如一支通红的火把，把理论新闻传播学应该阐述的最基本的范畴，照得清清楚楚，明明白白。难道不是吗？不论一般的大众传播，还是新闻传播，还有什么问题比这五个问题更重要，更不可缺少？对这些分析，也有人表示不能接受，有人甚至说，这种分析表明作者完全放弃了新闻学，用“五 W”的传播学框架取代了“内容为王”的新闻学范式。

这里有必要为此花些笔墨。我以为，不应该把拉斯韦尔的“五 W”仅仅看作他为狭义传播学规定的逻辑框架。试问，有没有一种信息传播活动，包括以新闻信息传播为使命的新闻活动，不是以“五 W”为传播活动基本环节和传播生产的重要流程的？无可辩驳的事实是，一般的传播活动是依据“五 W”渐次进行的，一般的传播学研究是围绕“五 W”依序深入的。作为传播活动之一的新闻传播活动，也同样依据“五 W”各环节渐次进行，新闻学也同样要围绕“五 W”为主要层面依序展开。拉斯韦尔的“五 W”公式不仅适用于传播学，也同样适用于新闻学。拉斯韦尔的“五 W”公式揭示了包括新闻传播在内的一切传播活动的共同规律。我们不应该把“五 W”公式仅仅当作传播学的“专利”。提出“新闻传播学”称谓，就是从宏观传播学和宏观新闻学的角度，把新闻学视作宏观视野下的新闻传播学。这里可以再次表明，所谓“新闻传播学”实质上是现代新闻学。

借用拉斯韦尔的“五 W”公式，还可以清晰地考察新闻传播从事实发生、信息获取、通道传递、受众收受到效果实现的新闻信息传播流程，新闻学研究的逻辑思路也大抵如此。这部书考察新闻传播现象的方法和建构新闻传播学的理论框架，恰恰说明，它根本没有放弃传统新闻学有核心价值的内涵，而是相反，它弥补了传统新闻学的不足，使新闻学原本应该涉足的理论领域得到充分拓展，运用一系列兼容新闻学与传播学的学术话语给予深刻的解说，使之成为名副其实的现代新闻学。在这种语境下，“新闻传播学”的称谓，正是“现代新闻学”的同义词。

十一年来，中国和全球新闻传播活动、中国和全球新闻传播事业及产业，借助不断腾飞的新科学技术突飞猛进。第二版对此作了较多的、较充分的补述和阐析。这样，这部修订版本的“现代色彩”也得以加强，使其更富含“现代新闻学”的意韵。

不知读者诸公阅读了这部修订版本之后，能否体悟到作者的这些个人追求和愿望，我等待着各位的评论和指正。

序言

PREFACE

1997年国务院学位办决定，新闻传播学列为一级学科，归入文学门类。这一重大决定，不仅标志着新闻传播学在我国人文社会科学中地位的提升，而且也对新闻传播学的教学和科研提出了更高、更严格的要求。

新闻传播学不是新闻学加传播学，而是研究新闻传播过程及其规律的学科，它是在传统新闻学基础上，吸收传播学的一些学术成果，运用传播学的一些学术名词，用新的视角和方法审视新闻传播现象，考察新闻传播过程，讨论这种不同于一般大众传播的新闻传播的特殊规律及其原理、原则。

同传统新闻学一样，新闻传播学的学科构成也可分为理论、历史、实务三个分支，即理论新闻传播学、历史新闻传播学、应用新闻传播学三个分支学科。其中，理论新闻传播学是新闻传播学的理论基础部分，即考察和研究新闻传播活动是如何发生的，它的发展和运作有些什么规律，它同随自己互动的社会经济、政治、文化、社会环境有哪些关系。这些内容构成了理论新闻传播学的特定研究对象和基本学术范畴。

本书即是据此而定位和展开的。作为导论，本书努力于基本规律的认识与阐述，并尽作者力所能及，构建一个逻辑联系较为合理、清晰的理论框架。这样做，一是为了使学子们有最基本的东西可学，不再受“新闻无学”的影响；二是为了使用这本书的教师有较大的发挥空间。因此，这本书总的风格是突出专业知识与基本理论的阐释，而不提供过多的例证。

对于编写理论新闻传播学教材，我持这样的撰写原则：凡是被学术界认同，并在实践中行得通的学术观点、研究成果，都应该尽可能全面地吸收进来，不管某些观点尚未见“红头文件”或领导人讲话；而对一些未有定论，争议极大，一时还难有实践检验最终结论者，则最好是缓一缓，看一看。“师者，所以传道、授业、解惑也。”韩愈此训，也是编写教科书的指导思想。“学术无禁区，宣传有纪律”，在学术研究领域基本适用，在教科书中则要慎重，必须考虑到对学子今后社会实践的正确引导。

这本书尽量想为学子们提供一些学习和研究理论新闻传播学的方法。这些方法，在绪论中将有说明。研究方法的陈旧和不科学，害苦了包括我在内的几代新闻学探索者。希望后来人能在我们的教训的基础上有所创新。这方面，我们付出的“学费”已经太多太多了。

最后，恳请学子们、专家们给予本书指教和批评，以使这本面对 21 世纪的新教材日臻完善。

目录

CONTENTS

绪论

INTRODUCTION

一个民族想要站在科学的最高峰，就一刻也不能没有理论思维。

——恩格斯

作为起源，实践先于理论；一旦把实践提高到理论的水平，理论就领先于实践。

——费尔巴哈

1948年，在《传播在社会中的结构与功能》一文中，美国政治学家和传播学家拉斯韦尔提出了著名的“五W”模式：

谁

说了什么

通过什么渠道

对谁

取得了什么效果？

由这五个问题组成的“拉斯韦尔公式”，犹如一支通红的火把，把理论新闻传播学应该阐述的最基本范畴，照得清清楚楚，明明白白。

作为《理论新闻传播学导论》的作者，我的使命是沿着这一公式指点的路径，逐一说明新闻传播系统中各个子系统的相应位置、功能及其相互间的有机联系。而对整个新闻传播现象的研究，自然也应从人的传播动机和行动来阐释，并以此作为理论新闻传播学的逻辑起点。

一、传播和新闻传播学

实际上，拉斯韦尔公式明确地指出了人类传播活动研究的五个最基本的方面，即控制研究（包括传播者研究，因为就传播主体而言，传播什么或不传播什么，实质上就是一种控制）、内容研究、媒介研究、受众研究和效果研究。用图表显示，则为：

谁（控制研究）→ 说什么（内容研究）→ 通过什么渠道（媒介研究）→ 对谁（受众研究）→ 取得什么效果（效果研究）

这五种研究，是理论新闻传播学研究的核心，而这些核心问题的基础，无可争议的是传播，没有传播，各个环节便失去了运行和连接的动力和意义。

“传播”，是一个十分抽象又相当模糊的概念。学界关于“传播”的定义林林总总，纭纭纷纷。台湾一位学者对此有心，整理出15种有关“传播”的不同理解：

1. 象征/语文表达：传播为一种思想或理念的语文交换。

2. 了解与达成：传播是一种过程，借之而了解他人；反过来，致力为他人所了解。对于整个情势的回应，这是动态的、经常变幻的和移动的。

3. 互动/关系/社交过程：即使在生物一个层次，互动是传播的一种；要不然，共同行动无由产生。

4. 不确定状态的消除：传播因环境需要而出现，来消除不确定状态，有效执行，来防卫和强化自我。

5. 过程：资讯、理念、感情、技术等等的传输，所使用的是象征事物，如文字、图画、形象、图表等。这种传输过程或动作，通常被称为传播。

6. 转移/传输/交换：视传播为一条联接的线索，系在对某一事物的理念由一件事或一个人移向另一件事或另一个人时出现。我们用“传播”这个名词，有时指所经移转的事物，有时又指移转的工具，有时指整个过程。在许多情况中，这种移转的事物仍被共同享有；假使我将资讯传送他人，并非将我对资讯所有权移送他人。针对此而言，“传播”一词含有参与的意义。举例而言，宗教崇拜者被认为在进行传播。

7. 连锁/联接：传播是一种过程，将生活世界中不连属部分与另一部分联接。

8. 共有：这“传播”是一种过程，将一个和多个独占事物，使两个或若干个所共有。

9. 管道/载具/工具/路线：军事情报、命令等传送的工具，如藉电话、电报、无线电或专差等。

10. 回忆的再现：传播是一种过程，促使某一人注意，以达成回忆再现的目的。

11. 选择性回应/行为对回应的修正：传播为有机事物对一种刺激产生的选择性回应。

12. 刺激：每一种传播行动可当做资讯传送者，这指一种有选择性刺激，由来源送向接受者。

13. 有意识行动：大体而言，传播存有一些行为情况，音讯自来源传向一个接受者，含有一种意识，来影响这个人。

14. 时间/情况：传播过程为一个结构的情况总体，以所喜爱的设计，传向另一整体。

15. 权力：传播为一种机制，权力可借之而施展。①

大陆学者对于传播的认识，大致接近罗浩先生总结的前几种。《新闻学大辞典》关于“传播”的诠释是：信息的交流和分享。另一部新闻辞书《中国新闻实用大辞典》的诠注也强调：“传播”一词，意为人类的思想、观念、情况等社会信息的交流。

作为应用科学，先有术后有学。传播学始于20世纪20年代，勃兴于50年代。一般认为，传播学是研究人类传播行为、活动及其规律的科学。从学科体系看，新闻传播学应是传播学的一部分，是研究人类新闻传播行为、活动及其规律的科学。不应该把新闻传播学看做新闻学加传播学。尽管新闻学的发展与普及早于传播学，但从人类传播行为和活动考察，一般意义上的传播活动却是早于新闻传播活动的，人们对于一般传播活动及其规律的研究也早于新闻传播活动及其规律的研究。这一点，台湾学者和大陆学者近年出版的关于先秦诸子及各朝各代传播活动的研究成果，有着大量的说明和论证。因此，本书将唤了数十年的新闻学，改为新闻传播学，应该说是还人类传播活动的真面目，以及对于所进行研究的学科以名副其实的称谓。

做了这样一番说明之后，现在可以对新闻传播学下这样的定义：新闻传播学是研究人类新闻传播现象、新闻传播事业及其规律的一门科学。这门应用性社会科学，可细分为理论、应用和历史三个分支，即理论新闻传播学、应用新闻传播学、历史新闻传播学。本书的任务正是研究新闻传播学的理论基础和新闻传播的基本原理及基本规律。

---

① 参见罗浩编著：《媒介与社会 Q&A》，1版，1~3页，台北，风云论坛出版社，1996。

二、学习理论新闻传播学的意义

为什么要研究理论新闻传播学？理论新闻传播学作为一门研究新闻传播规律的科学，其对社会实践的作用，主要是指导人们驾驭新闻传播规律，按照这些规律能动地从事新闻传播活动。以“学”事“术”，是学习和研究理论新闻传播学的首要目的。

无论在外国还是在中国，对于新闻传播有无规律，新闻传播能否独立成为一门“学”，始终存有不同看法。在中国，经过数十年争议和社会实践的反复验证，目前公开说“新闻无学”的人恐怕已经不多了，但在社会实践中漠视新闻传播规律而我行我素、轻视新闻传播学研究的现象仍相当严重。就是在一些新闻出版主管部门，以简单的行政命令代替新闻科学决策的言行，也时有所见所闻。

由于历史的原因，我国前几代新闻从业人员，多数没有机会接受正规的新闻传播学的高等培养。他们主要是“从战争中学习战争”。有的则是通过“以师带徒”的传统职业培养的路子掌握新闻采编的技巧与方法。这样的途径，这样的方法，不要说以应用性为特征的社会科学，就是自然科学研究，以及其他的各行各业，都可以运用并且有可能成功。因为任何行业的理论提升，任何一门科学，都是先有“术”而后有“学”的。难道人们不是先学会说话之后才有语言学的吗？不是先炼丹求取“长生不老之药”而后才有冶炼术，最终才有所谓的化学的吗？新闻传播学自然也不能例外。承认有“学”，不贬低更不否认“术”之重要，建构新闻传播学丝毫不意味着对任何新闻实践的轻视与抹杀。

然而不能否认，有了“学”之引导，“术”会更有用武之地，以“学”指导之“术”的运用，比无“学”之指导的盲目操作，效益与成果要好得多。越来越多的新闻传媒领导表示，愿意要新闻院校毕业的学生去他们那里工作，他们说，经过正规教育的学生，“上路快，有后劲”。所谓“上路”、“后劲”，即指学生由于在校期间研习了新闻传播规律，所以走上新闻工作岗位，便会自觉地按这些规律指导业务运作。随着工作经验的积累，他们对这些规律的认识更加深刻，运用起来也更加娴熟，所以“后劲”也足。

一些没有进过新闻院校的新闻从业人员，也可以写出优秀的新闻作品，甚至也能办出成功的报纸，这如何解释？这是因为，这些人虽然没有机会在学校研读新闻传播学，但他们十分注意在新闻实践中了解、体会和总结新闻传播规律。很多事例说明，重视总结和不注意总结实际工作经验是大不一样的。把这些经验提升到理论的高度，也就是新闻传播的规律。这种现象仅仅表明：新闻传播规律除了学校教育可以学习到之外，在实际工作的过程中也能够学到，但这并不意味着只要干不必学，更不意味着新闻无学，新闻传播规律不存在。

总之，我们认为，新闻传播规律客观存在，新闻传播是有规律可循的。我们研究理论新闻传播学，就是为了了解和驾驭这一规律，自觉地指导新闻传播活动，避免盲目操作。

学习和研究理论新闻传播学的另一个目的，是提高新闻实践经验总结与新闻传播研究的理论水准。一个记者积累了一定数量的采写体会，一个编辑具备了大量的编排经验，便想对之进行总结与分析。大量的总结与分析，不分中外，大多数是谈“我怎样做”，而没有深入到“我为什么要这样做”的层面。在实际工作部门工作的人员，如果他们的总结与分析总是停留在这样的水平，总是停留在师徒传艺的层面，新闻传播就难以取得更大的发展与进步。前面提到，新闻传播是有规律可循的，但如果总是“怎样做”一般的技艺传递，就很难触及对某些根本规律的探讨。只有深入到“为什么要这样做”，才能既“知其然”，又“知其所以然”，了解哪些做法符合规律，哪些做法不符合规律。要这样做，必须深入地学习与掌握理论新闻传播学，通过学习和研究，了解和驾驭新闻传播的基本规律。可以说，理论新闻传播学是新闻传播从应用走向科学的必由之路。

现在每天都有一批新闻传播学的研究论文问世。仔细阅读这些论文可以发现，不少是“低层次的重复”。你讲导语写作 100 例，我写写作导语 300 例。今天发表新闻背景的写作，明天又刊登写作新闻背景的方法。我们无意贬损这些论文对于初学新闻写作者的启蒙作用，也不否认其中的不少文章是有实用意义的，但是应该指出，新闻传播学的研究，如果总是停留在这样的低层次的简单重复的水平上，新闻传播科学是难以有大的发展的。在信息十分发达、媒介高度繁荣的今天，在现代信息产业正在突飞猛进的现时代，要求新闻传播科学无论在应用层面还是理论层面，都有一个大的、根本性的突破。而突破的唯一途径，是提升新闻传播研究的理论水准，充分强化这一研究的科学性。面对这一历史性的要求，我们必须全面、系统地加强对新闻传播学的基本理论与基本知识的学习，以求对新闻传播的基本规律有一个全面深刻的了解与把握。

对于在校攻读新闻学和传播学的学生，以及作为继续教育的一部分而再研读新闻学与传播学的新闻从业人员来说，理论新闻传播学是一门以基础性理论为特色的骨干课程，是应用课程和历史课程的先修课。这是学习理论新闻传播学的第三个目的。比如，新闻采访学中往往强调“七分采访三分写”的记者采访工作原则，以强调掌握第一手材料的重要性。理论新闻传播学作为一门理论学科，将从新闻意识与社会存在的关系、知与行的关系、社会调查与理性思考的关系等视角与层面，为采访学的这一原则提供支持与依据。又比如，新闻传播历史学为学习者提供重要媒体的创办与发展的历史个案，而理论新闻传播学将进一步从经济、政治、文化以至军事与外交的全方位为学习者展示其中的规律：在何种物质条件下媒介的发展将受到制约，在何种社会条件下媒介的发展又会得到推动？为什么社会主义条件下的媒介运作采取这样的体制与方式，而资本主义条件下的媒介运作又会采取另一种体制与方式？

哲学告诉我们，感觉到了的东西不一定能深刻地理解它，只有理解了的东西才能深刻地感觉它和认识它。对于新闻传播学的应用部分和历史部分来说，新闻传播学的理论部分可以说是它们的认识工具与入门途径。丰富的实践经验和历史经验为新闻传播学的理论研究提供了深刻思考和总结的素材，而后者的研究成果由于揭示了根本的传播规律而给予传播实践与史学研究以深刻的理论指导。

三、学习理论新闻传播学的方法

学习和研究理论新闻传播学的方法，大致有两类。理论新闻传播学是应用性社会科学，所以研究应用文科的方法，在这里大体上都适用。作为以新闻传播现象和新闻传播事业为特定研究对象的新闻传播学科，还应有相应的视角与方法。作为一般的方法，要强调这样几个方面：

第一，要认真地研读马克思主义新闻经典著作，运用马克思主义新闻观点，观察与分析错综复杂的传播现象与传播社会关系。

严格说来，我们至今尚无一个比较完善的新闻传播学的科学体系。中国和外国大体上都如此。这主要因为，一是新闻传播学这门学科过于年轻，发展又过于迅速，研究者们还无法深刻认识和驾驭它的演进过程中的种种规律，研究资料的积累也过于稀少。二是新闻从业者以至新闻研究者过于重“术”而过于轻“学”，对于技巧改进和媒介功能的功利主义追求往往大于对基本规律的研讨与基本理念的完善。媒介的有意与无意的错位运作与短期效应，常常压抑了媒介的有机发展，给人以理念的误导与规律的漠视。是故近百年来，新闻传播学科的发展与同时代的其他学科相比，常常显得有气无力与有声无色。三是新闻传播学的研究缺少自己的学科语言、学科体系与学科方法，常常由于过多地借用其他学科的语言、体系与方法，而损减了自己学科的独立性与自主性，个别阶段曾经被其他学科所替代，或成为其他学科的附庸。

但是，新闻传播学毕竟已有百年研究的历史和自己的积累，在某些理念、体系、方法上已取得一定成就。无论是资产阶级学者的成果，还是马克思主义新闻学的研究成就，都是不该被拒绝的。

马克思主义者对于新闻传播现象尤其是党报工作规律的研究成果，首先应归功于马克思主义的奠基人马克思和恩格斯，以及他们同时代的许多党的报刊活动家，其次应归功于马克思主义在新时代的发展者列宁、毛泽东等工人报刊活动家。这些报刊活动大师和新闻传播理论的第一批马克思主义研究者的研究成果，虽然还未能构建马克思主义新闻传播学的理论大厦，但已为这座大厦的建设提供了一些最重要的指导性观点和方法。作为这个大厦后来的建设者的我们，要认真地学习这些观点和方法，以为我们在新的历史条件下直接构建马克思主义新闻传播学的奠基石与脚手架。当然，在学习与借鉴中，必须克服教条主义和本本主义的干扰，因为任何过去曾经是非常正确的理论，随着时光的推移，总会产生某些与当代不甚适应的成分，世界上没有适用一切时空的真理。

第二，要实事求是地评估资产阶级新闻学者的研究成果和资产阶级报刊活动家的业务经验，重视和吸收其中反映新闻传播规律的学说与经验，为中国的新闻传播事业服务，为建设马克思主义新闻传播学所用。

资产阶级报刊事业已有近四百年历史，自广播、电视等媒介加入以来的现代新闻事业的历史也近百年。其中自然不乏不科学的成分，这是毋庸置疑的，但又含有相当多的反映新闻传播基本规律的经验、做法与理论著述，这也应是不争的事实。个中原因是十分简单的，因为几百年来的新闻传播事业和百年来的学术研究，虽然无法脱离特定的传播环境、价值观念和行为准则的制约，但也不同程度地反映着对新闻传播基本规律与科学研究方法的认识、运用与驾驭。换句话说，无论是资产阶级新闻学者的学说，还是资产阶级新闻活动者的经验，凡是反映着基本规律与科学方法的部分，完全应该也一定可以为今日所用，为我们所用。进而言之，对于他们的价值观念与行为准则，也应该一分为二，其中合情合理、于我有用的部分，我们可以拿过来改造为对己有用的东西，有何不可？

应该建立起这样的共识：几百年积累的资产阶级创办新闻传播事业的经验，百年来资产阶级新闻传播学者的研究成果，是人类精神文明的共同结晶。其中既有持鲜明阶级倾向与功利目的的学者与报人的努力，也有广大学人和新闻从业人员以至亿万受众的贡献。一门学科，一种学说，除了当事人百折不挠的卓绝努力之外，总是广泛地汲取了同时代人的点点滴滴的见解、看法、做法、技巧以至学说。对于全人类花费数百年建树起来而于今于己又有实用价值的东西，我们为什么要拒之门外、弃之不用呢？过去的某些极“左”思潮下的做法与政策已经使我们蒙受不小的损失，这一教训实在是太深刻了。

对于资产阶级新闻活动家的经验和资产阶级新闻传播学者的著述，所持的正确做法，应同对待西方学说的一般做法相同，即有分析有区别地吸收，既不全盘否定，也不一概接受。这在学习和借鉴时，要十分留意。但几十年来话虽这么说，实行得并不全面，往往是批判否定多，接受利用少。这种多少反映着极“左”思潮下的心态与行为，应切实有所改变。

第三，要敢于和善于坚持理论联系实际的学习作风和学习方法，在新闻传播活动中和新闻传播学术讨论中学习和掌握新闻传播规律，学习理论新闻传播学。

一种学说，一门科学，如果不敢联系实际，这种学说和科学是没有意义的。从这个意义上说，任何学科（包括自然科学和社会科学在内），都必须坚持理论联系实际。以实际应用为特色的理论新闻传播学，提倡与坚持这一学风与方法，则更是如此了。

对不少人来说，理论联系实际也许只是一句叫滥了的口号。这是由许多复杂的原因造成的。有的研究者成天躲在书斋里研究他的所谓“模式”、“程序”，而这些“模式”和“程序”又远离社会环境与时代需求，结果拿到新闻传播实践一运作，完全不适用，或者一用就失败，所以他们只能对自己的学说孤芳自赏，不敢拿来实践，口说“理论联系实际”，实际只是装潢门面。

有的学说与研究成果由于一定程度上反映了新闻传播客观规律而具备了指导实践的活力，但是研究者不敢付诸实践，这种现象常常是由两种情况造成的：一是这些成果往往由于超前研究而为以短期行为为特征的传播现实所不容，二是传播政策滞后于传播市场而压抑着这些成果的公开面世和现实转化。

理论新闻传播学的学术研究，历来有描述性研究和先导性研究两种。描述性研究侧重于对当前的传播政策保护下的现实传播现象进行概括与提炼，从中作出经验性的总结或理论性的描述。这种研究在于说明现存的合理性与优越性，偶尔也论及现存的一些不足，提出若干纠正的举措，但绝不希求突破传播政策允许的框框。

先导性研究的舞台是从社会大环境，从社会经济、政治、文化互动进程中考察现存的走势、强势与弱势。这种研究往往很少顾忌当前传播政策的制约，而着眼于世界大传播与基本传播规律的考量。由于这种研究常常是超前的，所以较多时候会碰撞现行政策的禁区，尤其是同一些人的思维定式发生冲突。这种情况下，一方面要求研究者出于对社会的高度责任感和严谨的科学态度，反复论证自己结论的正确性和现实的可操作性，另一方面也呼唤社会提倡宽松自由的科学研究环境，弘扬“百花齐放、百家争鸣”的学术研究精神。

总之，对于新闻传播学的学术研究者来说，理论联系实际决非一句空洞的口号。马克思主义新闻学术研究者应为中国新闻传播科学的进步繁荣贡献自己的一生。他们的研究成果，必须能说明现实的新闻传播实践，又能指引未来的新闻传播实践，使中国的新闻传播事业能自立于世界传播之林，使中国的新闻传播学研究成就在全球新闻传播学中有一定的地位。

对于年轻的新闻传播学学子来说，理论联系实际，则要求他们自觉地研读报刊，广泛视听电子媒介，从中国以至世界的全方位，观察中国当前的新闻传播现实，从中考量理论的正确性与可操作性。学子们要把新闻传播媒介及其作品当做最新的活的教材，把新闻传播空间视为最大最生动的课堂，把千万新闻从业人员视做自己最可敬的教师，从每日视听的大量新闻传播作品中去体验、认识、把握新闻传播规律和方法技巧，为将来成为真正的新闻人做好准备。对广大学子来说，不讳言传播现实的功过是非，敢于讲出自己的学术见解，勇于对自己的学术不足与认识弱点进行自我检点，既是一种学术勇气、理论良心的培养，也是善于理论联系实际的一种表现。

以上说的是新闻传播学作为一般性应用文科，应该遵循的三种学习与研究方法。作为以新闻传播现象为自己的研究对象，以探究新闻传播规律为自己的研究目的的理论新闻传播学，还应该有一些特殊的研究方法。

在中国，理论新闻传播学研究过去长期沿用的研究方法是实证和演绎。由于“语录新闻学”、斯大林“教科书观点”乃至“十三经注疏”式的烦琐注疏方法的影响，教条主义、实用主义、形式主义泛滥。当时，一本《×××论新闻》，若干条伟人语录，即可成为人们乃至“学者”阐释复杂的新闻现象、评判一切新闻论争、构建新闻学理论大厦的“法宝”。后来，人们在否定这种陈旧、悖谬的方法时指出，新闻传播学研究既不能脱离整个社会现实，孤立地考察新闻传播现象，也不能从主观动机和愿望出发，或者从虚幻的社会存在出发，而必须从社会的普遍联系中，从活生生的社会现实中，从不断变更的群众生活条件下，探索新闻传播的客观规律。人们还从以往的教训中得出结论：不从实际出发，不以史料为依据，任意剪裁史实以适合附会某一理论模式的研究方法（假如称得上是“方法”的话），也是不可取的。理论新闻传播学的研究，必须结合中国的国情，运用和总结为新闻传播学所适宜的方法，同时要注意借鉴和引进社会学、心理学、统计学、控制论、信息论、系统论等，尤其是传播学的方法。

以下三种方法，对于理论新闻传播学研究是尤其必要的：

第一，科学抽象和理论思维。马克思指出，所谓科学，就是用理性方法去整理感性材料。对于理论新闻传播学研究来说，以概念为媒介，运用判断、推理手段对客观现实（包括各种新闻现象、新闻学论争、新闻作品）进行概括和抽象，揭示其本质属性和内在规律性为特征的理论思维，是新闻传播学研究经常应用的主要方法。在研究过程中，要具体地分析新闻传播实际，切忌拿着所谓万古不变的“主义”、“性”去给它们贴政治标签，不能用某些僵化的模式去套变动不居的新闻现象。我们的研究目光，应集结于基本规律的探索，应放在新情况、新经验、新观点、新问题的研究和考察上，放在对于研究对象的不同历史阶段不同质的规定性的探讨和论证上，而不能把兴趣和追求，放在经验的描述和“不完全的理论”以及“低层次的简单重复”上。

第二，运用定性和定量方法规范新闻传播质量。定性分析是判断测试各类事物性质属性的分析方法。新闻传播事业的性质，新闻事实的价值，传播者的倾向，新闻和意见的种种特征，都宜采用这种方法加以科学判断。使用这种方法的时候，要防止简单化。简单“对号”，轻易“划线”，不仅无助，而且有害。

定量分析不仅要测试对象本身数量的多少，而且要考察其在同类事物及全局中所占的比重。因此，定量对象必须具有可比性，必须找到这种对比素质及其信息，才能进行计算，并进而对被测试物做更广泛的分析。定量分析的方法使我们清晰地观察到全部变项，确定这些变项之间的关系，由此可以对被测对象并进而对全部新闻传播活动作出总体评价。这种方法，对于新闻事业的变迁、布局，新闻体制的优劣及改革，新闻传播和新闻事业的功能等研究，较为适用和有效。

第三，新闻—经济—政治—文化的综合考察。新闻传播事业属于上层建筑，新闻是一种社会意识，因此必须紧紧地联系经济与政治背景，展开对新闻传播学的研究。马克思指出，对于观念形态，既不能从它们本身来理解，也不能从所谓的人类精神的一般发展来理解，相反，应从观念形态根源于物质的生活关系这一点着手研究。据此，其一，作为社会文化思潮之一的新闻传播观念和作为独立的社会观念形态之一的新闻传播学，有着相对独立性，有着自身的本质属性和运行规律；其二，新闻传播学，有着不同于其他意识形态的科学体系，其理论部分不同于一般的哲学与政治科学，其历史部分不同于一般历史科学，其应用部分又不同于一般的写作学、出版学、编辑学，不考虑这些个性，不尊重这些特点，会吃大亏。这是问题的一个方面。另一方面，马克思的这一论述又告诉我们，如果脱离经济与政治背景，孤立地从事新闻传播现象的研究，或者摈弃社会分析的方法，纯粹用自然科学的方法去研究新闻传播学，也会一事无成。这种倾向，也是研究者要防止的。

上述三种研究新闻传播学的方法，是我们总结不少经验教训甚至是付出不小的代价取得的，因而也是特别宝贵的。

此外，传播学使用的一些方法，我们也可以拿过来为新闻传播学所用。比如，研究传播内容的时候，可借助内容分析法、实验法、单向传播和双向传播的对比研究法；研究传播者，可使用守门人个案研究法、来源可信度研究法；研究受众，可使用动机研究法、收视率调查法；研究媒介，可借助媒介生态研究法、媒介通道研究法；研究传播效果，可借用媒体计划、媒介功能与反功能、议题设定等方法。

总之，在方法问题上，完全可以采取“拿来主义”。于我有用者，有助于新闻传播学研究的种种方法，尽可能拿过来为我所用。

歌德说过，只要播种，自有收获的时期。借助正确的方法，加上刻苦学习，我们一定可以学好新闻传播学。请记住马克思的教导：

在科学上没有平坦的大道，只有不畏劳苦沿着陡峭山路攀登的人，才有希望达到光辉的顶点。

思考题

1. 理论新闻传播学的研究内容及定义。
2. 学习理论新闻传播学的意义。
3. 学习理论新闻传播学的一般方法和特殊方法。

第一章

C H A P T E R 1

新闻传播行为

传播是通过讯息进行的社会的相互作用。

——G. 格伯纳

新闻传播是人类最重要的社会行为之一。如果说，传播是个人或团体主要通过符号向其他个人或团体传递信息、观念或情感的活动的话，那么，新闻传播则是人们借助被称为“延伸的人体”新闻媒介所进行的寻求与获取新闻信息，以适应生存发展需求的能动的社会行为。

第一节 行为和新闻传播

一、动机和行为

每个活着的人都有行为，行为是人的特征之一。行为是受思想支配而显示的外在表现。人的行为是由动机决定的，而动机则是由需要引起的。人的行为一般情况下都是有目的的，都是在一定动机的支配下为达到一定目的的指向性活动。需要、动机、行为、目的，四者之间的密切关系可以用图式表示：

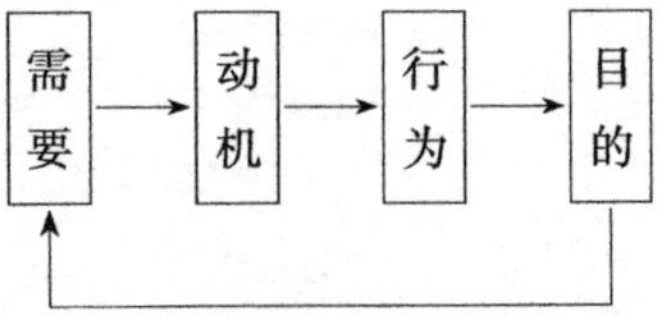

心理学指出，需要，是指生命体对某种目的的渴求或欲望。欲望是人的心理现象，能够激发人的行为的欲望称为需要。一个人的行为，总是直接或间接、自觉或不自觉地实现某种需要的满足。需要是行为得以产生的原动力。

动机是指人为满足某种需要而采取行动的念头。它是激励和推动人去行动即做某件事以达到目的的内在原因，也就是活动的动因。它引导人们投身某项活动，激发某种行为，规定行为的方向。动机是基于需要而产生的。当人的需要还处于萌芽状态时，动机以模糊形态反映在人们的意识中，这时就成为意向。意向由于需要较弱，还不足以被人意识到。随着需要的不断增强，意向转化为愿望，愿望在一定的客观条件下就可能成为行为的动机，最终导致行为的发生。

一切动机性行为都具有两个特点：一是有动因，都是由动机激发而形成行为；二是有目标，都是为了实现一定的目的。

人的任何行动无不为了实现一定的目的。目的，就是期望达到的成果或结果。

总之，需要是动机产生的动因，但不是任何需要都能成为动机，只有需要指向特定的目标，并且具备了达到这一目的的可能性时，动机才能形成，才会具备激发人的行为的动力，即当和需要相适应的客观条件出现时，愿望、需要才能成为行动的动机。换言之，形成动机必须同时具备内在条件（需要、欲望）和客观条件（诱因、刺激）。内在条件又包括感到缺乏和期待满足两个不可或缺的方面，既有不足之感，又有求足之愿，两者构成需要心理，即个体感到缺乏某种东西又期待满足的心理状态。

社会心理学家勒温（Lewin）提出了关于人类行为的公式：

$$B=f\ (P\cdot E)$$

B 表示行为（Behavior），f 表示函数（function），P 表示人（Person），E 表示环境（Environment）。

勒温公式指出，人类行为乃是人及其所处环境的函数。或者说，人的行为是个体与环境相互作用的结果。也可以说，人的行为是个人因素与环境因素的“综合效应”。①

人总是在一定的环境中生活和工作的。人作用于环境，环境也作用于人，在相互作用中使人激发这样那样的行为。自古以来，人类生活在其中的环境质量自劣至优千变万化，人类自身的成熟程度自低至高逐步完善，生产力发展水准自弱至强日益提升，因而人类的行为也随着周围环境的变化而不断演变。其中，作为

① 参见王加微著：《行为科学》，1 版，33 页，杭州，浙江教育出版社，1986。

最重要的社会行为之一，新闻传播行为千百年来也始终在发生着变化和进步。

二、生存需要和新闻传播行为的发生

新闻传播，指人际间、群体内和社区内直接的或通过大众媒介进行的，对于新近发生的事实的报道及意见的相互传受过程。人的活动是有明确的动机和目的的，出于某种需要而传递或收受新闻的活动，称为新闻传播行为。新闻传受活动是人类最重要的社会行为之一，是人不可缺少的社会交往活动。

人类出于何种动机，即由于何种需要，从而激发与产生了新闻传播行为，涉及新闻起源问题。"新闻起源"，回答新闻传播活动发生与发展的最早动因，而对这个问题的正确回答，需要引入行为科学知识和世界各地的人类文化学成就尤其是考古学发现。

前已提及，所谓需要，即为生命体处于缺乏状态而出现的体内自动平衡倾向与择取倾向。这种缺乏状态，既包括生理上的缺乏（生理需要），又包括心理上的缺乏（精神需要）。出于种种生理上或心理上的需要，生命体就会自觉产生择取缺乏物以平衡自身的"生命动机"。动机是一种被意识到的需求。

社会心理学研究发现，人的需求是分层次的。美国心理学家马斯洛（Maslow）在《动机与人格》一书中提出，人的需要，表现为五个层次：

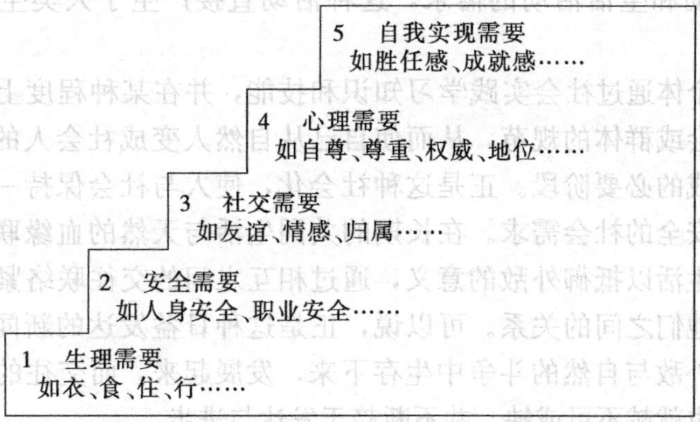

从新闻传播的角度考察人的不同层次的需要，无论是较低层次的生理需要，还是较高层次的自我实现需要，都离不开交往活动，离不开新闻的传递与收受活动。马克思曾经讲到组织成社会集体的人际交往的意义。他说："单个人如果不在自己的头脑支配下使自己的肌肉活动起来，就不能对自然发生作用。"而集体劳动，"单是社会接触就会引起竞争心和特有的精力振奋"①。

---

① 《马克思恩格斯全集》，中文1版，第23卷，555、362～363页，北京，人民出版社，1972。

马克思在另一处讲到意识活动与物质交往的关系时，也强调人际关系的作用：思想、观念、意识的生产最初是直接与人们的物质活动，与人们的物质交往，与现实生活的语言交织在一起的。人们的想象、思想、精神交往在这里还是人们物质活动的直接产物。而这种物质交往和精神交往，最初都来自人类生存的需求。所以马克思明确指出："需要往往直接来自生产或以生产为基础的情况。"①

那么，人类来到这个世界上，他们遇到的"情况"又怎么样呢？大量的考古发现和史前资料说明，在人类的太初年代，面临着强大的外敌。面对严酷的自然环境和洪水、冰雪、风暴等突然而至的灾难，人们以原始的道德感和维系社群联络的血缘关系，本能或自觉地把"新近发生的事实"（灾害）通报给本部落的其他人（父辈、同辈及子女们）。原始社会里，人们的生产力水平极其低下，肆虐田野的猛兽，被视为威胁生存的强敌。最早撞见它们的人，也有责任把这一"新近发生的事实"呼报给他的同类。原始部落间为争夺地盘、食物，也常常发生战争。执原始武器站岗的人，一旦发现外部落入侵（这也是"新近发生的事实"），也必须及时呼救报警。凡此种种，正是生存和发展的需要，决定了必须及时报道"新近发生的事实"；正是这种生理上的需求，刺激了最初的新闻传播行为的发生。

大量的考古发现，各地的无数的原始图腾崇拜，记录战胜早期庞大动物的岩刻，各民族流传至今的类似大禹治水的传说，都可以为新闻起源的根本动因提供证据。

因此，对于新闻的起源，历史唯物论的观点是：新闻传播行为起源于人类社会化的生产劳动和生活活动的需求，这种活动直接产生于人类生存发展的共同需要。

社会化指个体通过社会实践学习知识和技能，并在某种程度上被诱导着去适应他所在的社会或群体的规范，从而使自己从自然人变成社会人的过程。它是人的社会属性形成的必要阶段。正是这种社会化，使人与社会保持一致，从而实现人的求生存保安全的社会需求。在长期的共同生活与天然的血缘联系中，原始人群懂得了共同生活以抵御外敌的意义，通过相互之间的交往联络紧密了这种共同生活，强化了他们之间的关系。可以说，正是这种日益发达的新闻传播活动，保障着人类在同外敌与自然的斗争中生存下来，发展起来，而交往的社会化程度越高，新闻传播也就越不可或缺，并不断趋于发达与进步。

第二节　理论新闻传播学对新闻起源的认识

一、关于"新闻欲"

理论新闻传播学很早就开始了对新闻起源的探讨。任白涛在《综合新闻学》

---

①《马克思恩格斯全集》，中文1版，第4卷，87页，北京，人民出版社，1958。

中指出，新闻及其承载物——报纸的产生，是由于人的社会需求。他说：

格劳德（Groth）明确地认为新闻报道是与人类社会的发生同时的事情，他说："想知道人及事物的欲求，是由于希求生存的保证或安全化而促成，而形成之原始的冲动。经验新的事情，或等到报知的希望，是自然的人类感情之表现；是生活意志之本质的核心；是形成并维持社会的最坚强的力量之一种。"

约斯特曾说："报纸是适合于探求新闻报道的人类性的一般需要和欲望的东西，报纸不是创造它的需要的；反过来说，需要是常存在着的，而报纸乃是它的必须的产物。"①

任白涛在这里引述了格劳德和约斯特的观点来说明新闻的起源。他在书中表明，他是同意这些观点的。日本新闻学者杉村广太郎在《新闻概论》中，十分细致地分析过这一观点。他说：

"欲知道；欲使人知道；欲被人知道。"这种声浪是任何时代任何国家的一种共通的欲望。由这种愿望才产生新闻纸。由"欲知道"的愿望才生读者，由"欲使人知道"的愿望才生新闻纸，由"欲被人知道"的愿望才生新闻的广告。这三种欲望在任何时代任何国家都有的。从这些欲望产生的所谓新闻纸是与人类同时发生的，就是人类发生于这个世界的时候，新闻纸也就产生了。可是它的形体没有完整。有人说："海滨的沙滩上残余着人的足迹"是新闻纸，也就是这个意思，"沙滩上的人的足迹"就是为欲使人知道那个人往来的踪迹。依此意味，那末贫民街里的女人们的井边会议，实在是没有印刷好的新闻纸。她们互相谈着四邻合壁的有些事。谈话者的心无非是欲知道她所不知道的，及她已知道了的，欲使别个没有知道的知道罢了。设探访粗漏，传达不实，那末这事就增添热闹了。也有故意的枉传事实，其中当然也有要辩驳正误的人，也就是自然地实行新闻纸法的正误辩驳。人类固有欲知道事物的欲望，故一天也不停止的欲知道所能知道的事，因为有这种知识欲，人类才前进。新闻纸是寻觅 News 而应人类的需要及欲望，这种需要不是新闻纸做的，是古来始终存在着的，新闻纸是从这种要求里发生的必然产物。②

任白涛介绍的约斯特也有类似的论述。后者在《新闻学原理》中有这样的说法：

人类对新闻的嗜好并不是文化发展后才产生的。人一生下来就有着一个传播消息的说话器官，和一个收受消息的听觉器官，这两个东西不仅是生着

① 任白涛：《综合新闻学》，1 版，239～240 页，长沙，商务印书馆，1941。

② ［日］杉村广太郎：《新闻概论》，1 版，1～2、3、4 页，上海，联合书店，1930。

而已，而且永远在想发挥它们自己的作用。人类同时又被赋有无穷的好奇心，它创造了一种对事物不断的兴趣，关于别人的举动行为，对于自然所发生的程序和事情，对于不论远近每一个人物的情况，都有无穷的兴趣。

这些对于事物的好奇心和兴趣，是新闻欲的源泉，也实在是文化和人类进展的基础，因为如此，才把人类知识的境界扩大起来和鼓励知识在新的范围内发生新的活动。……一切知识和一切由知识中产生的进步，都是从人类贪得无厌的好奇心中及其需要知道事情的欲望中产生出来的。

新闻和意见的出版，就成了新闻事业。这是一种职业，一种艺术，也是一种商业。它的发展，完全由于人类不可抑制的天性。它可以满足人类探求消息的无穷欲望，可以满足人类永远活跃着的无穷的好奇心，也可以满足人类追求兴趣的无穷需求。

西方关于新闻起源的观点，对20世纪30年代至40年代的中国新闻学者有相当深刻和普遍的影响。前面提到的任白涛是这样，其他不少学者也是这样。比如刘元钊在《新闻学讲话》中是这样表述的：

我们讲到新闻的原始，就要提到“新闻欲”的问题了，新闻之所以发生，实缘于“新闻欲”。人类的本能是富于“新闻欲”的，如果没有“新闻欲”，人类就决不会进化，文化也决不会发达的。

所谓“新闻欲”者，乃由于“欲知道”，“欲使人知道”及“欲被人知道”三个心理作用而发生了“新闻欲”。“新闻欲”在人类的原始时代就已随着产生了。在每一个人当他呱呱堕地时，就跟着发生的。譬如：一个人刚生下地时，就是一阵呱呱的啼哭，这种啼哭就是“新闻欲”的作用，盖当他从母胎堕下地时，突然变换了一个环境，觉得四周的一切和在母胎时很异样，而且很不舒服，因此只好啼哭，啼哭者所以“欲使人知道”他的不舒服也。[①]

刘元钊的这些论述，需要作科学的论证，其中的一些分析未必精当。但他的论述，非常明显地表现出西方新闻学者的影响。

二、关于“群居说”和“好奇说”

在新闻起源的问题上，唯心论或不彻底的唯物论者同马克思主义唯物论者有着不同的认识。

日本新闻学者在解释报纸形成和新闻起源的原因时，发表了下列著名的见解：心理学者在谈到知欲的基础本能时，首先举出好奇的本能。因此，我们可以说好奇的本能是形成报刊的最根本的心理条件。这些学者解释说，按照心理学者的说

① 刘元钊：《新闻学讲话》，1版，35～36页，上海，乐华图书公司，1936。

法，交往是基于群居本能的反映而产生的一种派生过程。也就是说，在群居本能和心灵交流之间形成了因果关系，而提供经验正是基于群居本能的产物。所以群居本能和好奇本能有同样价值，它也是形成报刊的根本条件。

所以，他们由此得出结论说，形成报刊的最根本的条件是好奇本能和群居本能。

如果从人类传播行为的表面现象考察，上述见解未必没有道理：只要收受新闻与信息的感官处于正常状态，谁不对新闻与信息有兴趣？实际上也是如此，处于群居状态的人群，人际传播与社群传播不仅成为必要，而且有了可能。

在现实生活中，人们都有新闻欲。一个久不出门的村民去了一趟首都，全村人会将他围个里三层外三层，听他讲述京城的新鲜事。暑期结束同学从五湖四海返校，头天晚上大家谈自己家乡的新事怪事，可以到深更半夜。你说，谁没有好奇心？人类自从哺乳动物灵长目分化出来，始终处于群居状态。不要说大城市里成千上万人聚居成小区社群，就是广阔农村，也是十里一村，五里一庄。正是这种群居性，方便了新闻与信息的传递与接收。

所以，一些学者振振有词：群居的心理，好奇的心理，刺激了新闻传播行为的产生。

但是，如果我们的研究不是仅仅停留在表面现象的考察上，而是透过种种新闻欲满足与群居性现象去深究：人类为什么会产生群居性？为何对新闻信息有好奇心？那么，就可以真正了解传播行为发生的根本动因。

一个人来到世界上，如果能够不同其他人共同生活与劳作，离群索居，而且生活得比同许多人共同生活更幸福、更方便、更安全，这个人未必感到有群居的必要。但是，现实生活告诉他，一旦离开了他人，他就无法战胜强大的自然力与种种猛兽，无法躲避其他部落的战事伤害，无法克服他力所不及的困难与灾难。群居，正是人类生存与发展的共同需要。因此，正是人类生存与发展的根本需求产生了群居，而群居则又必须相互沟通与交流，生存与发展是人类交流即新闻传播行为发生的本质动因。所以，马克思指出：人的交往活动，是人生命存在的组成部分，人的本质是人的真正的社会联系。

这里，群居的本能，成了传播行为产生的中介的、次位的原因，而不是本质的、最初和根本的动因。以“群居说”解释新闻传播行为的发生，只是从现象上做了分析，而脱离了最初的、本质的考察，因而也不可能是彻底的唯物主义的观点。

人是有好奇心的。如果进一步考察：人对什么问题最感兴趣？同样离不开生存与发展这一本质动因。人的好奇心，不会无缘无故地产生。鲁迅先生说过，“穷人决无开交易所折本的懊恼，煤油大王哪会知道北京捡煤渣老婆子身受的酸辛，饥区的灾民，大约总不去种兰花，像阔人的老太爷一样，贾府上的焦大，也不爱林妹妹的。"[1] 人的兴趣、趣味、好奇，都是有其发生的缘由的。报章上偶尔也刊登一些花边新闻，例如某位农妇喂养的奶牛生了一个小牛犊，却有五条腿；另一农人家孵出的小鸭有三个鸭掌，其中的一个，长在背上。但是这些奇闻轶事的报道，从来不会放在重要版面上。在号称"头版"的要闻版上刊登的，都是同人们的安全与发展有着直接关联的政治新闻、财经新闻、社会新闻。如果到读者中间去调查一下，他们最关心的是什么，那么回答也一定会是：就业、物价、住房、工资、治安……

可见，人们好奇心产生的动因，最根本的是对自己生存发展环境与条件的关注。如同我们在前面提到的马斯洛需求层次理论所说的诸种因素，人们对这些因素的关心，激发和产生了好奇的心理。

同群居性一样，正是人们对生存与发展的关注，才产生了好奇心。由于好奇，便推动着新闻欲的产生。因此，好奇心只是人们传播行为发生的间接原因，传播行为产生的根本动因，仍然是人类生存发展的需求，后者才是对新闻传播行为的彻底的唯物主义的回答。

因此，用"好奇说"与"群居说"解释人类新闻传播行为的发生，不是马克思主义的唯物主义新闻观点。

第三节　新闻传播的特点

一、新闻是新近发生的事实的报道

从哲学上说，一个事物的本质特征，是指这一事物必须具有并与其他各类事物区别开来的基本属性，是该事物固有的特点。新闻传播的基本特征是：

(一) 陈述事实

新闻是对客观事实的忠实报道，尽管报道者在报道事实的过程中，不免掺入他个人的看法及评价，但传播该事实的信息，是新闻的主体与受传者欲获知的主要内容。新闻传播的信息主体，是一种客观信息。

新闻传播的基本要求，是传播者应该采取朴素的陈述事实的方法，不能加入外来的成分。这里所谓"外来的成分"，一指不是所报道的事实本身所含有的东西；二是指报道者对该事实的报道，既不缩小，也不夸大；三指不含有报道者对所报道的事实的主观评价或臆测。老老实实地向受传者报告事实产生的原因、发生与发展的经过以及它所产生的结果，是新闻传播的主要方法，也是对报道者的基本要求。

① 《"硬译"与"文化的阶级性"》，见《鲁迅全集》，第4卷，204页，北京，人民文学出版社，1981。

陈述事实，是新闻传播的最重要特征。如果传播中没有事实，只有空话或谎言，或者传播的事实被夸大或者被缩小，某些事实层面被篡改，那么这样的“报道”，就不是真正的新闻或者完全的新闻。因此，忠实地陈述事实，确保新闻的真实，就是维护新闻的生命。

各种社会意识，都有对自己传播的信息的“真实性”要求，但是新闻真实与文学真实、理论真实（或哲学真实）是不同的。文学真实是一种生活的真实、社会的真实。文学并不要求作品中的主人公与他们的所作所为必须是真有其事，实有其人，文学只要求作家忠实地描绘出社会上的“这类人”，忠实地描绘出“这类事”，令读者觉得“不假”、“很像”即可。理论即哲学的真实，要求理论家们忠实地揭示客观规律，并能够以自然界与人类社会无数现象加以佐证。这种真实，要求在更大的时空条件下实现，是一种更为宏观、更为本质的真实性。

新闻传播的真实性则是非常微观、非常具体的。它要求记者笔下的或话筒、镜头中的每一个人物，发生的每一个事件，每一个时空背景，以及人物的举手投足，一笑一颦，事件的每一个细节，时间上的几点几分几秒，地点上的一地一街一屋，都必须绝对真实，即曾经是“发生过的”或“正在发生着的”客观的、现实的人、事、地、时。这种事件的真实或者说细节的真实，同文学的生活真实或社会真实，同哲学的理论真实或宏观真实，是相异的。

新闻传播的这种真实的实现，是“陈述事实”的结果。这一特征，与文学的“塑造事实”，与哲学的抽象事实，是不同的。由于这种不同而出现了不同的真实观，出现了对真实性不同的要求。

新闻传播的这种真实，是它的特点，也是它区别其他社会意识的具有本质意义的根本属性。

新闻传播完备地表述事实通常需具备五个要素，即何时（When）、何地（Where）、何人（Who）、何事（What）、何故（Why）。一般情况下，新闻含有了这五个要素，对于事实的揭示就比较完整了。新闻写作学上把此称为“五个W”。后来，人们又加上一个“如何”（How），就变成了“五个W加一个H”，简称为“新闻六要素”。这些努力，无非为了显示新闻传播的是事实，是真实的报告。

确保新闻传播完全真实，应该是一切新闻传播媒介和传播者的共同追求，尽管不同制度下的，从属于不同阶级、不同社会团体的媒介从业者，在功利心理和价值观念上有许多相异之处，但在追求真实传播上，有惊人的相似。关于这一点，后面将有专章说明。

(二) 具有新意

新闻传播是对事实的忠实报道，因而新闻的基本特征是陈述事实。但是，自然界与人世间每时每刻发生的事实太多太多了。更主要的是，受传者并非对任何事实都感兴趣，并非都觉得这些事实对他们的生存发展不可缺少。

生存环境，直接关系到人类的安危。如果每天的生存环境没有变动，人们自然起居依常，“日出而作，日落而息”。一旦生存环境发生变化，特别是直接威胁到人的生存发展，诸如地震发生、工厂倒闭、飞蝗成群、部落冲突，人们对生存环境的变动就特别关注，对于同变动相关的任何一丝一毫事实的报道变得如饥似渴，日盼夜望。

新闻报道的一个重要特征，就是向受传者提供这种变动的新情况、新信息。新闻传播对老一套的东西没有任何热情，一旦有了新的变动，传播者就会蜂拥而至，争相采访。因此，当受传者收受新闻的冲动，同传播者提供新闻的可能结合起来，“产销适路”，新闻传受活动才得以完成。

无数事实表明，新闻总是同事物的某种变动相联系的，新闻是对变化着的生活的记录，新闻的活力，来自生活的不断变动，来自生生不息的事物的永恒的运动。从这一点可以说，新闻姓“新”，具有“新意”，即新闻报道的都是新近发生的新鲜事实，这是新闻又一个基本特征。

我们知道事物运动变化的规律是：新事物不断产生，又很快转变为旧事物，让位于更新的事物，而这个“更新的事物”，不久之后又会由最新的事物所替代。客观世界一切事物无不处于不断运动、不断变化、不断地新老交替的发展之中。事物的运动是绝对的，所以从宏观上考察，新闻报道是常报常新，是一棵常青之树，常绿之藤。如果从微观考察，从每一件新闻报道看，它们又只能是该事物运动到某一时空的某一状态的陈述，是该事物发展到最新层面的一个报道。而由于生生不息的运动规律使然，这种状态很快改变，这一新的层面很快由另一更新的层面代替。这种情景下，原先报道“新状态”、“新层面”的新闻，就显得陈旧落后，不再具有新意，也就失去了生命，失去了存在的意义。也就是说，每一件具体的新闻报道，它的生命力是非常短暂的，是易逝的、脆弱的，因而西方有学者把新闻报道比之为“易碎品”。但是，正是这些无数短暂的、易逝的、一时具有新意的报道，实现着新闻总体上的永恒新意。随着现代传播手段的进步，每一件具体报道的寿命会越来越短，它们在新闻舞台上的吸引力由几十年前的24小时，缩短到今天的几十分钟，今后还会缩短到几分钟，但是正是这种可贵的“牺牲精神”，使整个新闻传播显示出越来越新、越来越“年轻”、越来越具生命力的可喜进步。

新闻“具有新意”这一本质特征，使其同另一社会意识——历史相区别。历史也是对事实的忠实记录，历史不仅追求总体的真实，而且要求微观的即细节的真实。历史学家对时空人事的忠实记录，常令我们新闻传播业者深深敬佩。人类的文化得以累积，我们的经验得以传承，历史学家功不可没。

如果撇开时空观念，新闻同历史有相通之处。新闻传播者，其实也在书写历史。只不过，历史是昨天的新闻，新闻是明天的历史。如果充分考虑时空观念，则新闻与历史最大的不同，恐怕就在于“新意”了。新闻记录的是刚刚发生、富有新意的事实；而历史记录的是早已发生、少有新意的事实。人们有时要求记者以历史学家的高度使命感即历史感报道新闻，这是就“忠诚”而言。人们有时又要求记者“写新闻而不是写历史”，是希望记者提供有新意的事实，而不是向人们发表陈旧老套的东西。

新闻传播，每天同无数新事物、新人物、新情况、新经验、新问题打交道，因而成为一种永葆青春活力的行业，新闻工作因而也成为令人羡慕的职业，吸引着大批年轻学子为之贡献自己的青春。我们要牢记自己的使命，不能辜负了人们的期望。

(三) 报道及时

从新闻报道的角度考察，一般事物的运动轨迹是：常规变动即量的运动中，缺少足够的新意，此种时空状态下的事物，可称之为“普通事实”；而当量变达到一定量的积累时会出现质的变化，质变出现时的事物往往具有明显的新意，此种时空状态下的事物，称为“新闻事实”。接着该事物又回复到一般量的变动之中，又成为“普通事实”。新闻所传播的是具有新意的事实，就是指当事物的变动由“普通事实”变化为“新闻事实”，而尚未回复至“普通事实”这一状态时，传播者及时发现，尽快捕捉，并在第一时间里迅速报道这一变化。

新闻传播的这种抓事物变动的具有新意的“一瞬间”时空态的特点，人们称之为“报道及时”，也即第一时间内报道，这是新闻的又一个重要特点。

很清楚，这个特点，同前面阐述的第二个特点“具有新意”是直接相关的。报道及时是新闻的运动态，具有新意是新闻的静止态，前者是后者得以实现的操作上的主要保证。出现了有新意的事实没能发现，发现了有新意的事实没能抓住，完成了有新意事实的报道没能公开传播，都无法使新闻的新意得以实现，这样的“新闻”，严格说来也难以成为真正的新闻。迟缓是新闻传播的大敌。缺乏新闻敏感，新闻鼻失灵，作风拖沓散漫，机构重叠低效，都有害于及时报道。

抢新闻，是新闻传播的正道。具有强烈的抢新闻意识，是对传播业者的基本要求。我们所反对的“唯速主义”，是指缺乏全局考量，不谙传播规律，甚至没有充分掌握全部事实真相的情况下，不顾一切地以快为上，以快为佳，以快逐利，这是认识上的片面性与绝对化的表现。在反对“唯速主义”的前提下，我们主张传播者应该有强烈的抢新闻的意识，应该排除一切困难，千方百计地捕捉新闻，抢发新闻。在这个问题上，过分强调“安全系数”，是一种保守落后、缺乏竞争意识的政策。

及时报道这个特点，是新闻区别于历史的又一个方面。同新闻相比，历史是缺乏新意的，因为历史只是昨日的新闻。同新闻总是报道及时相比，历史又总是滞后的。新闻是新近发生的事实的迅速报道，历史总得在事件经过一个相当长的阶段之后，才有研究者对之进行完整全面的考察与研究。同存在于故纸堆里的历史比起来，新闻总是时时散发着油墨的清香。

（四）公开传播

新闻传播起源于人类生存发展的需要，它以满足社会的共同需求和共同兴趣为目的。人们对于未知而欲知事实的强烈关注，是新闻得以传播、新闻传播活动得以维系的根本动力。新闻只有最大程度地让全社会闻知，为全社会自由收受，才能实现自身的价值。一般的大众传媒，都必须具备公开传播的特点，而新闻传播更以其公开性为生命，这是因为，从新闻的本质看，只有公开发布、公开传播的新闻，才是真正的新闻，否则就是内部通报、领导指示、“马路新闻”、小道消息，或者就是情报。

新闻报道新的情况，它完全循公开渠道向全社会作无定向的传递，任何人都可以自由收受，有的时候只用支付少量的货币，有的时候什么也不必支付。从这个角度看，新闻是向全社会公开发布的新情况，是公开流通的“货物”。

新闻的公开传播这一特性，同其载体新闻传媒的公开化有直接关系。新闻公开传播特性的实现，很大程度上取决于新闻传媒能否在社会上自由流通，法律能否保护受众无障碍地消费这些新闻。因此，传媒的自由传播，是新闻公开传播的根本特征。为此，传媒的自由流通与自由传播，是现代社会新闻自由的题中应有之义。

上面简述的新闻的四个特点，是新闻同时兼有缺一不可的共同特征。

二、新闻的定义

一般的学科和专业，不必要专门列出一节来讨论这个学科或这个专业的定义。但新闻传播学不同，由于对于新闻的特点和功能有多种视角，有多种看法，大部分理论类教科书都会专门讨论新闻的定义一类的问题。

百多年来，给新闻下一个定义，并非一帆风顺。“新闻定义难”，反映出在新闻起源与本源问题上坚持唯物论、反对唯心论的艰巨性和长期性，也反映出人们对于新闻传播特征还缺乏足够的共识。

其实，按照恩格斯的理解，任何定义只有微小的价值。因为所谓“定义”，只是对于一种事物的本质特征或一个概念的内涵和外延所作的确切而简要的说明，内涵是概念即事物的内容，外延是概念所涉对象的范围，也即该事物的范围。根据这个对定义的要求，讨论“新闻的定义”，无非是对新闻的本质特征给以确切而简要的说明，对新闻的内涵和外延给以明确的划定和限制。

但是，就是这样一个“新闻定义”，却为难新闻传播界与新闻学术界长达百年之久。美国一位学者发出过这样的无可奈何的叹息：看来似乎没有办法在这些定义中选出一个可以为人们普遍接受的令人满意的新闻定义。更有甚者，美国在20世纪20年代，曾发生悬赏征询新闻定义的可笑事件。

国人有好事者，曾经收集到三百多个新闻定义，国外更有人扬言，新闻定义在千种之上。

有人把众多的新闻定义分为两大类：理论学派说与务实学派说。所谓理论学派，主要由在新闻院校执教的教授们，或在新闻传播研究机构工作的学者们，他们通过自己的理论研究与学术探讨，得出“什么是新闻”或“新闻是什么”的结论。这类新闻定义，闪烁着理论的智慧。比如德国学者埃米尔·多维法特认为，新闻是把最新现实介绍给广泛公众。又如日本学者小野秀雄十分简洁地指出，新闻就是事实的报道。

而务实学派则由在新闻传播业执事的资深编辑、记者甚至报业老板与报业高层管理人士提出。这些业内老手，凭借他们多年的业务经验，为“新闻是什么”提出不少新闻定义。比如美国一位报纸总编说，凡是能让女人读了之后大叫“我的天呀”的就是新闻。另一位报人则说，一个男人加一个女人不是新闻，而一个男人如果加上两个女人，那就是新闻了，因为其中一人是他的情人，读者看起来有味了。而《纽约太阳报》的一位新闻部主管则表达得更为简洁：狗咬人不是新闻，人咬狗才是新闻。这些看似荒谬，实则多少有点道理的“新闻定义”，反映了在西方的社会价值观念下，新闻业者对新闻运作的把握。在那个社会里，奇特、怪诞才是新闻。如果撇开这种价值观念，仅取“新闻应该有点不一般的成分”即奇异出新闻的这一层意思，于我们也有借鉴作用。平平淡淡，一杯白水，总成不了新闻，即使勉强作为新闻发表，也不会有什么吸引力。

西方新闻定义中的这两个派别的观点，对我国都曾经产生过一定的影响。

环顾众多新闻名家关于新闻定义的种种论述，我们还是认为陆定一先生提出的新闻定义“新闻是新近发生的事实的报道”，是目前流行的各种定义较为恰当的一个定义。这个新闻定义，用极其简约的语言，概括了新闻的四个特点：陈述事实、具有新意、报道及时、公开传播。从内涵上看，这个定义是新闻这一特定事物的诸多特点总和的确切、简洁的说明，内涵是明确的。从外延上看，这个定义可以说明古今中外一切新闻，所指对象的范围是清晰的。

僵化不前的东西不是科学。新闻科学也在不断的发展之中。改革开放以来，王中、甘惜分等老一辈新闻理论家纷纷提出了自己的不同于陆定一的新闻定义。更多的中青年学者思想解放，思路开阔，又广泛吸收西方新闻传播学中的不少关于新闻定义的学说，也提出了不少有新意的新闻定义。老中青三代在新闻定义研究上有不少新的进展。我们期待有更科学更明确更简要的新闻定义问世。在找到新的理想定义之前，本书仍沿用陆定一先生的新闻定义，即：新闻是新近发生的事实的报道。

思考题

1. 人的需要、动机与行为发生的关系。
2. 马斯洛关于人的需要层次理论。
3. 新闻传播的起源。
4. 对人的“新闻欲”的认识。
5. “群居说”和“好奇说”辨析。
6. 新闻传播的特点。
7. “陈述事实”和新闻传播的真实性。
8. 新闻的定义及认识新闻定义的意义。

第二章

新闻传播者

CHAPTER 2

> 倘若一个国家是一条航行在大海上的船，新闻记者就是船头的瞭望者。他要在一望无际的海面上观察一切，审视海上的不测风云和浅滩暗礁，及时发出警告。
>
> ——普利策

新闻传播者是新闻信息流永不干涸、永不停息的推动力，是新闻传播活动中最有生气、最具主体性和能动性的“守门人”。有了他们，信息才能成为讯息，传播活动才得以运行，传播媒介才得以发挥作用。新闻传播者肩负着历史的重任和人类的嘱托，他们必须由一批优秀的人才组成。新闻人才的发现和培养，是新闻传播事业生生不息的根本保证。

第一节　新闻传播者的角色定位

一、社会角色

社会角色，指人们在特定的社会和群体中占有的地位与身份。角色一词源出戏剧用词，20世纪20年代社会心理学家G. 米德将这一概念引入社会心理学，现在被广泛用来分析个体心理、行为和社会规范之间的相互关系。

个体通过社会化，成为社会角色。角色的学习包括两个方面：一是学习角色的义务与权利；二是学习角色的态度与情感。其中义务即社会责任，包括为完成角色使命所必须掌握或具备的知识、技能和素质。角色学习具有综合性，并且必须在人与人相互作用的社会关系中进行。同时，角色学习即角色社会化过程具有这样的特征：

第一，社会强制性。每一社会成员总要受自己所在社会的既定文化的影响，这是不以人的主观意志为转移的，并由此形成所谓的国民性、民族性等共同特征。

第二，个体能动性。包括个体之间的相互作用以及个体在社会化过程中的主体选择性，称为个体能动性，这是人的个性形成的前提。

第三，学习终身性。社会化是贯穿人的一生的过程，在生命周期中的不同发展阶段，人的社会化有着不同的任务和内容，它还可以具体划分为政治社会化、法律社会化、道德社会化、性别角色社会化、职业角色社会化等许多方面。

群体中多数成员期望站在某种社会地位或工作岗位上的人有某些应有的行为方式，称为角色期待。角色期待是他人对这些人群提出符合特定身份的希望，而这些人群则从他人的希望、关心中了解自己所充当的角色应有什么样的行为模式，从而以此要求、训练自己，并严格规范约束自己。因此，角色期待是实现角色（角色扮演）的有效手段。

当一个人扮演一个角色或同时扮演几个不同的社会角色时，有时会发生内心冲突与矛盾，称为角色冲突。这种角色冲突表现为：社会上人们对同一个人的期待不一致，使其感到无所适从；从充当旧角色到充当新角色，有的地方不能适应；同时身兼几个角色，无法满足各方面要求；角色人格同扮演者真实人格不一致，角色扮演者对所充当角色感到力不从心等。经验表明，只有正视冲突并努力消除这种冲突，角色才能真正发挥其应有的作用，实现人们对其的“角色期待”。

二、新闻传播者的社会角色定位

信息传播者古已有之，而现代新闻传播者则是随着近代新闻事业的产生而形成的一种新的社会职业。这种职业的产生，是社会生产和社会生活的需要，是社会分工的产物。

商业性质的报纸——近代报纸的雏形，16 世纪在意大利的水城威尼斯诞生。这种报纸摆脱了宫廷报纸的官报性质，它以肆市行情、船舶班期、天气预报等经济和生活信息为主的新闻，为新兴的资产阶级服务。当时，出现了一批搜集新闻、供应新闻的专业人员，这就是最初的新闻记者。胡乔木 1948 年对华北记者团讲话时分析过新闻记者产生的基础：“为什么要有记者？人生活在社会上，为什么会发生记者这一问题？为什么会有这种职务或职业？社会上有各种各样的生活，其根本问题是阶级斗争，在阶级斗争消灭以后，还有生产问题，所以社会问题根本上还是生产问题。生产斗争以及围绕生产所进行的斗争，产生了种种经验，对于这些经验，有加以宣传之必要，于是，有些人自告奋勇，或被指定介绍这些经验，使世人周知，特别希望与他利益相同的人，根据这些经验办事，这就是记者产生的根本基础。”[①] 这是按照历史唯物主义观点对记者职业产生的正确说明。随着新闻事业的发展，以记者和编辑为主体的新闻传播者队伍不断扩大，门类越来越多，专业性也越来越强，在当代政治生活、经济生活、社会生活中发挥着越来越重要的作用。拿记者来说，按传播方式分，有文字记者、摄影记者、电视记者、广播记者、网络记者；按采访对象分，有政治记者、军事记者、文教记者、体育记者、经济（工商农业）记者、文艺（娱乐）记者等；按采访范围分，有本埠记者、驻外记者、特派记者、旅行记者等。拿编辑来说，按业务程序分工，有日班编辑、夜班编辑、内务编辑；按专业分工，有政治编辑、经济编辑、文教编辑；此外还有评论编辑、特种编辑等。可以这样说，随着社会生产和社会生活的丰富和发展，新闻传播者的分工还将不断细化，新闻传播者的队伍也将不断扩大。

和其他职业一样，新闻传播者也有自己的职业特征。新闻传播者的特征要求他们具有特殊的素质和知识结构，具有特殊的职业道德和修养。人们常常把教师比作“人类灵魂的工程师”，把邮政工人称作“绿衣使者”，把园艺工人称呼为“打扮春天的能工巧匠”……那么，人们是怎样概括新闻传播者的特征的呢？有种种说法：

记者是社会活动家。

记者有高度的使命感，很强的责任心和勇敢机智的追求精神。

记者是调查研究的职业工作人员。

记者是直观现象的追逐者和永不疲倦的探索者。

记者是社会精神财富的“探宝人”和“挖掘者”。

记者具有敏锐的眼力和灵敏的嗅觉，具有“第六感官”。

记者是“气温表”，对客观世界的新变化能及时、准确地反映出来。

记者有十足的好奇心，渴望知道正在发生什么事，将要发生什么事。

记者具有全面、客观、公正的品格。

记者具有强烈的时间观念和竞争意识，在他手下绝不放过一条有价值的新闻。

记者是一部百科全书，有着最广泛的兴趣和最广博的知识。

这种种借喻和概括，实际上都是人们对新闻传播者的角色期待，同时也是人们从不同角度对新闻传播者的角色定位。这种期待与定位，出自各种不同制度、不同价值取向，以及人们对新闻媒介和新闻传播者的不同认识。比如，从新闻传播者的社会地位考察，东西方不同国家与地区分别有“无冕之王”、“第四权力”、“第三等级”、“报青天”、“见官长三级”等角色认定。从新闻传播者的社会功能考

① 《中国共产党新闻工作文件汇编》，下卷，271页，北京，新华出版社，1980。

察，又有“消息灵通人士”、“权威人士”、“包打听”、“孜孜不倦的揭露者”、“扒粪者”、“宣传战士”等角色称谓。

综合考察新闻传播者的角色特征，以及人们对新闻传播者的角色期待，大致有这样几个方面：

首先，新闻传播者是“信息流通的动力”。面向大众的新闻传播者，是令信息流动永不停息的推动力，是新闻传播过程中最活跃的因素。受众所获知的各种讯息，都是由新闻传播者给定的，因此，新闻传播者又是新闻信息流量和流向的控制者。从这个角度考察，新闻传播者是新闻传播活动的“把门人”。人们由此而期待新闻传播者成为“消息灵通人士”、“权威人士”，是理所当然、持之有据的。

其次，新闻传播者是“意见交流的桥梁”。新闻传播者作为社会信息的传递者，竖能通上下，横可联左右，不仅传递消息，而且传递意见，反映社情民意。政府、政党、集团有赖传播者而能向下向外发布政令、政策、意图，使之成为“喉舌”；倾听下级、基层的呼声、意见、建议，使之成为“耳目”。基层、民众、外界有赖传播者而有了向上级、政党、政府呐喊、呼唤、反映的“喉舌”，倾听“上头”、左邻右舍方方面面的声音的“耳目”。在功能健全的条件下，新闻传播者成了社会实现意见交流与沟通的纽带。

再次，新闻传播者是“监督权力的镜鉴”。新闻传播者通过大量的社会决策与社会现实的公开报道，而令政府与公务员的行政行为与个人品质处于阳光之下，从而使纳税人有机会审察、评估权力机关与权力人士，行使自己社会主人的权利。在民主社会，民众监察、批评政府与官员最重要的渠道是通过传播者提供的新闻媒介。新闻传播者是社会的瞭望者，公共利益的守护人。因此新闻传播者有所谓“第四权力”、“无冕之王”的雅号。在中国，近年也出现了“道德法庭”、“报青天”的称谓。中央领导人接见中央电视台工作人员时，称赞他们是改革尖兵，政府镜鉴。在西方，用“揭丑”、“扒粪”来称呼新闻传播者的职业行为，司空见惯，他们的揭露性报道，也被称之为“扒粪报道”、“揭丑报道”。

最后，新闻传播者又是“社会民众的教师”。从历史看，新闻传媒是文化的承传物，新闻传播者是人类文化的传播者与保存者。从功能看，新闻传播者是精神文明的传播者，是人民生活的教师，所以有人把新闻媒介称之为人民生活的教科书。新闻媒介是天下最大的课堂，新闻传播者是这个大课堂中的先生，于是有人称新闻传播者是人类灵魂的工程师。正因为新闻传播者居于如此重要的地位，肩负如此光荣的使命，因而也有人提出，新闻传播者应当先做学生，后做先生，只有这样，才能真正当好人民群众的教师。

以上四个方面，是对新闻传播者社会角色的定位，也是社会对新闻传播者的角色期待。作为一种职业，它的特征应包括长处、优势的一面，又应包括短处、不足的一面。从长处和优势看，新闻传播者的职业特征大致有这样几点：

广泛地接触社会生活，以全社会为工作对象和服务对象，了解社会的需要和社会的心理；

思维敏捷，视野开阔，及时把握外界的变化和变化的脉搏；

以独特的新闻手段向公众报道第一手材料；

以社会信息提供者的面目出现，完成社会教育者的使命；

以巧妙的手法为特定的阶级和阶层的利益服务，自觉地体现自己的政治倾向；

落笔成章的写作能力；

有效地运用一切传播的科学技术手段。

新闻传播者的职业特征中的短处，最主要的是，由于不直接参加人民群众的社会实践，却要在极短的时间内迅速、准确地反映领域极其广泛的群众社会实践，并且作出判断、分析和评价，这就非常容易产生片面性和表面性。

对于新闻传播者的职业特征，恩格斯有过一段十分精彩的论述。他在1889年12月9日致康拉德·施米特的信中说道："新闻事业，特别是对于我们这些天性不那么灵活的德国人（因此犹太人在这方面也'胜过'我们）来说，是一个非常有益的学校，通过这个工作，你会在各方面变得更加机智，会更好地了解和估计自己的力量，更主要的是会习惯于在一定期限内做一定的工作。但是，从另一方面看，新闻事业使人浮光掠影，因为时间不足，就会习惯于匆忙地解决那些自己都知道还没有完全掌握的问题。"①

上面这一段文字，把新闻传播者的职业特点的长处和短处说得十分明确和清楚。尤其应该引起我们注意的是，恩格斯一针见血地抓住了新闻传播者的弱点："浮光掠影"。由于新闻传播者每天都要对方方面面的极其广泛的现实生活发表意见，而现实生活又处于日新月异、千变万化的变动之中，因而新闻传播者不可能像党政机关的调研人员那样，进行长时间的十分仔细的调查；也不可能像学者专家那样，对某一个问题发表非常详尽的专门性意见。新闻传播者必须对各种问题在极短促的时间内迅速正确地作出判断，又下笔如飞地予以报道。鉴于新闻事业的巨大指导作用，新闻传播者的报道和评论必须完全实事求是，必须准确无误，在速度上要保证在截稿时间之前交稿，报道范围力求超过全部受众视野的总和。

不用说，这些职业特征表明对新闻传播者的要求是很高、很严格的。新闻传播者必须充分认识自己的职业特点，看到自己职业的长短处，自觉地扬长避短，取长补短，才能掌握新闻传播工作的规律，完成自己的使命。

以上主要是从新闻传播者同外部物质世界的关系这一视角来探讨其职业特征的。就是说，新闻传播者，在履行自己的职责时，较多地受到物质条件的制约，即种种因素的影响，如事物的多样性，事件的复杂性，时间的紧迫性，受众的多

---

①《马克思恩格斯全集》，中文1版，第37卷，318～319页，北京，人民出版社，1971。

层次性，以及新闻传播者能力与职责的矛盾性等。在这个系统里，起能动作用的是新闻传播者的能力：他们的业务能力，他们的知识结构，以及他们对于工作的责任感。

如果从社会政治生活来考察新闻传播工作的职业特点，我们还可以发现，在阶级社会里，新闻传播工作是一项阶级性、政治性极强的工作。在我国，新闻事业是党和人民的耳目喉舌，新闻传播者在履行自己职责的时候，首先要对事实负责，遵循新闻传播的规律，同时还必须坚持对党对人民群众负责，遵守党纪国法和各项规定及制度。换句话说，新闻传播者的工作是有领导、有组织和有纪律的。

如果我们在探讨新闻传播者职业特征的时候，光注意到它的业务上的特点而忽略其社会特点，那是不全面的。具有极其鲜明的阶级倾向性，是新闻传播者职业特征的重要方面之一。

新闻传播者从事的永远是创造性的工作，这无疑是新闻传播者又一个重要的职业特征。他们从来不重复别人的报道，不嚼别人嚼过的馍。他们向受众提供的总是充满生命力的像“活鱼”一样的新闻，讲述的是新鲜、有趣、令人耳目一新的道理。这也许是新闻工作最有战斗力、最有吸引力、最为世人关注和欢迎的原因。

最后，我们还应该看到，新闻传播工作是一种十分艰苦的脑力劳动，有时还是一种体力劳动。新闻传播者不仅是“全天候”式的，终年得不到休息，逢年过节分外繁忙，而且跋山涉水，城镇乡村无处不往。新闻传播者每天都会遇到新的情况，新的问题，经常碰上没有思想准备的突发事件，并且要不分昼夜地奔赴现场，立即采访，立即报道，有时还要几天、几十天地“连轴转”，这种脑力劳动加体力劳动的紧张程度，是远远超过一般脑力劳动职业的。尤其是体育记者、摄影记者、电视记者，其体力消耗不会少于一般的体力劳动者。

同时，新闻传播者的报道和言行，时时刻刻受到社会的检验和群众的监督，这就要求新闻传播者热爱真理，严于律己，永不懈怠，要求他们不停地观察，不息地思索，不间断地写作。用新闻传播者自己的语言说就是，做思想战线上的哨兵，人类社会的卫士。

如果用简单的话来概括，新闻传播者的职业特点是：同实际有着最密切的联系，同政治有着最密切的联系，同群众有着最密切的联系，新闻传播者是新闻信息的报道者，又是活跃的社会活动家。

第二节　新闻传播者的角色规定

一、角色行为、角色规定、角色规范

新闻传播者作为一种重要的社会角色，确认其角色行为、角色规定、角色规

范不仅具有理论价值，而且具有实际指导意义。

从抽象意义上说，每个有独立行为能力的人，其在社会生活中都扮演着某种“指定角色”。指定角色是由文化标准规定的角色，是社会期待所有扮演某一角色的人应有的行为。这是一种理想的角色行为，被期待的角色行为。

而在实际生活中，角色总是由其实际情况与条件所决定，表现出来的一种实际行为。属于某特定角色人的实际行为，称为角色行为。角色行为受到每个扮演某种角色的个人的社会地位、群体压力、社会风气、社会公认的价值标准以及人格特质等多种因素的影响。由此可见，被期待的角色行为即“指定角色”，总是同真正的角色行为有所区分的。

被期待的角色行为同实际角色行为有所区别，还由于角色与社会对角色规定的认识上的差异。所谓角色规定，指对扮演某种角色的人的资格、条件及行为规范，并为该角色群体认同的共识。角色规定的明确程度、角色对这些规定的理解认定及执行能力，都在客观上与主观上决定着角色群体中的个体所表现出来的实际角色行为，同被期待的理想角色行为有一定的距离。因此，角色规定的明确程度与可操作性，对于角色期待的实现，有重要的意义。

角色规范是角色群约定俗成或明文规定的扮演该角色的标准，它是角色规定的一部分，即构成角色群的人的自我规定、自我约束与自我执行。对行为规范的一致理解，自觉执行与对违反规范行为的严厉制裁，是实现被期待的角色行为的有力保障。

二、新闻传播者的角色规定

经过新闻传播业几百年来的文化积累，及新闻传播者角色期待与角色行为的相互磨合调整，新闻传播者的角色规定，一般由两方面构成：新闻传播者的素质修养和行为规范。

（一）素质

新闻传播者的素质是指新闻传播者在从事新闻实践的过程中，为了完成或实现自身的目标和任务所应该掌握和具有的某些特点、专长和能力。新闻传播者的素质不是天生具有的，它可以通过教育和新闻传播实践得到培养、锻炼和提高。新闻传播者某些素质上的缺陷，也可以通过实践和学习获得不同程度的弥补。

由于社会制度和阶级立场以及传媒发展程度的不同，不同国家对新闻传播者的素质要求是有差异的。但一般说来，新闻传播者的素质又具有共同点。在社会主义国家中，新闻传播者的素质一般包括两方面的内容，即政治素质和业务素质。

第一，政治素质。政治素质是新闻传播者的基本素质。政治素质是指新闻传播者在大量错综复杂的客观事物面前所具有的坚定的政治立场和鲜明的政治倾向性。在社会主义中国，具体表现为：

新闻传播者应该是坚持和宣传四项基本原则的积极实践者，应该自觉地在政治上同党中央保持一致，在原则问题上立场坚定，态度鲜明。

新闻传播者对人民要有极大的热忱，敢于为人民的利益赴汤蹈火，不为个人的利益动摇政治信念。

新闻传播者要有坚持真理、为真理而献身的精神，无论在什么情况下，敢于讲真话、讲真理，不唯上、不唯权、只唯实。

新闻传播者要深入到群众之中，和人民同呼吸、共命运、齐爱憎，不做生活的旁观者。

第二，业务素质。业务素质是新闻传播者能够胜任本职工作的重要素质。新闻传播者的业务素质主要包括以下五项内容：

新闻传播者应该具有很强的社会活动能力。新闻传播者要快速、广泛地采集并发布新闻，就必须同社会上各阶层的人打交道，只有通过广泛而深入的社会活动，才可能抓住社会的新动向，萌芽的新事物，潜在的问题和弊端。不善于参与社会活动和协调人际关系，是从事新闻传播工作的严重缺陷。

新闻传播者要掌握调查研究的基本功。新闻传播者是职业的调查研究人员。调查研究是新闻传播工作的基本方法。提高新闻传播者特殊的调查研究能力观察、分析、判断、写作，是做好新闻传播工作的重要保证。

新闻传播者必须有较强的新闻敏感。所谓新闻敏感，是指新闻传播者在现实生活中能够迅速而敏捷地判别和捕捉生活变动的信息并衡量信息含有新闻价值大小的能力。新闻敏感不是与生俱来的，它是新闻传播者政治水平和业务水平的集中、综合表现。

新闻传播者要有出色的文字表达能力。新闻传播者活动方式的最后落脚点是写作与报道。写作技巧和文字表达能力是新闻传播者最主要的基本功之一，这种能力包括严密的逻辑思维能力、丰富的语言知识及运用能力、大量的词汇与良好的修辞能力。

新闻传播者还要有驾驭现代采编工具的能力。新闻传播者要学会熟练地掌握录音机、摄像机、照相机、电脑和电子照排等。掌握使用外国语采访与写作的本领，甚至学会驾驶摩托车、汽车等现代交通工具。

(二) 修养

新闻传播者的修养是指，新闻传播者为了工作的需要，经过长期的锻炼和培养，在思想理论、道德品质和知识技能等方面所达到的一定水平。新闻传播者的修养是一个永无止境的过程。新闻传播者的修养，一般包括理论、知识和道德三个方面：

第一，理论修养。新闻传播工作的复杂性对新闻传播者的理论修养提出了严格的要求。具有良好的理论修养是新闻传播者做好本职工作的前提和保证。新闻传播者的理论修养包括：

较高的马克思主义理论水平。能够运用马克思主义的基本原理和基本观点观察、分析客观事物。新闻传播者只有掌握辩证唯物主义和历史唯物主义的立场、观点和方法，才能对各种复杂的社会现象进行正确的思考和判断，才能抓住事物的特点，揭示事物的本质，才能在复杂的社会生活中不迷失方向，并及时地发现问题、提出问题和解决问题，通过自己的新闻报道和言论推动社会前进。

新闻传播者要坚持理论联系实际的原则，坚持实事求是的思想路线，坚持实践是检验真理的唯一标准的观点，并把它贯彻于新闻传播实践的始终。新闻传播者除了全面系统地理解与掌握马克思主义的思想体系，还要有深厚的马克思主义新闻传播理论的功底。通过学习和掌握新闻传播理论，把握新闻传播工作的规律，在新闻传播实践中减少盲目性，增强自觉性，不断提高工作效益。

第二，知识修养。新闻传播者的职业特点要求新闻传播者应该具有广博的基础知识，同时，又要掌握一二项专业知识。新闻传播者的知识结构的特点是“杂”与“专”的统一。

新闻传播者的知识修养包括专业知识与基础知识两个方面。专业知识主要有：新闻传播者在实践中经常运用的工作方法与技能，如新闻采访的方法，新闻编辑的方法，新闻摄影的技能和方法，各种新闻文体的写作等等。专业知识还包括每个记者与编辑对自己分工报道的行业知识的全面了解。

基础知识主要有：同新闻传播者日常工作有关的社会科学和自然科学的各个学科的知识，如文学、史学、语言学、哲学、经济学、法学、心理学、社会学以及经济管理学等。

第三，道德规范。新闻传播者的道德规范是指，在特定的社会历史条件下，通过各种形式的教育和社会舆论的力量逐渐形成的，调整新闻传播者之间以及新闻传播者与社会之间关系的行为准则的总称。

一般说来，新闻传播者的道德规范在以下三个方面表现得比较突出：新闻传播者与事实的关系、新闻传播者与群众的关系、新闻传播者之间的关系。

资产阶级新闻传播者的道德规范和无产阶级新闻传播者的道德规范既有一致性，又有本质上的区别。资本主义社会形成的新闻道德规范包含着某些社会公共道德的因素，但也不可避免地受到私有制的局限，受到资本主义社会道德价值观念的影响。社会主义新闻传播者的道德规范是一种新型的职业道德规范，它表现为：

社会责任。新闻报道、评论、文章、图片和音像都应注重社会效益，有利于发展社会主义市场经济，有利于推进社会主义民主和法制，有利于建设社会主义精神文明，有利于各族人民的团结。不得宣传违背四项基本原则、反对改革开放的观点以及反动、恐怖、淫秽、迷信、伤害民族感情及其他败坏社会主义道德的内容。向人民负责，积极妥善处理公民有关建议、批评、申诉、控告和检举的稿件、来信、来访，保护作者和公民的权利不受侵害。

真实全面。熟悉党和政府的政策法令，悉心研究实际情况，深入实地采访，保证新闻报道真实准确，力戒片面性，不以任何借口故意夸大或歪曲事实。任何形式和内容的新闻报道都不能虚构，严禁制造虚假新闻。

客观公正。以社会需要和新闻价值为标准取舍新闻，不屈从外界压力，不论关系亲疏，不抱任何偏见。尊重科学，尊重实践，对于科学问题以及有争议的人和事，不作主观臆断的偏袒报道。采用合法和正当的手段采集新闻，尊重被采访者的声明和要求。

遵纪守法。遵守宪法，保守国家和军事秘密。涉及外交、军事、科技、外贸及其他有关方面的报道，都应注意保护国家的利益和安全。

坚持真理。勇于批评揭露工作中的官僚主义现象、违反宪法和法律的社会现象以及其他社会不良现象，发挥舆论监督作用。批评报道要尊重公民的民主权利和法人的权益，不侮辱他人，不揭人隐私。既要坚持真理，又要修正错误，勇于自我批评，允许反批评。

廉洁奉公。不接受任何企图影响新闻报道的不正当报酬。编采人员不从事商业牟利活动，不刊播“广告新闻”和其他形式的“有偿新闻”。不利用采访机会谋取私利。

增进友好。国际新闻报道应增进各国人民的相互了解和友谊，维护世界和平，促进社会进步，反对种族歧视和种族仇恨。对外交往要以诚相待，不卑不亢，维护祖国尊严。

团结合作。新闻同行之间应建立平等、团结、友爱、互助的关系，提倡正常的业务竞争，反对从个人或小团体的名利出发，做损人利己的事。尊重同行和其他作者的著作权，反对剽窃和抄袭他人劳动成果。

第三节 新闻传播者的角色责任

一、责任和社会责任

辞书上对“责任”一词的解释是：分内应做的事，也即使人担当起某种职务和职责。

所谓社会责任，指扮演某一角色的个人或角色群体，对构成角色关系的其他角色或角色群体所承担的法律、道德责任及社会义务。某一角色按社会分工未能做好角色规定应当做好的事情，没有尽到自己应该承担的义务，便被认为没有完成这一角色应负的社会责任。

社会角色没能按角色规定完成社会责任，必须受到一定的制裁。这种制裁分为强制性制裁和非强制性制裁两种。法律责任是强制性制裁的一种，实行某种违法行为的角色，对其造成的危害结果应承担强制性的法律责任。法律责任同其他社会责任不同，它的主要特点是，责任承担是由法律明确规定的，是由国家强制力来保证执行的，追究法律责任的只有国家专门机关或国家授权的机关，其他任何组织、个人都无此权力。由于违法行为的性质和危害程度不同，违法角色所应承担的法律责任也不同，法律责任一般可分为刑事法律责任、民事法律责任和行政法律责任三种。

道德责任也称道义责任，即角色接受社会的道德评价、实行道德上的自我批判及社会舆论的道德批判。这种评价与批判是非强制性的，但对维护角色形象和角色人格至关重要，也会对角色的自我感觉给予重大压力和冲击。有的时候，道德批判会比承担法律责任给角色带来更为沉重的心理上的打击。

二、新闻传播者的角色责任

以传播新闻信息为角色特征的新闻传播者，他所承担的社会责任，是同新闻信息的流动进程结合在一起的。换言之，新闻传播者的角色责任，体现在新闻传播全过程的各个环节。

（一）新闻采集中新闻传播者的角色责任

新闻传播者要从广泛存在于自然界与人世间的信息海洋中，选取有价值、为受众所需求的信息。受传者所获知的信息，是由传播者给定的。新闻调控机关的新闻流向及新闻流量的控制意图也是通过传播者得以实现的。此外，传播者所收集的信息，也应同其角色期待尽可能多地保持和谐与协调。因此，新闻传播者的角色责任在于：第一，尽可能多和尽可能好地满足受传者的多种需求，既正确引导社会需求，又满足多样化的社会需求。第二，正确地执行新闻调控机关的法令和指示，务使给定信息具有合法性和合理性。第三，培养良好的职业技能，以出色的新闻敏感和宣传敏感及时发现与捕捉新闻信息，不遗漏重要的信源与信息。

（二）信息制作中新闻传播者的角色责任

捕捉和采集新闻信息后，新闻传播者要对信息的内容与传播形式进行加工处理，包括信息的取舍和将信息符号化。这时，新闻传播者最重要的角色责任在于正确“把关”，合理控制新闻信息的流量和流向。所谓“正确”，即新闻传播者对信息的选择与加工取之舍之有法可依，增之删之有据可援，令新闻调控机关、受传者和传播者自己“三满意”。新闻传播者其次的角色责任是制作加工时要做到客观、公正、真实、全面，并使其快捷传播。为此，具有良好的政治素质和很强的业务能力成为新闻传播者在这一阶段重要的角色责任。

（三）信息反馈中新闻传播者的角色责任

新闻信息在社会公开传播之后便产生不同的效果，了解社会效果，调整后续的传播行为是十分重要的。这时新闻传播者的角色责任是，全面地了解全部反馈信息，及时调整后续传播行为。在反馈信息的收集中，正反馈是系统偏离旧稳态向新稳态过渡的过程，负反馈是系统趋向稳定的过程，因此，这两种反馈信息，尤其是负反馈信息，对有效传播有着重要意义。有时，为了减少传播的无效性，还要注意收集“前馈”信息，即通过事前反馈了解的传播发生前受传者的愿望、兴趣，据此制定正确的传播策略和决定新闻信息的流量流向。在了解收集的各种反馈信息时，新闻传播者的无私、无畏、谦逊、求实，显得十分重要。

三、新闻传播者的法律责任

在法制社会里，新闻传播者作为具有行为能力的主体，应有明确的法律责任意识。具有法律责任意识，也是对新闻传播者角色责任的要求。我国宪法和法律以及相关行政法规，对新闻传播者的法律责任，规定得十分明确和具体。

比如，《中华人民共和国宪法》第五十一条规定：中华人民共和国公民在行使自由和权利的时候，不得损害国家的、社会的、集体的利益和其他公民的合法的自由和权利。第五十二条规定：中华人民共和国公民有维护国家统一和全国各民族团结的义务。第五十三条规定：中华人民共和国公民必须遵守宪法和法律，保守国家秘密，爱护公共财产，遵守劳动纪律，遵守公共秩序，尊重社会公德。第五十四条规定：中华人民共和国公民有维护祖国的安全、荣誉和利益的义务，不得有危害祖国的安全、荣誉和利益的行为。

《出版管理条例》第二十五条规定：

（一）反对宪法确定的基本原则的；

（二）危害国家统一、主权和领土完整的；

（三）泄露国家秘密、危害国家安全或者损害国家荣誉和利益的；

（四）煽动民族仇恨、民族歧视，破坏民族团结，或者侵害民族风俗、习惯的；

（五）宣扬邪教、迷信的；

（六）扰乱社会秩序，破坏社会稳定的；

（七）宣扬淫秽、赌博、暴力或者教唆犯罪的；

（八）侮辱或者诽谤他人，侵害他人合法权益的；

（九）危害社会公德或者民族优秀文化传统的；

（十）有法律、行政法规和国家规定禁止的其他内容的。

《广播电视管理条例》第三十二条规定：广播电台、电视台应当提高广播电视节目质量，增加国产优秀节目数量，禁止制作、播放载有下列内容的节目：（1）危害国家的统一、主权和领土完整的；（2）危害国家的安全、荣誉和利益的；（3）煽动民族分裂、破坏民族团结的；（4）泄露国家秘密的；（5）诽谤、侮辱他人的；（6）宣扬淫秽、迷信或者渲染暴力的；（7）法律、行政法规规定禁止的其他内容的。

再比如，我国刑法、民法以及著作权法等，还对公民同新闻传播相关的隐私权、名誉权、肖像权等和著作人身权及著作财产权等权利，新闻传播者涉及新闻侵权的法律责任承担等都作了较为详细的规定。新闻传播者的包括法律责任在内的角色责任，常常涉及作为个体的新闻传播者同他所在的角色群体——新闻传播机构的关系及其责任分担，关于这方面的问题，将在“新闻传播事业”一章阐述。

第四节 新闻传播者的角色权利

一、权利、职权和新闻传播者的角色权利

所谓权利，指公民或法人依法行使的权力和享受的利益。具有一定的权利能力，即依法能够享有一定权利和承担一定义务的资格的公民或法人，才能够行使自己的权利，权利能力是行为能力的前提。

职业权利简称职权，指职务范围以内的权力，也即某一角色行使角色责任时所应享有的权利。

新闻传播者的权利，分为一般权利和角色权利两种。一般权利，指新闻传播者同非专业传播者即普通公民一样，依法享有从事传播新闻信息、新闻评论以及监督国家机关及国家工作人员行政行为及个人品质的权利。

角色权利专指新闻传播者完成本职工作必须具备的职业权利，主要有：知察权、编辑权、传播权、监督批评权、秘匿权、著作权、人身安全权等。

（一）知察权

知察权又称知晓权、知情权、了解权、采访权。在民主社会，公民有权依法闻知政府及公务员的行政行为及一切有利其正当活动的信息。公民的知察权在很大程度上有赖于新闻传播者的公开报道才得以实现。新闻传播者的职业行为——收集、核实信息和传递信息的活动不受阻碍，政府、公务员及一切有关方面人士不拒绝提供公民依法应知晓的信息，是知察权的主要内容。凡政府、公务员及有关人士有意扣压公共新闻信息，或有意传播虚假消息，便被认为侵害了这项权利。如果新闻媒介知晓某一信息而隐匿不公开报道，也被认为侵害该项权利。自20世纪60年代以来，知察权不再仅仅被看做新闻传播者的角色权利，而被视做基本的公民权利之一。

（二）编辑权

新闻传播者对新闻信息独立进行选择和处理的权利，具体内容包括决定和实

施编辑方针，行使信息、讯息和新闻作品的取舍、加工制作、调配等业务权利，自主经营与管理媒介的权利等。

（三）传播权

新闻传播者将采集、加工后的新闻信息的承载物——新闻传播媒介自由送达至受传者的权利。各种报刊的发行渠道不设置障碍，方便报刊自由送达到读者手里，各种广播电视节目无障碍地为视听者收受，是传播权得以实现的保障。取消任何形式的新闻检查——追惩制与预防制，是传播权的前提。

（四）监督批评权

依据宪法，公民享有对政府及其工作人员进行监督与批评的权利。这里专指新闻传播者以事实为依据，以法律为准绳，利用新闻传播媒介对政府、公务员及其他人士的行政业绩、个人品行和违法失职行为进行公开报道，以实施监督与批评的权利。实际上，这是新闻知察权、公开传播权、控告权和言论出版权在国家政治生活领域的具体运用。独立、负责地开展舆论监督与新闻批评，是新闻传播者的重要角色权利。

（五）秘匿权

秘匿权又称“取材秘密”、“消息来源秘密”、“保护新闻来源”、“保守职业秘密”权利，指新闻传播者不向外界透露消息提供者身份和姓名的权利。国家法律保护这项权利，以保证信息渠道的畅通，保护消息提供者不受报复和打击。在民主社会，新闻传播者享有的秘匿权同保守国家秘密并不构成冲突。有的国家为确保真实报道和司法正常进行，规定必要时，司法机关在取证程序中新闻传播者不得行使秘匿权。

（六）著作权

著作权又称版权。指作者对自己的作品所享有的防止被他人随意利用的权利。著作权是知识产权之一。多数国家的著作权法都确认作者对其作品享有精神权利和经济权利。精神权利包括：公开发表作品的权利（发表权）；在自己的作品上署名或不署名的权利（署名权）；要求被承认是作品的作者的权利（身份权）；保护作品完整性的权利（作品完整权）；修改作品的权利（修改权）；收回已经公开发表的作品的权利（收回权）。经济权利主要指：作者本人或授权他人采取各种方式利用作品获得经济利益的权利。上述精神权利和经济权利未经作者许可或转让，别人不得占有和使用，否则就是侵犯著作权。但是，为了社会的利益，法律也规定对著作权进行限制的特殊情况。对于新闻传播者的作品——新闻作品及其媒介是否列入著作权保护的范围，目前有的国家的法律规定不甚明确，各国的规定也不一致。多数国家的法律认为，除了简明的时事性消息之外，大部分作品及其媒介应列入著作权保护的范围。

（七）人身安全权

新闻传播者活跃在社会势力尖锐较量的领域，人身安全常常受到威胁，必须对新闻传播者提供特殊的人身安全保护权。为此，国际交流问题研究委员会倡议为新闻传播者提供特殊保护。日内瓦公约中关于保护国际武装冲突受害者附加议定书里，设置专条保护新闻传播者，规定应将在冲突地区从事新闻传播业务的新闻人员视为平民而予以有条件的保护。联合国教科文组织通过的关于大众传播工具的1978年宣言规定，必须保证从事大众传播事业的新闻人员和其他人员在本国或国外都能得到保护，保证他们有进行本职工作的最好条件。当然，出于对新闻职业尊严的尊重，新闻传播者也不得在人身安全权的掩护下从事同其身份不相符的活动。

新闻传播者的角色权利大致就是这些。在中国，在党的机关报刊工作的新闻传播者，还有党的纲领、章程及有关政策规定的党的报刊工作者的权利及相应义务，在此就不详述了。

二、责任和权利的统一，他律和自律的统一

马克思主义告诉我们，宇宙是各种事物相互联系的总体。毛泽东在《关于正确处理人民内部矛盾的问题》中指出："在人民内部，民主是对集中而言，自由是对纪律而言。这些都是一个统一体的两个矛盾着的侧面，它们是矛盾的，又是统一的，我们不应当片面地强调某一个侧面而否定另一个侧面。在人民内部，不可以没有自由，也不可以没有纪律；不可以没有民主，也不可以没有集中。这种民主和集中的统一，自由和纪律的统一，就是我们的民主集中制。在这个制度下，人民享受着广泛的民主和自由；同时又必须用社会主义的纪律约束自己。"① 经典作家的论述，为我们正确认识责任和权利的统一，提供了理论武器。

新闻传播者是新闻信息传受活动中最活跃、最重要的因素。他们肩负着重要的社会责任，他们要对国家负责，对民族负责，对社会负责，对每个民众负责，没有崇高的社会责任感，他们就难以完成社会和民众赋予他们的使命。新闻传播者是新闻信息的传播者，又是普通的公民，普通的社会成员。因此，他们不仅应该享有新闻传播者的角色权利，也应享有普通公民的基本权利。新闻传播者只有充分享有广泛的公民权利和职业权利，才能更好地履行自己的角色责任，完成国家和民众交给他们的任务。新闻传播者也只有忠诚于自己的职业，履行自己的社会义务，才有资格享受这些权利。

新闻传播者在履行自己的使命时，肩负着法律责任，即他的职业行为必须在法制轨道上实施。这种通过法律对新闻传播活动的调节，称为"他律"。新闻他律，指政府、党派、社会集团和民众运用法律、法规、纪律、规定等对新闻传播者的职业行为进行的强制性管理。新闻自律是以新闻伦理为核心的自我约束，它

---

① 《毛泽东著作选读》，1版，下册，762页，北京，人民出版社，1986。

以新闻法制为核心，以新闻伦理为基础。新闻自律指新闻传播者的职业道德自律，新闻传播者在道德上所进行的自我约束，其目的是防止滥用新闻权利，对社会和民众尽责。在新闻传播活动中，新闻自律是新闻传播者的一种自我行为控制。

在民主社会里，新闻他律同新闻自律是统一的，缺一不可。新闻他律为的是保障新闻传播者充分履行社会责任，充分享受但又不滥用自己的角色权利。新闻自律也是为了运用充分的职业权利，排除不良因素干扰，尽心尽责，履行好自己的职业使命。在这里，外界强制性的法律监控是不可缺少的，是第一位的。但新闻传播者的自我约束、自我调控也是十分重要的。只有强化了新闻自律，新闻传播者才能更加自觉地、彻底地履行自己的使命和自己的社会责任。

第五节　新闻传播者的培养与教育

一、新闻传播者的培养

世界各国新闻传播者的来源不外三个：一是通过正规的职业教育，如新闻传播院校的教育，从其毕业生中选取；二是以师带徒，由资深记者手把手培育；三是从各专业的大学毕业生中招聘，通过短期培训上岗。

现代新闻传播教育源于美国。美国新闻传播教育可追溯到内战后初期。1869年华盛顿—李大学曾举办印刷工兼编辑训练班。1873年堪萨斯大学设置印刷知识课，宾夕法尼亚大学首次开设了专门的新闻学课程。

美国正规的新闻传播教育始于20世纪初。俄克拉何马州中央州立大学新闻系于1903年建立。四年制的新闻教育1904年首创于伊利诺伊大学和威斯康星大学。1908年，密苏里大学开办了美国第一所专门的新闻学院。1912年，哥伦比亚大学新闻学院成立。上述几所大学建立了世界上最早的新闻学高等学府，因而美国堪称世界新闻教育的发源地。

1912年哥伦比亚新闻学院开办之时，美国有30多所大学或学院开设有新闻学课程。30年代中期，美国已有450多所大学院系设有新闻学课程。第二次世界大战后开设新闻学课程的学校又有增加。1969年全美2 313所高等院校中有1 148所院校开设不同形式的新闻传播学课程，其中有四年制学校719所（办新闻系或专业的212所），二年制的学校429所（办新闻系或专业的77所）。70年代全美国50个州和一个特区中，都有了开设新闻院校或新闻系的大学。平均每州有5所开办新闻院系的大学，最多的是加利福尼亚州，共有21所。目前美国约有300所高等院校设有四年制的新闻或传播院系。新闻学、大众传播学在美国已成热门学科，攻读新闻和大众传播专业的学生超过10万人。

美国大学授予新闻学硕士学位始于20世纪30年代。密苏里大学新闻学院于

1934年开始授予新闻—哲学博士学位。

美国的大学新闻学院一般规模较大，历史悠久，包含专业较多。大学新闻系，多者六七个专业，少者二三个，仅设一个专业的不多。美国新闻教学和科研的历史大体可分为三个阶段：报学阶段、新闻学阶段和大众传播学阶段。从20世纪初至30年代，美国的新闻教学基本上集中于报学，局限于报纸的史论和业务。第一次世界大战后，出现了无线电广播，第二次世界大战后，电视开始普及，于是，新闻教学的内容开始拓宽，越来越多的新闻院系开设了广播电视专业，或增设广播电视课程。40年代，传播学首先在美国兴起。从50年代起，美国许多大学设置了传播系或传播学院。

美国除四年制正规大学外，还有一种二年制的初级大学。据报道，在900多所初级大学中，有一半以上开设新闻传播方面的课程。此外，美国约有5 000所中学开设新闻课程，选修学生每年约75 000名。作为这些学生的实习基地的初、高中的校报、杂志、年鉴有45 000多种，每年有近百万人次的学生在这些报刊实习。美国发达的新闻传播教育为新闻传播业源源不断地输送着新闻人才。据统计，在1982年至1995年间，美国新闻传播业的就业人数增长了40%。

中国在新闻教育开设之前，新闻从业人员沿袭英国等西方国家做法，以师带徒，习练采编技艺。中国正规新闻教育始于20世纪初叶，1918年北京大学新闻学研究会的成立是中国新闻教育的发端。进入20年代后，中国高等院校新闻教育开始奠定基础。从1920年到1929年间，全国有12所大学相继创设新闻学系科，主要集中在北京、上海两地。其中，1924年创办的燕京大学新闻系和1929年创办的复旦大学新闻系，设置最完备，发展历史最长。

中国共产党在革命战争年代开始创办新闻教育事业。1946年到1949年，先后办有华中新闻专科学校、华北联合大学新闻系、华东新闻干部学校、新华社新闻训练班等。中华人民共和国成立后新闻教育事业进入新的发展时期。到1959年新中国建国十周年时，高校新闻系科在校学生大约有1 200人，十年中，为新闻界输送新闻专职人员近2 000人。改革开放以来，中国新闻教育有了快速发展，到2008年6月，经教育部批准备案的设有新闻类本科专业的普通高校共300余所，专业点877个。目前全国共有新闻学专业与传播学专业硕士授予点101个，博士授予点19个，博士后流动站19个，国家级重点学科点2个，形成了本专科、硕士、博士和博士后层次齐全的办学格局。自党的十一届三中全会以来30年，我国新闻传播教育已经向新闻传播业输送了大批毕业生，其中相当一部分已成为新闻传播业的领导干部和业务骨干。

二、新闻终身教育和新闻社会教育

新闻终身教育又指新闻继续教育，指新闻传播者结束在校学习后坚持不断接受社会教育和职业培训。我国现行新闻终身教育的方法有业务培训、脱产进修、定期轮训、岗位学习等。此外，还有个人安排或新闻媒介机构组织自学。从20世纪80年代开始，在广播电视大学和自学高等教育制度的推动下，新闻传播者上电大与参加自考，成为新闻继续教育的重要途径。进入90年代以来，新闻传播者利用业余时间或适量工作时间到大学不脱产参加高一级学位课程学习，成为新闻终身教育的一个新特点。

新闻社会教育是对非新闻传播者实施的新闻知识普及教育，又称公民新闻素养教育，目的在于使广大公民了解新闻传播基本知识，更好地利用现代新闻传播媒介，并主动参加新闻传播活动。新闻社会教育的主要方法是通过普通中小学课堂，传播新闻学常识，参观新闻传播机构，组织阅读视听新闻传播媒介。新闻社会教育是另一意义上的新闻终身教育，即在人的生命周期的各个阶段，有计划有重点地对其进行各种形式的新闻学知识教育。这种社会教育打破了传统的教育观念，使新闻教育过程不再仅仅限于在校学习阶段，而是在人生从幼年到晚年的各个时期，获得多次接受新闻教育的机会，并以成人教育为重要环节。幼儿自小收受新闻传播，成人后接受新闻教育，或接受各种新闻传播的感性教育，从新闻启蒙到进行完整的新闻业务培训，构成了当代中国的新闻终身教育体系。

思考题

1. 新闻传播者的角色特征。
2. 新闻传播者应具备的素质和修养。
3. 社会主义新闻职业道德规范的内容。
4. 新闻传播者的角色责任。
5. 新闻传播者的角色权利。
6. 知察权、编辑权、传播权、监督批评权、秘匿权、著作权。
7. 新闻他律和新闻自律的统一。
8. 新闻教育、新闻终身教育和新闻社会教育。

第三章 新闻传播内容

CHAPTER 3

传播是个人或团体主要通过符号向其他个人或团体传递信息、观念、态度或情感。

——S.A. 西奥多森、A.G. 西奥多森

信息是传播的材料。关于新近变动的事实的信息，不仅是新闻传播的内容，更是新闻传播得以进行的依据。正是对事实变动及其信息的深刻认识，奠定了唯物主义对新闻本源的基本认识。

第一节 事实、信息和新闻信息

一、事实和新闻事实

事实，事情的真实情况，包括事物、事件、事态，即客观存在的一切物体与现象、社会上发生的事情、局势及情况的变异态势。

事实是新闻传播学的基本范畴。有人甚至称之为新闻传播学研究的逻辑起点。

陆定一指出："唯物论者认为，新闻的本源乃是物质的东西，乃是事实，就是人类在与自然斗争中和在社会斗争中

所发生的事实。”①

新闻传播的本源，指新闻的基本来源。我们已经讨论了新闻的起源，本节所讨论的本源同起源只是一字之差，但它们却分别研究不同的问题。起源指新闻传播活动发生的最初动因，即人类为什么需要进行新闻传播活动。在这一节里讨论的本源问题，指新闻是从哪里来的，人们传播与收受的新闻与信息，出自哪里，来自何方。

长期以来的、无限丰富的新闻传播行为表明，新闻的本源乃是事实。自然界发生的无数事实，诸如天体运动、季节交替、兽奔禽飞、花开花落，都同人类生存与发展有着直接或间接的关系，有的甚至至关重要，比如地震、洪水、飞蝗、酸雨。其中的不少事实，具有很高的新闻价值与信息价值，自然是新闻传播的重要来源。

人类社会，每时每刻都在发生多种多样的事实，生产劳作、利益争战、官员巡察、民间疾苦、科学研究、体育活动、文艺演出、生育繁衍，多得不计其数。其中的不少事实，同一定地区的一定人群有着息息相关的直接联系，自然又是新闻传播的重要来源。

新闻竟日传播的就是关于这些事实的信息。没有事实，就无以发生新闻传播行为，新闻传播就成了无源之水，无本之木。因此，没有事实，就没有新闻，有了事实，才可能产生新闻及新闻传播活动。背离事实，甚至捏造事实，就是假报道，就是新闻失实。坚持先有事实，后有新闻，事实第一，新闻第二；事实具有哪些性质，新闻才会有同类性质的观点，才是真正的唯物主义新闻观，才是在新闻本源的问题上坚持了马克思主义新闻传播学观点。

但是，要在任何历史条件和传播环境中，坚持上面的观点，却很不容易。有一种所谓“事实为政治服务”的口号，曾经长期肆虐于中国的新闻传播事业。这一口号，不是先有事实，后有新闻，事实第一，新闻第二，而是视事实为任人揉捏的泥团，随意打扮的少女，可以根据政治斗争的需要，任人随意改制扮演，甚至在没有事实的情况下，出于政治需要，刻意炮制某些事实。

有的时候，有的媒介从事“预发性报道”，即事实还没有发生，传播者就凭借以往的所谓“经验”，甚至完全面壁虚构，写出了“新闻报道”。这样的操作，不仅违背了新闻的先有事实后有新闻的客观规律，而且于实际工作也极其有害，类似的教训是不少的。

新闻的某些属性，是由事实的同类属性先天地决定的，事实有了这个性质，撰写出来的新闻报道才可能有这个性质，这里说“可能”，是因为作为第二位的新闻，能否客观地表达这个性质，还要考虑新闻政策允许不允许报道，记者善于不

---

① 陆定一：《陆定一新闻文选》，1版，2页，北京，新华出版社，1987。

善于表达等多种变数。可惜有些传播者，在未接触或未完全把握这个事实之时，头脑里就有了一些“框框”，诸如要令笔下的这条新闻重要、生动、可读……他们不明白，这条新闻是否重要、生动、可读，首先要看决定这条新闻的基础事实是否重要、生动、可读。一个没有实质内容、可开可不开的会议，一个没有吸引力的活动，一个让人打瞌睡的报告，记者再有水平，也难以将它们写得重要、生动、可读。

因此，在新闻传播本源问题上，在理论与操作的两个层面上都坚定不移地贯彻唯物主义新闻观，具有重要的意义。生活中的事实和新闻传播中的事实是有本质差别的。生活中的事实，是客观存在而不以人们的主观意志为转移的，人们发现它而传播于他人，便成新闻。新闻传播中的“事实”，称为“新闻事实”，严格说来，新闻传播中的事实，既含有被传播事实的客观信息，又含有传播者的对这些事实有所评价的主观信息。这是因为，事实本身并不是新闻，把事实传播开去才是新闻。客观事实本身并没有价值特征，无论人们对它持何种看法，事实总是事实。但是对事实的报道常常带有对它的评价，新闻总是反映着不同报道者对这事实信息的价值评价。

二、信息和新闻信息

新闻传播是信息传播的一种，因此，信息也是新闻传播学的一个重要范畴。

在信息论和控制论里，信息是一个含有多种意义的概念。较有代表性的定义有：

信息是用符号传送的报道。

信息是人们传递的关于事物状态的消息。

信息是可以减少或消除不确定性的内容。

信息是任何过程和客体中差异性的反映。

信息是所有事物对外界发生的影响。

由这些众多定义可以得出一个大而化之的宽泛的信息定义：

信息是事物的存在方式和相互反映的运动过程，以及关于这种存在方式与运动过程的陈述。

新闻传播活动所传播的信息，只是信息世界中极少的一部分信息，即含有新闻价值的信息，我们称之为新闻信息。所谓新闻信息，指新近发生的为公众所关注的具有新闻价值的社会信息。由新闻信息观入手，有几位学者对新闻提出了新的定义：

新闻是向公众传播新近事实的讯息。

新闻是传播新近变动事实的信息。

新闻是及时公开传播的非指令性信息。

这些定义说明，人们已经认识到，新闻传播活动实质上就是信息的传受活动，新闻信息才是新闻传播的本质规定。

三、用事实说话

新闻传播活动中所传递的信息，与一般的信息不同。新闻信息不仅包含着事实变动的客观信息，还传递着报道者的主观信息。一般的信息传递，告诉受传者关于信息的几个基本要素即时间、地点、人物、事件等即可，而新闻的传播，不仅要向人们告知这些基本要素，而且还要通过或借助这些要素的客观报道，渗透或表达一些必要的观点、看法、评价和主张。

在我国的新闻实践中，把新闻传播这一特殊功能称之为“用事实说话”。

“用事实说话”，指在忠实地报道事实的基础上，通过对事实的适当选择与表述，巧妙地表达传播者的立场与观点的一种报道原则与报道方法。

“用事实说话”成功的关键，在于不是通过作者的直接议论，而是让经过精心选择的事实，运用事实的逻辑说服力，充分而含蓄地表达作者的倾向与观点。它所表达的是无形的意见。从表面上看，新闻似乎只是客观地叙述事实，实际上，在事实的选择，叙述事实的角度，甚至遣词用句之间就隐含着某种观点，形式上的含蓄掩盖着记者的某种立场与倾向。

“用事实说话”，寓情理于事实，符合人们从新闻中主要为的是了解事实信息的要求，以及新闻应以事实的信息沟通情况、达到信息交流与分享目的的基本特征，因而这种手法更能够潜移默化地影响新闻的收受者，且更具说服力。

“用事实说话”的表述，不仅要巧妙地展开事实，铺陈事实，而且更需下力量去发现与捕捉“会说话”的事实，即内含逻辑说服力的事实。“三分写作七分采”，采访处于关键环节。作为一名成熟的记者，在吃透“两头”（领导意图和群众需求），初步明确报道意图之后，就要一头扎下去，到大量的事实中去分析、比较，再分析、再比较，寻找那些能明确显示主题、表现倾向和立场的事实或事实层面，将它们有机地安排到新闻结构中去，使它们在必须显示观点的地方有板有眼地“说话”。这里的“说话”，不是报道者发言、评论，而是收受新闻的人一看（一听）这一事实或事实层面，就不言而喻地了解到、体会到作者的倾向、立场与观点了。

善于“用事实说话”是记者成熟的标志。记者的本事不表现在会发议论，会滔滔不绝地发表看法与评论，而是表现在需要他表明立场与倾向的时候，能够拿得出有说服力的事实、自己会“说话”的事实。这样的记者，是最厉害的记者。

这里绝不是说，记者在新闻报道中完全不应该、不能够发表议论，不能够明确地说出自己的观点与看法。有的时候，言论和评论是不可缺少的。提倡“用事实说话”，不是反对必要的议论与说理。这里只是强调和突出说明，在多数情况下，无形的意见胜似有形的意见，由事实本身表明倾向与立场，比记者一个人站出来议论要含蓄得多，也有力得多。

第二节 价值传递和新闻价值

一、价值和价值传递

价值一般指事物所具有的积极和有利的作用。在政治经济学里，价值特指体现在商品里的社会必要劳动。从新闻发生的角度考察，新闻的价值是传播者所提供的新闻信息对收受者信息缺乏的满足程度。新闻信息的价值，是由该信息（陈述事实变动状态的客观信息和传播者陈述该事实变动状态过程中所渗透其中的主观信息）的各种信息价值总和构成的。

在新闻传播过程中，新闻媒介在传递新闻信息的同时，也大量传递着各种价值观，传播者以各种公开或隐匿的方式散布着自己的价值取向以及对被报道事物的价值判断。这种价值观的传播和价值判断的显示，实际上是对社会的一种价值教化，即媒介的社会规范功能。由此可以说，新闻传播过程，也是某种价值观的传递过程。

新闻传播中价值传递的实现，是新闻信息收受者对新闻信息传播者的价值观认同。在当代社会，从认识论的角度来考察，认识的第一主体传播者和认识的第二主体收受者对认识客体——附着于新闻信息的价值观及其在采、编、排、印、播过程中的附加值的价值认同，是实现媒介的社会行为规范功能和使某些价值观占据主导地位的重要途径。新闻媒介的社会教化功能的实现，主要是通过新闻传播进程中的这种价值传递完成的。

二、新闻价值和新闻价值观

大千世界，时时处处发生着数不清的变动与变化，方方面面消长着形形色色的事实。在这些目不暇接的变动、变化和浩如烟海的事实中，新闻传播者选择哪些足以引起社会大众广泛关注和具有共同兴趣的事实？选择哪些使新闻足以具备新闻特点的事实？这些便是新闻传播活动一开始就遇到的问题。

新闻传播者在选择事实的过程中始终受到价值取向的制约。决定传播价值指向的因素是多方面的，首先是新闻价值因素。对于新闻传播者来说，向受传者提供具有足够新闻价值的新闻，是他们最重要的职责。

新闻受传者总是出于特定的社会需求去获知新闻，新闻也只有能够满足特定的社会需求才能实现它的价值。新闻之所以能够满足受传者的需求，实现自身的价值，按照唯物论的本源观，主要是因为新闻所报道的事实具有这种能够满足需求、实现新闻社会价值的素质。因此，所谓新闻价值，是指新闻事实满足社会需求的特殊要素的总和。

这就是说，新闻价值是一种客观存在，它是新闻所含的事实本身所具有的价值要素。新闻传播者只有先于受传者获知这种事实并且把握了它的新闻价值要素，再通过选择提炼制作成新闻，向受传者作公开报道，使这种事实内含的新闻价值要素为受众所认识，并在受传过程中得以实现，令“物质的力量”转化为“精神的力量”。

由于受传者获知新闻的社会需求是多方面的，所以新闻传播者也因之而注意挖掘新闻事实中能够满足相应社会需求的各种价值要素，于是新闻报道的事实所含的新闻价值要素也呈现出丰富多彩的状态。新闻传播者在长期的新闻实践中发现，受传者主要的需求是求新、求知、求近，于是新闻价值要素一般被集中概括为以下五种要素：

第一，时新性。新闻事实越新，越能满足受传者的需求，越能吸引他们的注意。时新性表现在两个方面：其一，新闻事实在时间上是新近发生的。刚刚发生的事实立即予以报道，正在发生的事实同步报道，这种新闻的价值也大。事实发生的时刻与新闻见报（广播）的时刻之间的差距称作时距，时距越小，新闻价值越大。其二，新闻事实是人们未知而欲知的。一定数量的受众中事先对新闻事实无感知人数同总人数之比为求知度，求知度越大，新闻价值也越大。

第二，重要性。新闻事实所包含的社会意义也即新闻事实同新闻受传者的利害关系称为重要性。凡同多数人利害相关，为多数人所关注的事实，被认为有社会意义，也就有重要性。事实越重要，越有社会意义，报道该事实的新闻也就越有价值。这种重要性要素，是由受传者的求近（利益接近）需求心理决定的。

第三，显著性。新闻事实的知名度，或新闻事实的显要度，称为显著性。新闻中所涉及的人物、地点、事件、时间（如节日）等因素具有一定的知名度，这类新闻的价值也较大。或者新闻事实显要、突出，因而这些事实的发生、进展、结局、后果等都引人注目，于是报道该事实的新闻，也吸引人们的注意力，显示出一定的价值。

第四，接近性。新闻事实同接收该事实信息的受传者在地理上或心理上的接近程度为接近性。地理上的接近性主要是由新闻事实和受传者之间的利害关系决定的，接近性越大（即地距小），新闻价值越大，即地距同新闻价值两者成反比。心理上的接近性主要是由新闻受传者的求知欲和好奇心理所致，接近性越大（即心理距离小），新闻价值也越大，即心理距离同新闻价值两者也成反比。

第五，趣味性。新闻事实所具有的调动新闻受传者共同兴趣从而引起注意的有趣程度称为趣味性。趣味性越大，新闻价值也越大。新闻事实的趣味性表现为三个方面：其一，新闻事实新鲜奇特，难得一见，激起人们的好奇心和新闻欲；其二，新闻事实充满情趣，令人激动、感奋、伤感、可笑；其三，新闻事实富有人情味，能够调动人们的同情心、爱憎感，或者显现对庸俗情趣的反感，对高尚情操的推崇。

以上五种价值要素，各种事实中含量不一，有的有，有的无；有的多，有的少；有的含一种，有的含多种。一般说，含量大，含多种要素的事实，报道此类事实的新闻，其新闻价值也大，反之则小。

新闻价值是事实自身内含的客观要素，人们认知和评估这种客观要素则有自己特定的标准。在长期的、频繁的新闻传播传受活动中，新闻传播者与受传者逐渐形成了判断新闻价值的较为稳定的看法，这种个人或团体判断新闻价值的主观标准就是新闻价值观，也即新闻价值取向。新闻价值观虽说必然受到阶级、集团、文化水准、情趣爱好等影响，但总的说来，主要是受到传播实践的制约、检验和纠正。传播实践的核心是新闻的传播效果，即新闻公开传播之后引起广大受传者的共同兴趣和广泛关注的程度。某一事实为受传者关注的程度越强，关注的面越宽，其构成的新闻的价值也越大。

正因为如此，新闻传播者的责任之一，就是识别、判断和捕捉含有新闻价值的事实，并且尽可能广泛、充分、及时地报道这些事实。这是一种十分重要的新闻工作的能力，也就是人们常说的新闻敏感。所谓新闻敏感，就是指识别、判断和捕捉具有新闻价值的事实的能力。

以上我们分析了新闻价值及其在新闻传播中的重要效用。实际上，一条新闻在社会上公开传播之后，它所实现的价值不止新闻价值一种，因此，新闻的传播价值和新闻价值是两种概念。新闻的传播价值是指，新闻传播之后所实现的各种价值效应之和。新闻传递的是多元价值，因此，新闻的传播价值总是大于新闻价值，它除了新闻价值之外（这是最基本的价值效应），还有信息价值、宣传价值、审美价值、知识价值等多种价值效应。

宣传是引导人们改变思想观念的一种社会行为。在新闻传播中，新闻事实如果同时含有利于达到宣传目的的要素，那么，这类新闻也会收到一定的宣传效果，即宣传价值的实现。所谓宣传价值，是宣传事实中所含有的宣传要素的总和，这种宣传要素，包括政治性要素、逻辑性要素、情感性要素等等。在新闻事实中，所包含的宣传价值要素越多，新闻的传播价值中的宣传价值成分也越多。

新闻事实和新闻都不同程度地具有审美的功能，它们都是审美对象。所谓审美价值，是指审美对象客观具有的能在一定程度上满足人审美需要、给人以审美享受的价值。新闻事实和新闻都具有一定的审美价值，新闻传播之后，这种审美价值也就得到了实现。

新闻价值、宣传价值、审美价值等都是新闻事实内含的客观要素，新闻传播之后，这些价值传递都得到了实现。所不同的是，新闻至多是最大限度地实现了新闻事实的新闻价值，而宣传价值和审美价值不仅凭据新闻事实本身，而且新闻的特殊文体、写作、编排，也具有一定的宣传价值和审美价值，即新闻事实原有的宣传价值和审美价值，通过新闻和新闻媒介这些载体而增值了。

不过，新闻的传播价值中最主要的仍然是它的新闻价值，因为新闻首先不是一般的宣传品，也不是单纯的文学作品和艺术作品，新闻首先是新闻，是新近发生的事实的报道。

第三节 符号和新闻信息符号

一、符号：传播要素

在前两节的考察中可以发现，新闻传播的内容，首先是新近变动事实的信息，其次是同事实相关的价值判断。如果说，前者是一种客观信息的话，后者则主要是一种主观信息。进一步考察还可以发现，不论何种信息的传播，它们都是通过符号、借助符号进行的。

传播作为信息的交流与分享，实际上是交流与分享信息符号。施拉姆曾经指出，社会传播过程要求至少有两个人，他们由于对一组信息符号感兴趣而来到一起建立一种分享信息的关系。其中一个参加者，凭借他的认知需要和多种办法，加上他的传播技能，编出某些符号，并把这些符号发送给其他参加者。而第二个参加者，凭借他自己的认知需要和各种办法，加上他的传播技能，决定是否接受这些可以得到的符号。如果他参加的话，他就按照他自己认知的图表加工这些符号，开始又一轮传播行为……这样，传播就一个接着一个地进行下去了。①

施拉姆指出，无论是 A 对 B，或者是 B 对 A 的传播，都构成一种关系。这种关系，“意味着共享那些代表信息和导致一种彼此了解会聚到一起的符号”②。他把这种关系称为“会聚关系”，认为以这种“会聚关系”来描写传播共享是十分恰当的。

符号是人类传播活动的要素。声音、语言、文字、图画、手势、姿态、表情等都是符号。符号在发出以后就离开传播双方而独立存在。符号在甲方代表某种含义，在为乙方收到时，在乙方脑中也会代表这个含义。没有这种对符号的相同理解，符号在传播中就会失去意义。对传播双方来说具有相同理解的含义，是符号最重要的特点，是符号能够发生“传通”作用的基础。符号只有具备了足够的共同含义，才能参与传播，才能代表传播中的各种实际内容。

符号含义的确定性，来自人们生活经验的积累，来自反复的传播活动中的不断地对这些符号含义的观察与认同。实际上，在前面提到的“会聚关系”中，共

① 参见［美］威尔伯·施拉姆、威廉·波特：《传播学概论》，1 版，62～63 页，北京，新华出版社，1984。
② 同上书，49 页。

有的是符号，而不是含义，含义始终是属于个人的，是各人根据自己的经验得来的，是各种反应的总和。对于同一符号，任何两个人都肯定不会有完全相同的含义认识。所以符号的含义，对不同的人，不同的背景，甚至是同一个人在不同的时候，都有某种程度的不同。这是因为，符号是每个人经验积累的结果，又是相当数量的人们共同经验的抽象。

学者 I. S. 早川为了说明符号是个别经验抽象的产物，曾以“财富”这个抽象的语言符号，从一头具体的“奶牛贝茜”抽象而来为例，为人们设计和分析了一个“抽象的梯子”。这个自下而上的“梯子”是这样的：

第一级　科学上知道的微观奶牛和亚微观奶牛；

第二级　我们所看到的奶牛；

第三级　贝茜——我们用这个名字来辨认所看到的特定对象；

第四级　奶牛——我们用这个符号来代表我们从所看到的或所听到的贝茜和所有其他奶牛身上总结出来的“奶牛式”特点；

第五级　牲畜——这是一个更抽象的符号，代表奶牛与猪、小鸡、绵羊等共有的特点；

第六级　农场财产——这个符号代表牲畜与农场里其他可出售的东西所共有的特点；

第七级　有交换价值的东西——这是农场和其他可出售的东西所共有的特点；

第八级　财富——这是所拥有的财产程度，可能包括贝茜的价值，但也可能包括更多更大的价值。①

人们在这架梯子上爬得越高，贝茜的具体性就越是湮没在总的含义里。这就是赋予人类语言把不同数量的信息编成单一符号的东西（即“抽象的梯子”）。

符号，就是借助这个“抽象之梯”通过观察和积累形成的。

了解了符号的作用和形成过程以后，可以对符号的特点作这样的描述：

符号是信息的携带者，是信息载体，是传播的工具。

符号是约定俗成的，人赋予符号以含义。

符号的形成与意义上的联系完全是人为的。符号的含义为一定的人们所共识，共有的符号能指说某些特定的事物，但永远不能表示其所有含义，这是因为，对符号的理解，有相当部分受到个人生活经验和社会经历的影响。

相当数量的符号含义为受传者所理解，是传播得以进行的基础。

在信息论中，信号和符号都是一种信息的载体。在传播学中，两者却是有区别的。符号是人们生活经验抽象的产物，是人类所特有的，只有人才能创造符号，

① 参见［美］威尔伯·施拉姆、威廉·波特：《传播学概论》，96～97 页。

理解符号的意义。符号是人类意义范畴的一部分，而信号是物质存在的一部分，两者引起不同的反应。信号引起的是与某事物是否存在有关的反应，符号引起的则是关于事物的概念。在实际运用中，两者的功能也不同。信号仅仅是某种物理的或实体的存在，符号则具有功能性价值。因此，信号是低级的、简单的信息载体，符号是高级的、复杂的信息载体。

二、新闻信息符号

运用各种符号和标志来表达特定意义的语言形式称为符号语言，它是人类传递信息的主要手段。广义的符号语言包括声音、语言、文字、图画、手势、体姿、表情等，狭义的符号语言则单指图画和实物标志。

新闻传播使用的符号可分为语言符号和非语言符号两类。语言符号指口头语言——话语和书写语言——文字。语言是人类根据经验创造的人类代码，据估计，地球上最多有 7 000 种语言，最少也有 2 500 种至 3 000 种，但占人类总数的 95%以上的人，讲的语言不到 100 种。现在世界上的主要语言有 12 种，讲这 12 种语言的人数占全球人口的 60%。讲汉语的人最多，达 13 亿以上。文字是记录话语声音的符号，估计世界上有文字的语言约为 150 种。目前联合国规定使用的工作语言有六种：汉语、英语、法语、俄语、西班牙语和阿拉伯语。语言符号可以传播抽象的观念、理论和复杂的情感等任何信息。

非语言符号指除语言、文字以外可以通过感官感触到的手势体姿、音容笑貌、气味颜色、图画实物等概念的总称。非语言符号可以加强和扩大语言符号传播的信息，也可以否定语言符号传播的信息。

在新闻传播中，常常不是简单地罗列一个一个单个的符号，而是把若干符号组织起来，传达一个具体的内容。由一组信息符号组成的符号系列，称为讯息。在传播过程中，传播者发出讯息，这个讯息转换成某种相应的信号，通过新闻通道发送出去，受传者又将信号转换回讯息，并对讯息作出反应。传播学将这种传播者对信息的处理过程称为编码，受传者对信息的处理过程称为译码。编码和译码是新闻传播过程中传受双方运用符号系统对信息进行内储和外化的两个互相关联的步骤。编码是传播者对所传递的讯息、符号、信号进行必要的技术转化，也包括按照既定程序和受众经验的期望，对语言、照片和图表等进行系统的选择。译码又称解码，是编码的逆过程，将转化后的讯息、符号、信号还原，将它们译成它们所表达的内容，也即通过感官获得信息，并加以理解。编码和译码的对象都是新闻传播内容符号化后的讯息。在译码过程中，还要注意加强文本分析。文本指文件和文件的某些样本。文本分析的目的在于浓缩文本，去掉“水分”，以便得出一种真实的反映，发现文本作者欲言或不欲言的内容，体会作者的用心与动机。通过文本分析，可以有效地优化新闻传播的效果。

第四节 选择和新闻选择

一、系统和自组织系统的选择

系统是由相互联系、相互依赖、相互作用的事物或过程组成的，具有整体功能和综合作用的统一体。为了实现系统自身的稳定和功能，系统需要按一定方式取得、使用、保持和传递能量、物质与信息，同时需要把系统各组成部分有机地组合起来。

系统可分为自然系统和人造系统两类存在方式。前者如生物系统、物理系统、天文系统等，后者如经济系统、军事系统、交通系统等。新闻传播媒介及其活动属于人造系统。在这两类系统中，有的系统不会因其环境因素的改变而使其内部发生变化，称为封闭式系统。有的系统必须同外部环境进行大量的信息和能量交换，称为开放式系统。新闻传播媒介及其活动，显然属于开放式系统。

系统形成过程也就是组织过程。各种系统有不同的组织过程。其中有一种组织过程，是在一组事物或变量之间自动发生的，不需要这组事物或变量以外的力量进行干预。这样形成的系统称为自组织系统。

自组织系统有特殊的功能，它能从无组织的无序状态中自动产生，并且不断发展和完善自己的秩序。新闻传播系统是在新闻传播规律支配下，以传播者为组织核心的自组织系统，它的组织化过程，是不断地从无序走向有序的自我完善的过程。自组织系统组织化过程实现的保证，是系统内部有一条有因果关系的自动选择链。因此，选择机制的存在及其作用，是自组织系统自我维持与自我发展的动力。对自组织系统来说，失去选择能力，系统自身也就不复存在，选择对于自组织系统至关重要，选择是自组织系统的生命线。

二、新闻选择的意义

新闻选择，指在特定的传播环境下，根据一定的价值取向对新闻事实、新闻作品的衡量与取舍。因为新闻和新闻报道的主体是新近发生的事实，所以实质上新闻选择就是对能构成新闻的事实的选择。由于在传受过程中，新闻传播者、受传者和决策者所处的地位不同，承载着不同的社会责任，所以他们对新闻的选择也是不同的。换言之，处于不同新闻流程中的新闻传播活动者，有着不同的新闻选择。作为第一把关人和实际操作者的新闻传播者，他的新闻选择是最重要和最主要的。

新闻选择对于新闻传播的必要性与必然性是无须多言的。从新闻传播的数量看，大千世界每时每刻发生的事实，总比所有新闻媒介能够承载的新闻事实的信息要多得多，对无穷尽的事实除了加以比照和取舍，别无他法。从新闻传播的质量看，传播者和决策人总是以政治经济利益和文化价值取向作为选择新闻事实和新闻作品的首要依据，受传者也总是以自己特定的标准取舍新闻，从而使新闻选择成为不可避免。从新闻媒介的生存发展看，新闻选择是其维护自身机制、安身立命的根本保证。没有正确的新闻选择，新闻媒介既不能满足受传者的需求，又不能完成创办人赋予的使命。

三、新闻传受双方的新闻选择

在新闻选择过程中，新闻传受双方——传播者和受传者都对新闻（事实）进行着选择。

新闻选择的重要主体是传播者。对传播者来说，选择即把关，因此传播者也就成了把关人。

把关人又叫守门人，是美国传播学者库尔特·卢因提出的概念，用以说明传播者在新闻传播中的控制作用。在新闻传播活动中，传播者在新闻传播的每一环节中，都从超过可能传送的新闻信息中进行选择，控制信息的流量与流向，直接影响受传者对信息的接收与理解。

对于受传者来说，选择即满足。在四处涌来的新闻信息洪流中，受传者只选择自己关注、与己有关的信息加以消费。受传者所追求的是最畅通的传播通道与最广泛的选择领域，尽可能多的直接传播和尽可能少的多级传播。所有这些，都将为受传者提供种种新闻选择的方便条件，从而更好地满足受传者对信息的渴求。

这里有必要引入信息选择的或然率（概率）公式。这一公式是由美国传播学者施拉姆提出的：

报偿的保证/费力的程度＝选择的或然率

报偿的保证指传播内容使受传者感到满足的可能性，费力的程度指使用某种传播途径的难易和所花费的精力。要提高受传者选择某种传播途径的或然率，就要降低分母值（预期的困难），提高分子值（预期的报偿）。这一公式指出，人们选择传播途径的习惯总是从对分子、分母情况的体验中引发出来的。传播者应当从中得到这样的启发：尽可能方便地使受传者获得他们最关心的传播内容，从而使他们获知新闻信息的欲望得到最大的满足。

四、新闻选择的依据

进行新闻选择，是把关人即新闻传播者最重要的职责之一。正确实施新闻选择，不遗漏重要新闻信息，在第一时间发表最新新闻信息，最大程度地满足受传者的收受愿望，同时又不违反法律和政策，是对新闻传播者的素质和技巧的综合考量。

在实施新闻选择过程中，传播者要受到传播环境和传播控制等多种因素的制约。

传播环境包括媒介生态和传播生态两个方面。媒介生态指媒介生存与运作的外部经济、政治、文化、社会及国际环境，如经济的繁荣或贫瘠、政治的民主或专制、文化的进步或落后、社会的开放或保守、国际关系的紧张或缓和等。传播生态指新闻体制、法制、规章、社会心理等与传播活动密切相关的社会条件及交通、通讯、物资供应等同信息物化过程相关的物质条件。所有这些方面，在很大程度上制约与规范着新闻选择的运作。

传播控制是多方面的，包括国家、政党、社会集团运用法律、行政、经济制裁等手段的控制，也包括社会舆论与行业组织的监管，还包括传媒内部新闻自由体制的调控，这在以后将设专章进行论述。

直接影响新闻传播者进行新闻选择、已内化为中国传播者习惯遵循的各项因素是：

第一，党性原则要求和党的新闻宣传工作纪律；

第二，法律、法规和有关新闻传播的专门法律文件；

第三，社会主导价值观；

第四，新闻价值取向与宣传价值取向；

第五，行业规范；

第六，本媒介编辑方针、标准及风格特征；

第七，社会公德水准与社会心理承载力；

第八，相关媒介新闻选择惯例的分析及比较把握。

对于新闻传播者来说，新闻选择是一种意识活动，是以传播功利为定夺，政策法律为依据，价值取向为首选的对新闻事实（大量通过新闻作品承载）反复权衡比较、综合分析的过程及其结果。这种选择随着传播环境的变动，经常有所改变与调整。一个成熟的把关人，随着他的经验教训的不断积累和对选择依据的娴熟把握，新闻选择也不断地趋于科学与和谐。

思考题

1. 事实和新闻传播的本源。
2. “用事实说话”的内涵和意义。
3. 新闻信息传递是一种价值传递及价值认同。
4. 新闻价值及其构成要素。
5. 符号在社会传播中的意义。
6. 新闻信息符号的编码、译码及文本分析。
7. 新闻选择的意义和依据。
8. 信息选择的或然率公式的要点及意义。

第四章 新闻传播过程

C H A P T E R 4

事实上，认为传播过程从某一点开始而到某一点终止，这种想法易使人误解。传播过程实际上是永无止境的。

——施拉姆

新闻传播是一个有规律的新闻信息流动过程。新闻传播过程包括一系列互相关联的中间环节，而传播者、新闻媒介和受众是其中不可缺少的主要环节。由新闻传播者通过新闻媒介源源不断地向受众传递新闻信息，构成了最基本的新闻传播过程。

第一节　新闻信息传播过程

一、新闻传播过程的静态考察

新闻传播是一个有规律的新闻信息流动过程。所谓过程，也就是事情进行或事物发展所经过的程序。

新闻传播过程包括一系列互相关联的中间环节，为了分析各个中间环节在新闻传播过程中的地位、作用，从中认识新闻传播的基本规律，有必要搞清同整个新闻传播关系最直接、最不可缺少的基本环节。

对一次单向的新闻传播过程作剖析，可用下列图表显示其最基本的环节：

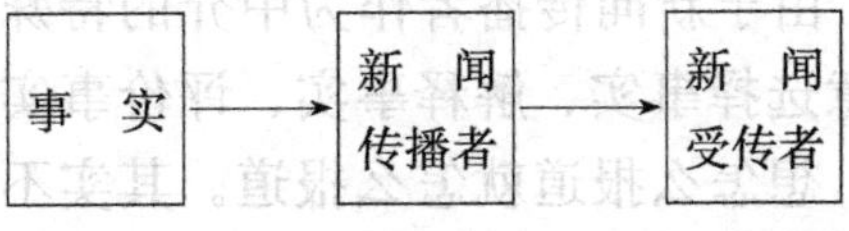

在上面的传播过程流程图表中，显然将不少次要的环节略去了，这里只分析最为关键的三个环节。

（一）事实

按唯物论的新闻本源观分析，新闻事实是新闻的本源，没有事实，传播就没有客体，没有根据。事实是新闻传播的源泉，在新闻传播中，关于事实的报道是最主要的内容。事实还是新闻传播的“检验人”，新闻报道是真是假，对事实的报道充分不充分，及时不及时，都要以事实为观照物，因此，新闻事实在新闻传播过程中是重要的、基本的一个环节。

新闻传播活动的历史表明，客观世界发生的任何重大变化，常常在不同程度上，直接或间接地影响人们的生存环境，被人们感知并自觉、不自觉地当做新闻传播开来。这类事实，不会因为新闻传播者不报道而自行消失，也不会因为新闻传播者的加工制作而改变自己的本来面目。在现代社会，有些事实常由于功利主义的动因不为新闻媒体所报道，但却通过人际传播而达于广大民众，这就是我们所说的“小道消息”、“马路新闻”，这种现象之所以在某个时期不能杜绝，固然有一些别有用心的人蓄意流传，但也说明事实有一股顽强的生命力：只要它为人们所关注，它就会被人们千方百计地报道和传播。

新闻传播的历史还说明，事实的生命力还表现在：隐瞒或歪曲事实真相，最终肯定要受到事实的惩罚，这方面的教训多得不胜枚举。我们必须尊重事实，老老实实、广泛及时地向公众报道新近发生的事实，使新闻传播得以顺畅地进行。

（二）新闻传播者

新闻传播者是新闻传播的主体，他将事实转变为新闻，制成符号，通过媒介传递给受传者。一般说，人们直接感知客观世界的变动、变化，感知各种各样的事实的机会是不多的。人对客观世界的大部分变动和变化，绝大多数事实，都是由他人以新闻的形式向他作报道而获知的。因此，新闻传播者在新闻传播过程中起着积极能动的“桥梁”和“纽带”的中介作用。

在现代社会，新闻传播者在一般情况下并非只是一个个单独的个人，从总体上说，传播者往往是组织起来的新闻发布机构。不同阶级的新闻传播者总是从自己的阶级立场出发，按照不同的政治见解和价值观念选择事实、解释事实、评价事实，运用各种手法维护自己阶级的利益。因此，这种情况下所传播的新闻，已经不是对事实的简单的陈述，而是在客观报道新闻的基础上，巧妙地将传播者的主观意见以事实报道为载体表现出来。正因为这样，新闻传播的过程，就不仅是新闻价值的传递，而且还是宣传价值（观点和意见）、审美价值的中介。

在新闻传播过程中，由于新闻传播者作为中介的特殊作用，常常易给人这样的印象：他既然可以随意选择事实、解释事实、评价事实，那新闻传播者的主观随意性就可以任意发挥，想怎么报道就怎么报道。其实不然。新闻传播过程绝不是主观意志任意驰骋的领域，主观处处时时都要受到客观的制约和检验。如前所述，这个公正、严厉的“检验人”便是新闻所依据的事实。所以，新闻传播者必须实事求是，尊重事实，如实地反映事实的真相，全面深刻地揭示事实的本质，才能完成中介的作用。如果主观背离客观，甚至出于某种需要捏造“新闻”，无论多么巧妙，最终必将受到事实的嘲弄，为公众所唾弃。

（三）新闻受传者

在新闻传播过程中，新闻受传者是新闻的接受者、消费者，是一次性单向传播的终端，他能否收受新闻，是传播过程终结的决定性环节。

新闻受传者也是新闻活动的一个主体，他们不仅收受新闻，也时时检验着新闻以至新闻传播者。前面提及，新闻传播者把新闻提供给新闻受传者，力图用一定的观点影响他们的思想和行为，并求得预期的反应。但传播的客观效果并不是传播者的主观意志所能完全决定的。这是因为，受传者并不是一群没有生活经验、相互没有联系的个人，他们能够对新闻传播者传来的新闻进行鉴别和选择；对新闻传播者本人进行评价和判断，并以各种方式把自己的种种看法和意见反馈给传播者，使新闻传播过程从单向变为双向，成为不断的新闻流动的历程。

在现代社会，新闻传播者所面对的是广大的公众，他们既是新闻的接受者，又是社会舆论的主体。新闻传播者只有报道真实的事实，反映真正的民意，才能得到公众的信任，使新闻传播过程得以完成。所以马克思指出，人民的信任是新闻事业赖以生存的基础。

新闻传播过程十分复杂，永恒相继。我们只是为了研究的方便，略去次要环节，就最重要最基本的环节作了一次静态的分析。但这三个基本环节的剖析已足以说明，事实是新闻传播过程的起端、本源、根据；新闻传播者是传播的中介、主体；新闻受传者是传播的终端、完成者，也是主体，或曰第二行为主体，没有这后一个主体，传播就没有目标，没有对象，也失去了传播的意义。从这个角度可以说，新闻受传者对新闻传播者来说，是真正的“上帝”。

二、新闻传播过程的动态考察

上面我们对新闻传播过程作了一次静态考察，假设事实为C，传播者为A，受传者为B，关于事实C的信息，经过A传达到B。在这个过程中，传播者A和受传者B的角色特征是明确的、清晰的，关于事实C的信息流经的路径是简单的、清楚的。

实际上，新闻传播过程远比这要复杂得多，影响传播的因素也要多得多。如果我们把新闻传播放到现实社会中作动态的考察，就会发现，传播关系远非 A、B 两种角色，传播路径远非 A→B 这样简单，传播者和受传者所扮演的角色也不是永远不变的，不少情况下，这两种角色往往换位运作，互为主客体。

一般情况下，新闻传播中传播者的主导性是十分明显的，但在动态运作中，传播者 A 的自主地位是受到多种因素制约的，这其中有外在力量的干预，又有内化为观念与信念的思想意识的引导。

首先是主管部门或老板的调控。美国学者伦德堡指出，大富翁总是坚持他们统治新闻事业的权利。《华尔街日报》上有篇文章说，报纸是一种私人企业，这些报纸的言论政策，当然要遵照他们东家的意见。还有一位学者说，要说美国的社会、经济思想没有支配这个国家的社论，并且在某些方面也不支配新闻报道，那是不可能的。由此可见，传播者和他们所在的媒介，总是要受到政府、企业主对传播方针所施加的影响，应是不争的事实。在社会主义国家，宪法规定，执政党要领导国家的物质文明和精神文明建设。执政党要求，各级党委要经常研究讨论新闻工作。比如每一时期的宣传方针、指导思想、报道重点、宣传效果等等，都应该在党委会上讨论。党委主要负责同志要亲自过问新闻宣传。这些情况和规定表明，在新闻传播过程中，新闻传播者不仅仅是新闻信息传播者，他还是代表业主或主管部门的把关人，后者的意志通过直接的监督与传播者的运作间接地贯彻到传播过程中去。也就是说，传播者 A 已经不像静态考察时的 A 那样，而是更多地聚合了不少个人与集体的传播动机的目的性行为了。

其次我们可以发现，传播过程不是从 A→B 一次完成，而是一个永无止境的无穷的传播过程。传播学者施拉姆指出，事实上传播过程并不是从某一点开始到某一点终止，传播过程实际上是永无止境的。另两位传播学者德弗勒和丹尼斯也说，在传播过程中，职业传播者利用机械广泛、迅速、连续不断地发出信息，也就是说，这个过程是永远不会结束的。这一方面是由于事物的运动是永恒的，运动的一个阶段结束了，另一个新的阶段开始了。新闻传播的对象又是包罗万象的，这一事物的运动的状态还没有完结，另一事物的运动状态又开始了。因此在实际生活中，很难存在单一的从 A→B 的、不和其他传播交叉并进的一次性传播。另一方面，传播者也不会把自己的使命锁定在一次单一的传播任务上，他们总是千头万绪地同时展开许多事物、许多状态的传播。可以说，新闻传播过程就像滔滔长江，每一片浪花，总是融合在奔腾不息滚滚向前的洪流之中的。

再次，我们还可以看到，受传者常常同时使用多种媒介收受新闻信息。他们既使用古老的媒介，通过口耳并用的方式，接收各种信息，又使用现代媒介，如报刊、广播、电视和互联网等，接收各种信息。对于同一条信息，往往借助各种媒介，传统媒介和现代媒介，先后或者几乎同时收受。这样，不同媒介报道与评述同一信息中的些微差别和效果优劣，受传者都能及时发现和觉察，并对之进行议论和褒贬。久而久之，他们不仅会养成特定的择取媒介的阅听习惯，还会反过来影响媒介间的运作、发展和竞争。

最后，新闻传播过程还表明，传播者和受传者的角色不是固定不变的。有的时候，他们是互换运作的，传播者变成了受传者，受传者变成了传播者。在传播过程中，受传者B收受传播者A的报道、评述后有了看法与意见，通过来信、来电、来访等形式把这些看法与意见反馈给传播者A，开始了反方向的传递活动。这种情况下，双方的角色也就互置对换了。而这种情况，在传播一次完成的静态考察中是看不到的。

对于新闻传播的动态、静态考察可以发现，两者的传播形式、路线、角色与作用是不同的。在静态考察中，传播是从A→B一个方向，一次完成，角色是稳定不变的，作用永远是A将事实信息C传递给B；而在动态考察中，传播活动从A→B，又从B→A，多次互变，方向是双向流动，A、B两类角色随着作用的改变而不断地互置，传播的作用也是多方面的，A将C传达给B，B又将自己的反馈意见回流给A，A、B双方互为主客体。

实际上，在新闻传播活动中，静态考察所描述的孤零零的一次性传播是不存在的，新闻传播实践永远如动态考察所揭示的那样，无时无处不在紧张忙碌地传播运作，传播过程，永远是一条奔腾不息的大河。

三、新闻信息通道和新闻信息流量

新闻传播既然是一个永无止境的流动过程，那么对于新闻信息通道和新闻信息流量的阐释就十分必要了。

在传播学和信息论里，信息通道也是信道，指信息经过加工后以信号方式传输所经过的道路。以此观察新闻传播过程，新闻传播通道即为新闻信息经过加工后以文字信号、图像信号、电子信号（音频信号和视频信号）等方式，传输给受众终端所经过的道路。新闻传播的通道包括一切传播媒介的信息承载物，如报刊的版面，广播电视的播出节目，时间波段和频道等。

新闻传播通道的畅通无阻，是新闻传播过程得以顺利进行的最重要的物质保障，是传播致效的前提与基础。对传播通道畅通的基本要求是：通道通过能力强，频道宽，信号功率大；通道无障碍，干扰小；通道使用寿命长。

衡量新闻传播通道质量的客观标准是：新闻信息受传者能够获取与新闻传播者发送的尽可能相同的重复信息，信息保真度高，受到“噪音”干扰少，使信宿信息与信源信息尽可能吻合。这里的“噪音”指非传播者本意而加之于其发送的信息的附加物和阻塞有效信息通过的干扰。对新闻信息来说，“噪音”是一种无用、虚假及有害的信息，它给受传者增加了不确定性和误差。为了获取有用的信息，受传者必须克服噪音的干扰，从收到的讯息中剔除噪音。如何减少和克服噪音的影响，将在传播效果一章中再作详细讨论。

新闻信息流量即新闻传播过程中的新闻信息流通量，指单位新闻通道中新闻信息的传输量，根据传播致效原则的要求，核计流通的信息量，一般指有效信息，不计入无效信息与虚假信息。

新闻信息流通量也是新闻信息量。信息量原是系统通过信道传输后所得信息的数量，由于信息量的实质是信息在消除不确定性之后的数量，所以这一概念引入新闻传播学之后，新闻报道的信息量，主要指消除不确定性之后的存量。也就是说，新闻信息量，指消除了不确定性，并剔除了无用信息、虚假信息以后对于受传者有用的信息的量。新闻信息量的实质，是新闻的信息功能的度量。由此可见，新闻信息流通量，小于新闻传播通道的容量。

在系统科学里，信息量是可以计量的。计算信息量的基本公式是：

$$I=\log_2 N \text{（比特）}$$

在公式中，N 表示事件可能性的数量，I 表示信息量。

在新闻传播过程中，来自信源的原生性信息被新闻媒介内含于各种体裁的新闻信息中，这种信息量计算属于静态度量，计算起来较为方便，为：

$$\text{新闻作品信息量}=\frac{\text{单元新闻信息数}}{\text{信息符号之和}}$$

如一则消息，含有 6 个单元新闻信息，其符号载体为 300 个汉字，则该消息的信息量为 0.02。①

实际上，新闻信息进入传播通道以后，信息量的传递处于动态的减损之中，其中的信息可分为主信息、次信息、微信息和多余信息，还有噪音（虚假信息等）的干扰。因此，有学者指出，计算新闻信息量的公式应为：

$$\text{新闻信息量}=\text{主信息}+\text{次信息}\times\text{等级比}+\text{微信息（信息附加值）}\times\text{等级比}-\text{冗余信息}\times\text{噪音干扰度}$$

这一公式考虑到新闻传播过程中的各种新闻信息与非新闻信息的传递，其计算精确度提高了。但等级比的确定和原生性信息在传递中所增加的附加值的确认，在操作上是很不容易的，还需要继续寻找更为简捷的办法。②

第二节　单向传递和双向传递

一、单向传递

最简单的传播关系的发生，是两个或两个以上的人由于一些他们共同感兴趣

① 参见李元授：《新闻信息概论》，1 版，56 页，武汉，武汉大学出版社，1994。

② 参见王益民：《系统理论新闻学》，3 版，80 页，武汉，华中理工大学出版社，1999。

的信息符号聚集在一起。假设A在街上获知（看到、听到）一件在他看来十分有趣的事情，回家后便打电话或写信告诉朋友B，于是B也获知了这件事。这种从A→B的直线传播，便是单向传递。

单向传递具有三个基本要素：信息的传播者（信息源）、信息的受传者（接受源）、所传递信息的内容，即：

传播者 —信息→ 受传者

在单向传递过程中，这种传播模式的具体程序可以用下图表示：

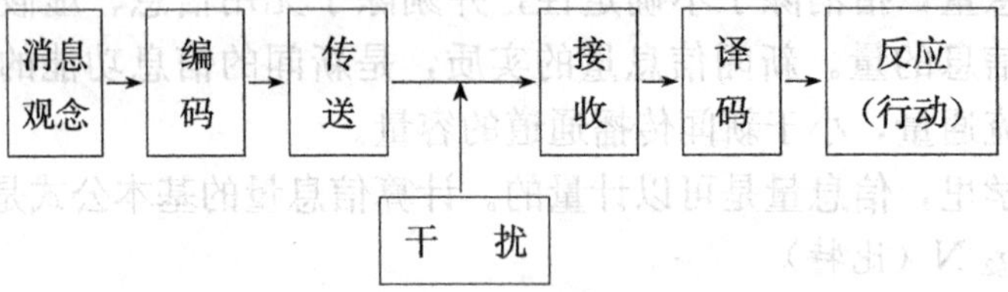

人与人之间的单向传递，有这样几个特点：

第一，主要是通过语言（口头语言和书面语言）进行的；

第二，不限于消息的传递，还包括情感、思想、态度、观点等的传递；

第三，在单向传递中，传播动机、目的、态度等心理因素有重要意义，传递结果为的是改变受传者的行为（表示赞同、共鸣等）；

第四，单向传递由于是直线式传递，传递速度快，但准确性较差；

第五，在单向传递中，可能出现特殊的沟通障碍，即人所特有的心理障碍，不同的人对同一信息，由于各自的知识、经验、职业、价值观等不同，会有不同的理解，产生不同的反应；

第六，在单向传递中，由于受传者的反应不能及时返传到传播者那里，因此传播者对自己的传播效果无从了解，更无从调整，因而这种直线式传播是低效的、盲目的，难以实现传播者与受传者之间的真正沟通，有时甚至还可能引起受传者的抗拒心理。

在传播实践中，领导人作报告，开大会，下达命令，发布指示，常常采用单向传递的方式，新闻传播除简单的消息发布外，一般不宜使用这种传播方式。

二、双向传递

双向传递指在传播活动中传播者与受传者角色的互换，双方相互传递信息，进行交流与沟通的过程。上面分析的传统的直线式传播模式明确地区分和划定了传播者与受传者的角色，认为传播过程是从传方开始到受方终止的活动，是传方对受方施加的传播行为，传方是主动的，受方是被动的。实际上，传播实践表明，传播过程往往是交互的，传受双方是一种双向传递和相互作用的关系。一个传播行为的实施是互为因果的。传播过程是由两个相对独立的行为——一部分由传播者，而另一部分是由受传者完成的。上述用图表示的单向传递的传递程序，在双向传递中便变成了这样的程序：

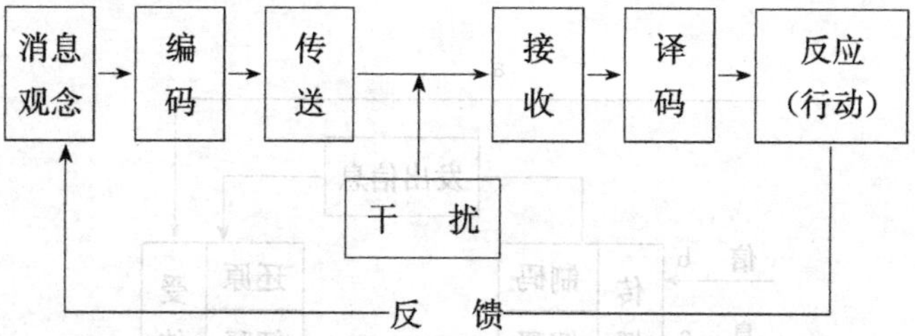

传播者和受传者在传递过程中，角色互置，互为传受方，即：

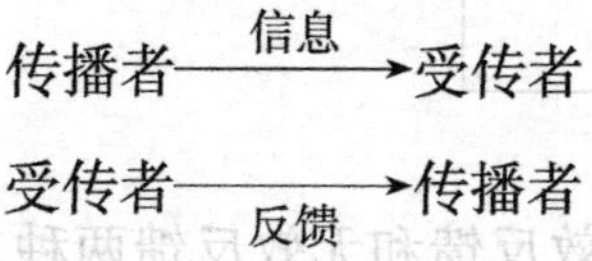

同单向传递相比，双向传递的特点是：

第一，主要也是通过语言（口头语言和书面语言）进行的；

第二，也不限于信息的传递，还包括情感、思想、态度、观点等的传递；

第三，在双向传递中，交流的动机、目的、态度等心理因素也有重要意义，传播结果则是为了改变双方（受传者和传播者）的行为；

第四，双向传递由于增加了由受传者对传播者的传递程序，因而速度慢，但准确性明显增强了；

第五，在双向传递中，也可能出现特殊的心理障碍，即不同的人对同一信息，由于各自的阅历经验不同会有不同的理解，但由于反馈意见及时回流至传播者，令传播者不断修正调整以后的传播内容和传播方式，减少心理障碍，从而使新一轮的传播效果得以改进；

第六，在双向传递中，受传者有回传反馈意见的机会，使其有参与感，有助于建立传受双方的信任与感情，有助于调动受传者的兴趣与主动性；

第七，在双向传递中，传播者随时会受到受传者的质询与批评，心理压力大，因而能加强传播者的责任心和提升传播能力。

大多数传播属于双向传递。双向传递的方式适用于复杂连续的信息传播和涉及人际关系的信息传播。新闻传播作为连续使用的社会信息传播渠道，必须采用双向传递方式。

三、反馈

信息反馈是双向传递得以实现的基础。反馈，在电信工程学中，指发出电波的回流。在传播活动中，指受传者对传播者发来的讯息的反应。

在信息传受过程中，不断地进行着传受双方的心理反馈。传受双方通过这种反馈，实现相互沟通与交流。传受双方对于信息的反馈流程，可用下列程序图表示：

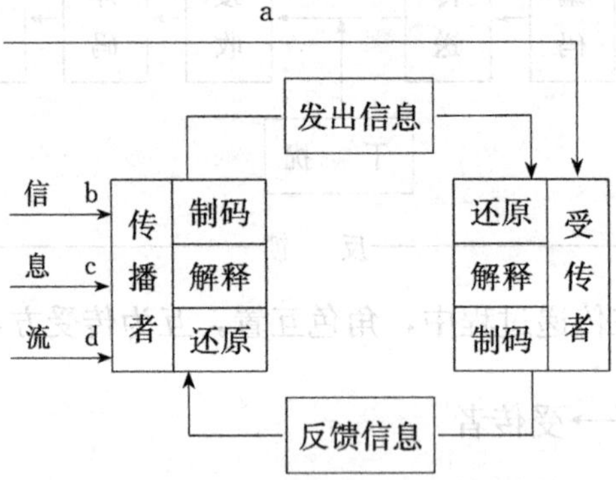

大众传播信息流动中产生的反馈，可分为有效反馈和无效反馈两种。受传者通过媒介接收到某一信息，用点头、摇头、不屑一顾等作出了赞同、反对、拒绝等态度表示，但由于传播者无法感知这种态度，因而反馈无效。所谓无效反馈，就是不为传播者接收从而也无助于改变其传播行为（内容与方式）的反馈。如果受传者通过来访、来信、来电、问卷回答等途径，或者通过不再阅读该报、不再继续视听该电视广播节目等方式，把自己对于传播者发出的信息的喜欢或厌恶告诉传播者，从而促使传播者强化或修正调整原有的传播行为（内容与方式），这种反馈即为有效反馈。所谓有效反馈，即受传者发出并为传播者感知，从而产生相应反应的反馈。在新闻传播活动中，对传播行为产生重要作用的自然是有效反馈。

为积极反馈提供更多的流通渠道，是传播者的责任。这是因为，在传播过程中，传播者的行为始终是主动的，而受传者的反馈是被动地发生作用，传播者只有合理利用受传者的反馈不断改进自己的传播内容和传播方式，才能产生新的目的性行为，从而使双方的新的传受活动提高到新的水平。

在人际传播与群体传播中，说话者与听话者面对面，听者和听众的反馈，说话者可以直接感知。也就是说，受传者的反馈是直接地回流到传播者的。而在新闻传播中，虽说也是双向传递，但反馈回流总是比不上面对面的交流直接和及时。新闻传播中的信息反馈显得迟缓、零星、间接。针对这些特点，提升新闻传播信息反馈的回传质量，使其更迅速、更集中、更直接，是新闻实践中的永久性课题。

经过新闻传媒传播的信息主体是社会性信息，传播过程中要注意区分正反馈与负反馈。传播者发送出去的给定信息，作用于受传者后产生的结果再回传至传播者，并对信息的再输出发生影响的过程称为反馈。经过反馈，使给定信息接近目标值为负反馈；而使给定信息偏离目标值为正反馈。正反馈是传播者的给定信息与真实信息的差异倾向于加剧系统正在进行的偏离目标的运动，这种偏离运动的发生与加剧，会使传播目的与社会大系统产生越来越大的距离。不断使给定信息接近真实信息，是传播者争取有效传播的关键。而负反馈使传播目的与社会效果接近。传播者可以利用负反馈调节传播行为，使传播活动更符合传播者的目标。

就反馈的真实性而言，可分为真性反馈与假性反馈。真性反馈就是受传者对接收到的给定信息的真实反映，公开表示反对或赞成。真性反馈是民主社会和言论自由的产物，传播者从中可感知受传者的真实态度、愿望和要求。假性反馈所反映的是受传者经过伪装、掩盖了真相的心理假象。这种反馈信息会把传播者导向歧途，使今后对传播内容和方式的调节产生偏差与失误，从而偏离传播目标，造成传播活动中人力、财力和物力的损失。

就传播空间而言，反馈还可分为外反馈和内反馈。外反馈是指外部力量产生的反应，也即受传者对所收到的传播者输出的讯息的理解与反应。它是信息反馈的主要形式，成为传播者调节传播的目的性行为的主要根据。内反馈指传播者在输出信息过程中产生的自身的心理反应，又称自我反馈。内反馈既包括宾我对主我的信息反应，也包括传媒组织内部被动人员对主动人员的信息反应。这种反馈一般产生于受传者外反馈之前，所以，如果能很好地运用内反馈预料可能产生的外反馈，自觉地调整传播的内容与方式，是有助于优化传播效果的。当然，内反馈终究代替不了外反馈的直接影响。不仅如此，如果传播者自恃过高，自我感觉过好，这种内反馈还可能产生自以为是、不知思过等不良影响。外反馈和内反馈有着密切关系，外反馈是内反馈的佐证，内反馈是外反馈的折射，所以内反馈也是信息反馈的虚像。这种关系可以下列图表①显示：

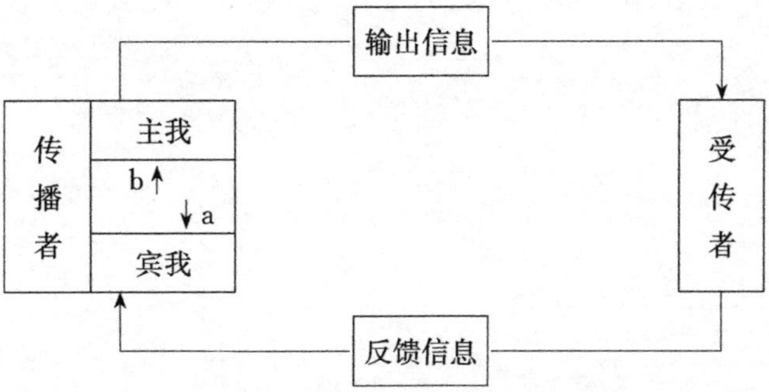

图表说明，在新闻传播中，外反馈是主要的信息反应，它的作用是直接的、重要的、冲击性的，传播者对之要高度重视。内反馈的作用是间接的、次要的、非冲击性的，它是通过内部管道反映出来的，但开明和高明的传媒领导对之也十分重视，多听听被领导者、自己手下的工作人员的意见与建议，总是有好处的。

---

① 戴元光、邵培仁、龚炜：《传播学原理与应用》，1版，142页，兰州，兰州大学出版社，1988。

思考题

1. 新闻传播过程的静态分析与动态分析。
2. 新闻信息通道和新闻信息流量各自在传播中的意义及相关性。
3. 单向传递的特征及其适用状况。
4. 双向传递的特征及其适用状况。
5. 反馈在新闻传播中的意义。
6. 新闻事实在新闻传播过程中的作用。
7. 新闻传播者在新闻传播过程中的作用。
8. 新闻受传者在新闻传播过程中的作用。

第五章

新闻传播要求

CHAPTER 5

新闻的客观性是19世纪末期的产物，直至报纸挣脱了政党的桎梏，新闻才和评论离了婚。

——莫特

我们如果不敢强调客观的、真实的报道，只强调立场，那么，我们的报道就有主观主义，有片面性。

——刘少奇

新闻传播，是在新闻传播的客观规律支配下传受双方的有机运动过程。无论是传方抑或是受方，都必须遵循必要的规则，而这些规则，是由新闻传播的基本要求提出并受这些要求制约的。对新闻传播的要求，实际上也是受传者的期待。新闻传播的基本要求有五个，即真实、客观、公正、全面、快捷。对于这些要求的认识与总结，凝结着几百年来传播工作者的智慧与经验，是新闻传播学研究的宝贵理论积累。

第一节　新闻传播的真实要求

一、新闻传播必须真实

新闻传播的真实性，指新闻报道与所反映的客观现实的相符程度。新闻报道是客观事实在传播者头脑中的反映，通过某种符号向受传者发布的物化产物。这种认识的外化物（认识主体的产物），必须同报道对象（认识客体）完全一致，否则就是对被反映的客观事物的歪曲，就是假报道或失实报道。

新闻传播必须真实，说到底是传播效果的要求。传播必须致效，这是一切传播活动的终极目的。无论是传方还是受方，他们参与新闻传播，无非是知的一方欲把新闻事实变动的信息告诉未知而欲知的一方，而唯有真实的报道才能“传通”，使有效的信息被对方接受，以便有利于或有助于后者求取生存发展的根本需要。如果双方传受的报道是假的或部分失实的，那就无助甚至有害于后者的需要，并由于传方公信力的丧失而最终导致传播管道的丧失。

新闻传播的实践经验告诉我们，为使传播致效，必须做到并确保：传播的事实有根有据，传播过程实事求是，传播结果与事实原貌完全一致。这三个环节绝不允许出任何差错，不然就不会有完全真实的新闻传播。

具体说，新闻传播必须真实，是由于这样三方面的原因：

第一，传受双方都要求新闻传播的全过程实事求是，不增添任何附加的成分。无论是传播的根据——事实，还是报道的过程，都必须一就是一，二就是二，不仅不是无中生有，而且没有一丝一毫的夸大或缩小。

第二，新闻传播基本规律要求，只有通过提供事实的新闻报道，才能实现新闻传播的使命。违背这一客观规律，会受到惩罚，丧失新闻传播的意义。

第三，如实报道新闻，是实事求是认识路线在新闻传播中的运用，也是这一科学方法论对传播工作者的要求。立志在新闻传播行业贡献一生的人员，必须自觉地用科学认识论严格要求自己，老老实实，据实报道。

二、新闻传播真实性的科学含义

新闻传播真实性是指新闻报道与所反映事实的相符程度，它的具体的含义又包含哪些内容呢？真实性的科学含义，有一个历史发展的过程，在不同的国家与地区，在不同操作层面上又有不同的要求。

第一，要求做到事实真实，即每一个具体的新闻报道中的事实，都做到完全准确无误，持之有据，这其中又包括：

1. 新闻报道中相关的新闻事件的主要新闻要素，即新闻写作中所说的“五个W”，诸如时间、地点、人物、事件、缘故，都要引之有据，确凿可靠。

2. 不仅新闻事实的要素完全真实，而且对这些要素的细节描绘，也要有根有据，不允许有丝毫“合理想象”或“笔下生花”。比如写到人物，关于这个人物的姓名、性别、年龄、外貌、职业、语言、动作、内心世界的活动等等，都必须持有相关素材，令人信服。

3. 新闻报道中引用的一切资料，也要求有可靠的来源，如信件、日记、笔录、作品、录音、传真、电子邮件……必要时要有明确的交代。

事实真实是最起码、最基本的要求，这种真实要求遍及新闻传播的全部事实，事实的一切层面，每个层面的所有细节。因此，事实真实，也可称之为“细节真实”，这是确保新闻传播完全真实的基础。这一层次都做不到的话，就遑论下面层次的要求了。

第二，要求做到总体真实，即不仅新闻传播的某一个事实、新闻媒介上的某一个报道是真实的，而且要求新闻报道的全部事实与实际生活中的同类事实，要完全一致。这个要求，是针对传播者对于总体事实的全面把握而提出的。比如一个地区的工业生产，在一个阶段中可能是生产状况较好的工厂与较差的工厂分别为八成与二成。这种情况下，一个媒介如果天天发表生产较差或天天发表生产较好的工厂的报道，会给人留下该地区生产很差或很好的印象。显然，这种传播效果同实际情况是不相符合的。如果用前面“事实真实”的要求对照，报道者在报道每一个较差或较好的工厂生产时，都是真实的，材料都是引之有据的。但是如果用“总体真实”的要求来考量，发现报道的每个具体事实（每家较差或较好的工厂）同这一地区的事实总体（好的占八成，差的占二成）的状况不一样了，显示出总体真实上出了偏差。

由上述例子可以看到，总体真实涉及对事实宏观认识与新闻报道中报道总量的科学把握的问题。要在总体真实上达到要求，新闻传播者必须做更为深入的调查与分析，对所报道的同类事实有总体的了解与认识，并努力使公开传播的事实同现实生活中的同类事实大致平衡，使受传者通过受传行为，对社会生活中的这类事实有全面的了解，而不致受到误导。

第三，要求能够通过事实的报道揭示该事实发生发展的原因及其本质。第二次世界大战以后，人们对新闻传播的事实的基本要素需求有所增加，不仅要求提供五个W，还要求说明H（How,“为何”），即揭示该事实出现的动因（为什么）。中国新闻主管部门明确要求，新闻报道者，必须正确揭示事实的本质。1957年以后，有些新闻学者更把这个要求称之为“本质真实”。“文化大革命”以后，有人指出，一定的现象反映一定的本质，因此本质无所谓真实与否，而只能是所揭示的本质是否正确。所以“本质真实”的提法，并不科学，但是鉴于人们对此已经习惯，都了解“本质真实”只是要求传播者要正确地揭示事实的内在本质，所以有些教科书里继续沿用“本质真实”的提法。

对于真实性科学含义的理解，大致上有以上三个层次。中外新闻传播者对这三个层次的把握是不同的。一般说来，西方国家的新闻媒介，主要要求做到第一个层面即“事实真实”。由此，他们中的不少人利用对事实的选择，利用报喜不报忧或报忧不报喜，美化自己的国家而丑化发展中国家，他们不顾“总体真实”，但并不违反“事实真实”的要求。这些报道中的每一个具体的事实（喜或忧），的确是有依据的。对此，一些西方新闻学者提出，新闻传播者不仅应该做到事实真实，也应该坚持做到总体真实。

在中国，多数新闻传播工作者认为，应该全面地遵循真实性的三个层次的要求，但也有人对“本质真实”即新闻应揭示本质的要求持有异议，他们的意见是：第一，如果每个新闻报道都要揭示本质，会延误新闻的及时发表；第二，有的事实，人们一时还无法认识其本质，如中华气功、人体特异功能、飞碟等等，这类事实也为人所关注，也应尽量传播。所以他们提出，在力所能及的情况下要通过新闻报道揭示事实的本质，但具体问题要具体分析，不必件件事实都揭示本质，这既不可能，也无必要。这些意见，不无道理。

三、不真实新闻的成因及防治

考察不真实新闻的成因，应循着新闻事实的发现与捕捉、新闻报道的采制、新闻报道公开传播等新闻生产的程序进行。在这个过程中，新闻线索与相关事实的提供者、新闻报道的采制者、新闻公开传播之前的把关者等人的个人品质、相关制度与新闻体制，起着重要的作用。

（一）新闻提供者

通过对近年失实新闻的分析，从新闻线索和所谓的“新闻”提供者考察，大致有三种情况促使人们斗胆造假。这些情况是：好大喜功，急功近利；爱吹不爱批（评）；喜作表面文章。这种心态，诱使当事人主动向新闻媒介提供本人或本单位的“好人好事”、“先进业绩”，或者七分成绩吹成十二分，或者苗刚刚栽下，却已报道结出硕果；在“主流是好的”、“成绩是主要的”、“社会主义建设过程中的缺点永远只是一个指头的问题”、“要坚持正面宣传为主的方针”等等借口下，报喜不报忧，说好不说坏，造成总体失真。部分人依靠“造假发家”，“尝到甜头”，引诱更多人以身试法，仿效弄虚作假者“走捷径”。上述三种情况，当事人都是由于品质不良而故意失实，而且所造假新闻，一般都属性质恶劣、后果严重之列。

（二）新闻采制者

新闻的采访、写作、制作、编辑加工等等，既有专职的记者、编辑、节目录制人员，也有通讯员、报道员、新闻干事，还有人数庞大的各地投稿者。由于品质、知识、作风等方面的原因导致报道失实，大致有以下五种现象：

1. 采访不深入，浅尝辄止，蜻蜓点水，或者道听途说，信笔为文；编稿不核实，真稿假编，张冠李戴，移花接木，时过境迁。这些大部分属于作风问题而致假。

2. 思想片面，随心所欲，大话绝话连篇，为了见报，天花乱坠，完全不顾事实真相。

3. 知识贫乏，不辨真伪，又轻信上当，不负责任。

4. 没受过专业训练，分不清新闻报道与文学创作之区别，常常用文学创作的方法报道新闻，以至笔下生花，“合理想象”习以为常。

5. 追名逐利，凭空捏造，无中生有，以造假而图升官发财，当先进模范。这种品质败坏者所制造的假新闻，往往影响十分恶劣，破坏力特别大。

（三）新闻把关人

在新闻报道过程中，为了对人民负责和确保新闻报道的完全真实，新闻报道写完或新闻节目制作好之后，常会请熟悉情况者或领导机关复核，为之“把关”。如果这些把关人从私利或小团体利益考虑，常会借新闻报道搞“自我表扬”，那么这种“把关”，不仅成为形式主义的走过场，还会诱导编导者将这种假报道或部分失实的报道编排到重要版面或黄金时段，造成更大更严重的社会影响。

针对上述造成失实新闻的原因，在防治上可以从下列几方面着手：

第一，从思想上认识新闻失实的危害性和严重性，真正懂得真实是新闻生命的意义，把新闻失实现象提到一定高度加以重视和切实克服。

第二，从制度建设入手，建立健全严密的防治失实报道出笼、严惩造假的规章制度。

第三，做好新闻报道队伍的清理整顿工作，把品质不良、弄虚作假者从中清除出去。

第四，推动新闻立法，运用法律武器，同通过假新闻谋私的不良现象作斗争，制裁造假者。

第五，整顿党风，淳化民风，领导机关和主要领导人带头，提倡真实新闻，反对虚假报道。

应该看到，弄虚作假现象严重，在很大程度上侵害了新闻传播队伍的健康肌体。虚假报道现象在市场经济建设的过程中，由于政策调整与队伍建设相对滞后，有愈演愈烈的趋势。但是，随着整顿党风的深入，社会主义精神文明建设的加强，做老实人、说老实话、办老实事的中华优秀道德传统的发扬，以及新闻改革的顺利进展，这种恶劣趋势必定会被扼制，真实报道的清新之风一定会重新吹遍中华大地。对此，我们应该充满信心。

四、新闻传播真实性的全面把握

新闻传播的完全真实，要求做到事实真实、总体真实，并努力揭示所报道事实的真相与本质。每一则新闻报道，要做到这几个方面已属不易，而每个传播媒介，在一个相当长的时间内确保全部报道都完全真实则更加不易，因为后者还有一个对社会总体、报道总体全面把握的问题。

（一）对社会生活的总体认识

从新闻报道引导与推动社会文明建设的功能看，新闻报道涉及的事实，大致可以分为真、善、美与假、恶、丑两大类。每个社会，每个特定的历史阶段，这两大类事实各占社会生活中的总量的比例，各报道多少才能正确地予以反映，并实现以正祛邪、以善制恶的功能？再者，真、善、美与假、恶、丑各自有什么表现，新闻媒介在弘扬和提倡真、善、美方面应择取哪些人、事和现象？在报道和反映过程中遇到哪些障碍与困惑？而在贬斥和反对假、恶、丑方面又应择取哪些人、事和现象？在批评引导过程中又遇到哪些问题与启示？新闻的为文者和传媒的执掌者，对此必须有全面的了解、分析与认识。

（二）新闻传播中正反两方面的准确把握

全面认识社会生活，为的是更准确地把握表扬性（正面）报道和批评性（负面）报道的适当比例。在社会主义中国，如何认识各项工作和总体规划实施中的成绩与问题、优点与缺点、经验与教训？过去我们提出主流（成绩）与支流（缺点）、九个指头与一个指头等主张，后来又提出八二开和“表扬一万，批评三千”的口号。现在，提出“正面宣传为主”的方针。这个“为主”，是否指只能有正面报道，一切负面事实是否必须“从正面做文章”；批评性报道，是否应该列入“正面”之列？学者们的看法和传播工作者的主张，也是见仁见智。只有对正面、负面报道有正确的认识，在新闻报道上有适当的准确的反映，掌握正确的“度”，才能真正做到总体真实。

（三）新闻传播流量的科学调控

社会生活中，产业结构各大类的比例，各地区各行业各部门的投入与产出，各民族各性别各职业人士的贡献与取酬，各政府机关各民众团体的成就与不足，基本上都呈一定的量与质的特定状态，并同其他的类别、部门、机构、人士维持一定的关系，保持相对的平衡。新闻传播应以相应的量与质的报道，也即通过新闻传播的流量，反映与维持这种平衡。否则，也会伤害新闻的总体真实。这就是新闻传播流量的总体调控。一个时期，第三产业的报道多了，农业部门觉得受到了冷落。又一个时期，上海的报道多了，又传开了莫须有的流言。所以新闻传播流量的调控，十分重要。

（四）新闻传播事实的道德考量

新闻传播的真实性，在新闻实践中，还必须以人类的道德规范加以考量，成为真实报道的又一制约因素。凶杀案件，交通意外，把血淋淋的镜头或照片公之于众，发表在报纸上，播映于屏幕中，那是百分之百真实的，但以道德标准考量，是不允许的。一些关系到地震、灾害、疫情的新闻事实，发表之后可能会造成人心慌乱等不必要的损失，也应有所节制，但有时如果压下不报，又会导致对民众的更大伤害，这时又必须及时报道。个中考量与把握，也十分不易。

（五）新闻传播效果的辩证制衡

新闻传播真实性的要求，是应传播效果的追求而提出的。因为只有完全真实的新闻，才谈得上效果。但是我们对传播效果应有辩证的全面的考察。这种考察，有时也制约着新闻报道的真实性。比如报道一个地方的公安部门管治社会，一个晚上抓了若干卖淫嫖娼的黑窝点。报道者以为抓得越多，越能说明这个公安部门的管治有方，但他却不懂得妓女这么多，嫖客这么多，正好说明了平日管治不力，因此在报道中就应适当把握分寸。一个城市开展卫生突击活动，一日之中，清出垃圾若干车。如果想一下，这么多垃圾，为何平日不清扫？便知该城市往日卫生工作并不出色。有了这样全面的考虑，记者报道这件事时就会有适当的把握，也就保证了新闻报道的真实性。

第二节　新闻传播的客观要求

一、新闻传播必须客观

新闻传播的客观性，指新闻按照事物的本来面目如实报道的特性，包括内容与形式两个方面。内容上的“客观”，指新闻所报道的事实是一种客观存在的事物、人物或事件；形式上的“客观”，指新闻所显示的倾向性，是通过其所报道的事实的逻辑力量实现的，作者采用的是“客观陈述”的方法。

新闻传播之所以必须客观，首先是因为新闻报道的是新近发生的事实，事实是丰富多彩、多种多样的，但它们又都是客观实在物，都是人们可以感知的，因而报道者必须使自己的新闻报道做到完全客观，使之同事实完全符合。

新闻传播之所以必须客观，其次还因为只有客观传播的新闻，才有力量。人们对新闻传播有兴趣，表示关注，主要由于他们期望通过阅听新闻之后，能及时了解各种信息，并使自己能够适应这种变化而求得更好的生存与发展环境。如果所阅听的新闻是不客观的，同事实的原貌不一致，不仅达不到原本的目的，还可能因受到误导而遭受损失。这样，受传者不仅对这类新闻会失去兴趣，对传播这类新闻的媒介的可靠性也会产生怀疑。

新闻传播之所以必须客观，还因为通过客观报道而显示的新闻倾向性，易于与乐于被受传者接受，从而实现传播者的功利目的。前面说过，在一定的历史条件下，属于不同阶级与阶层的传播者，都想把自己的价值观随着报道传递给受传者，即便是没有特定阶级功利追求的传播者，也会把自己对某一事物的评价同别人交流与共享，因此不少新闻在传递的过程中，也渗入了报道者无意有意加入的自己的看法，有的更是或明或暗地表明了作者或作者所属阶层的政治立场，即赋予新闻以特定的倾向性。如果作者直接在报道中宣扬自己的政治主张和思想观点，效果不一定好，受传者甚至会由于厌恶而无法卒读全文。如果换一种方法，即把所欲传播的主张与观点，隐匿于事实的客观叙述之中，效果也许就不一样，受传者在接受事实的信息之后，不知不觉地受到影响。所以新闻传播应尽量做到客观，确保客观。

新闻传播之所以必须客观，最后还因为，客观地报道新闻，是新闻传播工作者的一项基本功，是新闻记者成熟与老练的标志之一。一个初出道的记者，也许会在新闻报道中直接站出来说话，表白自己的观点，而一个老到的记者，他会把自己隐藏在事实背后，运用事实内含的逻辑说服力，显示自己的主张与观点。因此，经过专业训练的新闻传播工作者，都会自觉地去追求新闻传播的客观性，努力掌握客观报道的手法。

二、新闻传播客观性的科学含义

新闻传播的客观性包括内容和形式两个方面，因此分析客观性的含义，也应包括内容方面与形式方面。

就内容而言，新闻传播的事实，必须是客观存在或客观上正在发生与发展的事实。这种事实是一种实在物，是经过变动后出现的相对稳定的产物，或是正在变动过程中的事物，以及变化中呈现的各种状态，还可以是即将要出现变动的事物，但“确实会出现变动”这个因素必须已经存在，而且已经构成不可否认的因果关系。

在新闻传播实践中，为了显示所报道事实的客观性，常常采用交代新闻来源、说明陈述事实的出处、忠实地叙述事实发生演变的经过、详尽地描述相关事件的细节、不厌其烦地引证大量资料、提供多种第一手材料等方法。

就形式而言，新闻的客观性要求通过新闻事实的客观叙述等手段，运用事实的自身逻辑力量显现新闻传播的倾向性，即作者的立场观点不是通过作者自己的直接讲话，而是依靠事实的客观陈述表达出来的。报道者应善于寓褒贬于客观叙述之中，而不随意加以主观的解释。

在新闻实践中，客观性的形式上的要求，常令报道者置身事实的背后，隐匿自己的观点，更不直接出面讲话，而是通过对能够表明自己看法的事实的精心选择，让事实自己“诉说”观点与见解，间接表达报道者的倾向性。这种方法，比作者直接讲话，能收到事半功倍的效果，也符合新闻传播的规律。

三、不客观报道

由于各种主客观因素的影响，在新闻传播实践中贯彻客观性要求，常会出现各种认识上或操作上的障碍。

有人把客观性同“有立场”对立起来。他们提出，新闻媒介既然从属于特定的阶级、阶层与社会集团，那么这些媒介上的新闻报道就应该是有立场的，而强调客观性，坚持客观报道，就是模糊甚至抹杀立场。

且不说新闻传播不必也不会每条新闻都有立场，即便有立场的新闻，也不一定采取作者直接站出来说话以显示立场与倾向的方法。客观与立场并不矛盾，新闻报道者的立场与倾向，如果通过客观报道，即通过对事实的精心选择与组织，通过对事实的忠实而具体的表述，完全可以甚至更加出色地表达出来，达到更好的传播效果。所以刘少奇要求党的新闻工作者的报道，必须是客观的、真实的、公正的、全面的，同时必须是有立场的。那种主张作者直接地、鲜明地表达立场，给任何事实贴上"是非"标签的做法，其实传播效果往往并不理想，有时甚至事倍功半。

有人主张使新闻附加外来的成分，通过这些外来成分表明报道者的功利目的。他们认为如果记者不直接站出来，以明确的语言表明自己对问题的看法，说出自己的主张，就不是"旗帜鲜明"，就是态度暧昧。他们担心，读者难以从客观报道中体会领悟到记者的立场与观点，因为"读者的水平太低"，或因"客观报道太隐蔽，让人难以领悟"，所以主张不如"直接表态"。所谓"直接讲话"或"直接表态"，就是大段大段地"记者认为"、"记者说"，就是大篇大篇地引用马克思主义经典作家、党和国家领导人的言论、中央文件、会议公报。

这种种附加于新闻的"外来成分"，或者成了不必要的"加水"，或者是空洞乏力的说教，或者是原有新闻事实无力说明的纯理论的论证，它违背了新闻报道的规律，使新闻变得冗长乏味，苍白枯燥，失去了活力。这种做法，是我们所反对的。

还有人提出客观主义原则，主张新闻只记录发生的事实，不主张对新闻事实进行选择与组织。

我们所提出的客观报道原则，同客观主义是有根本区别的。客观报道是通过对事实的精心选择与精心安排，借客观叙述的形式，巧妙地渗入自己的看法与观点。而客观主义搞的是所谓"纯客观"，这种做法，或者是不负责任，对受众不加正确引导，或者是别有他图，在所谓"不党不私"、"不偏不倚"的口号下，传播错误的信息与主张。我们的正确口号应该是：坚持客观报道，反对客观主义。

客观主义也叫"自然主义"，最早是一个文学主张，后来被移植于新闻传播。这种口号，主张在新闻报道中，不分主次，不区分现象与本质，把一大堆各不相属的材料罗列在一起，以示其客观性。显然，实行这种主张，不仅完不成新闻传播的角色任务，受众的正当要求得不到真正的满足，还会被人利用以售其奸，传播一些有害社会与受众的东西。

第三节 新闻传播的公正要求

一、新闻传播必须公正

新闻传播的公正性，指新闻媒介为争议双方提供平等利用媒介的机会，所以公正性也叫“公平原则”或“平等原则”；公正性还包括传播者对新闻事实持不偏不倚的中立立场。

新闻传播之所以应持公正立场，首先是因为传播者与新闻媒介的社会责任，是向受众提供客观存在的事实，以及时人对它的种种评价的客观情况。人们透过媒介想了解的，主要是外界发生了什么变化，以及相关的人们对这种变化持怎样的立场与看法，而不是媒介持反对或赞成的态度。只有向受众提供相对广阔的自由思考、自由评价的空间，才能有助于广泛了解全社会的各种意见，最终集思广益，用全社会的智慧，推动事件的解决与社会的进步。因此，媒介向公众报道社会事件、提供各种真实报道时，应该做到公正无私，不偏不倚，尤其不允许以一己之利一孔之见代替社会的公众意见，或者假冒民意替代公论。

新闻传播之所以应持公正立场，其次是由于新闻媒介是社会之公器，所以传播业者应向公众提供平等的机会，以同样的报酬条件取得传媒的使用权，包括通过收受媒介获得同样数量的资讯，在媒介上自由发表负责任的意见，对政府和官员实行监督与批评，对传媒的行为进行监督与批评。

在商业社会，媒介分属于各个商业机构或政府、政党和社会团体。但各种公开出版发行或广播播出的媒介，自愿接受的民众只需付出一定的费用，便应得到承诺保证的各种服务，不应附加政治或其他限制条件。平等原则，是公正性的主要要求，因为只有确保民众可以平等地得到传媒的相同服务，他们才有可能以同等机会进行争论与讨论，发表各种不同的意见，或者为自己的立场、观点或处事方式辩论。只有在这样公正的条件下，媒介才能成为名副其实的“社会公器”。

二、新闻传播公正性的科学含义

新闻传播公正性的含义，十分简单与明确，主要包括这样三方面的要求：

第一，新闻传播不以一己之立场，片面地报道事实与提供只是自己赞成的一方面意见，压制、不报道或歪曲报道另一方面的事实或自己反对的一方的意见。

第二，新闻传播者不以自己的一己立场与观点，选择、报道与评价、解释事实，并且通过这种选择与解释误导受众，造成对部分不同意见者的压力与伤害。

第三，新闻传播者不以一己之立场，剥夺部分人利用媒介传播自己赞同的立场与意见的权利与机会，使媒介的性质，由“社会公器”蜕变为“个人私器”。

如果换一种正面的叙述，新闻传播公正性的科学含义，主要包括：传播工作者负有社会责任和职业道义，保障公民享有平等地从媒介获得资讯、发表意见、进行申辩和反对他人观点的权利与机会，传播工作者不享有传播自己个人意见与片面事实，并以个人意见与片面事实压制他人意见与其他事实公开传播的特权与自由。

三、不公正报道之举证

无分中外，不公正报道在各种媒介中都可以找到不少事例。事实表明，要真正实行公正报道，并非易事。具有代表性的不公正报道，大致有以下五方面：

（一）偏袒一方，压制一方

传播工作者对于世间的事件，很难没有自己的看法。但是在传播与报道事实的时候，不允许只报道自己欣赏、赞同的事件，不报道或歪曲报道自己反感或反对的事件。有的时候，记者在报道社会事件的争执双方时，明显地偏袒一方，压制另一方。一方的各种事件，事件的各个侧面乃至各个细节，当事人的各种意见与看法，甚至对另一方的攻击，都得到详尽的报道；另一方的事实与意见，很少或者根本没有见报、播出的机会。有的时候，记者甚至公开站在一方这边，指责另一方。这种不公正的报道与记者的不公正处事方式，常常造成不好的传播效果，影响媒介的信誉。

（二）强扭事实，片面报道

有的时候，传播者以自己的主观臆想或片面需要，剪裁事实，乱扭角度，让并不能证明立场正确的事实来证明“正确”，或并不能证明错误立场的事实来证明“错误”。或者在今天的政治气候下报道这个事实、而在另一种政治气候下又令同一事实以相反的面孔出现。这种乱扭事实、打扮事实的报道方法，不仅违背了新闻传播真实性原则，其态度与做法也是不公正的。

（三）主观武断，强加于人

报道不同意见的争执时，不问什么意见，也不问有多少人持这种意见，便武断地说他们如何如何，这一伙人如何如何。某人过去有这种看法，现在已有改变，也依旧指责人如何如何。张三不是这种观点，却硬把李四的观点加到张三的头上。一个团体内明明有几种不同的看法，报道时却说他们“一致认为”。凡此种种，强加于人，令人不服，也不公正。

（四）不给更正，难以申辩

新闻媒介只发表一方的意见，不给另一方发表更正、申辩或反批评机会。批评指责一方，如雷打雨倾，整版整版，另一方被误批、误整，被戴以高帽，受尽委屈，却得不到说明、解释、鸣冤的权利。“只许州官放火，不准百姓点灯”。双方得到的是不平等的利用媒介的机会，明显地违背了新闻传播的公正性原则。

（五）作者有权，读者无权

新闻媒介有时对作者和读者也采取不公平的态度与做法。同媒介有关系，同媒介熟识的作者，有机会在报刊与电子媒介上传播不真实的报道，发表不正确的见解，读者或观众、听众有不同的意见，写了信去投诉，去了稿进行反驳，如石沉大海，不见回音。有的时候，这些读者、听众、观众的信件与稿件，还会落到作者的手里，作者可以利用发稿特权再次对信件提出的观点冷嘲热讽，再次批评，令信件的作者好不气愤与伤感。

上述五个方面的不公正报道，均需引起重视，采取切实措施，认真加以克服与改进。

四、公正与倾向

在新闻传播实践中，既要有倾向性，又要恪守公正的原则，常令传播者与新闻媒介为难与困惑。

其实，从理论上搞清两者的区别与关联，从实践上分别给予不同的把握，并不困难。如果政策开放，做法灵活，操作起来也并不令传播者为难。

新闻传播的公正性，是媒介与传播工作者取信于民、立足社会的基础。在社会生活中，掌握在不同社会集团（包括商业机构）手中的传播权，又常常赋予媒介一定的倾向性，更不用说以机关报身份存在的某些报刊，其立场与观点则更为鲜明与坚定。但所有这些立场、观点与倾向，都必须牢牢地构筑在可靠的公正性之上。否则，一个失信于民、为社会所不认同的媒介或媒介工作者，它（他们）的倾向性是无人会接受的。一个无人认同、没有说服力、更没有人可以接受的倾向性，又有什么用呢？

公正性是倾向性借以存在的基础，也是倾向性得以发挥社会效应的前提。一个企图说服受众，企图以自己的倾向性影响社会公众的传播媒介和传播工作者，如果不尊重媒介的公正性，不以公正性为倾向性之前提，那么这种倾向性也是无法实现的。

不公正的倾向性，也是乏力与缺乏权威的。有的新闻报道，倾向性倒是十分鲜明，但这种倾向性所持的根据（事实），以及作者对于这些事实的诠释与说明不公正，或者对于不同意见者不能给予公平争辩的机会，那么这种倾向性，是不能争取到认同者与支持者的。即便一时会有某些拥护者，但随着这些拥护者对事实真相的了解和对持不同意见者观点的认同，也会最终否定倾向性，甚至还会使原先的支持者站到反对者一边。

总之，新闻传播的倾向性与公正性是一对相互联系、相互制约的矛盾范畴，我们应在坚持公正性的前提下，表现新闻传播的倾向性。

第四节　新闻传播的全面要求

一、新闻传播必须力求全面

新闻传播的全面性，指新闻传播中提供各方面的事实、情况、意见，不片面报道和隐匿事实。

新闻报道确保全面，是社会和民众对新闻传播的共同要求。新闻传播力求全面，是新闻媒介和传播工作者的职业追求。

新闻传播之所以力求全面，首先是因为，只有向受众全面地提供事实与情况，尤其是意见与看法对立的事实与情况，才能保证新闻传播的宏观真实与客观公正。新闻报道提供各方面的事实，包括成绩与问题，优点与缺陷，长处与不足，经验与教训，受传者才有可能从宏观的视角考量与评价事实总体，使人们对报道的总体事实有实事求是的评论。新闻报道如果提供了方方面面的事实、情况、意见，人们就能从中得出客观与公正的结论，并形成正确的认识。所以说，全面性是新闻传播实现真实性、客观性和公正性的前提。

新闻传播之所以力求全面，其次是因为，全面报道事实，全面提供各方面情况与意见，有助于受众了解全局，认识事物整体，知晓事件全过程，从而从根本上实现新闻传播的最终目的。受众通过新闻媒介了解世界，改造世界，使自己与世界融为一体，是利用新闻媒介的根本目的。如果媒介提供的是片面的、零散的甚至是被歪曲的事实或事件，那就无法达到上述目的。如果提供的事实、情况与意见是全面的、完整的，受众在把握整体材料与资讯的情况下，可以通过比较、分析，得出对这些事件的正确认识，自然有助达到认识与改造世界的目的。

新闻传播之所以力求全面，还因为，全面报道与评论事实，是传播工作者的社会责任。保证受众收受新闻传播目的的实现，使受众通过新闻传播得到全面的资讯，了解全面的事实与情况，以便他们构筑完整的外界形象，掌握总体的状况，是一切传播工作者的责任。新闻传播的全面性，正是对传播行为的一种要求，一种职业规范，所以刘少奇提出的“真实、全面、客观、公正”八字方针，正是对党与人民的新闻工作者的基本要求。

二、新闻传播全面性的科学含义

对于新闻传播的全面性，可以从以下三个方面去理解与把握：

第一，对一件新闻事实（事件）的报道过程要完整，情节要详尽，尤其是不可或缺的重要过程与情节，必须作出具体细致的报道，实在无法提供有关情况者，要作出交代或说明。

第二，对一种社会现象的报道，提供纵向与横向的全方位材料，以及对这些材料的分析，既不隐恶显善，又不隐善显恶，使公众能够毫无障碍地获得关于这些社会现象的总体资讯和全部看法，以便通过独立的观察与思考，得出他们自己的印象和结论。

第三，对于有争议的问题的报道，充分顾及和全面报道各种情况、意见与看法，即便是少数人的意见与看法，或者在传播者看来是错误的而不加认同的意见与看法，也应无保留地向公众公开报道，而并不将自己的看法强加于社会公众。

上述三个方面，归结到一点就是，新闻传播的全面性，要求向公众提供全面的而不是片面的、整体的而不是零星的、正确的而不是歪曲的事实、情况和意见。这是全面性最基本的内涵。

三、新闻传播不全面之揭露与防治

新闻传播实践中，不全面的情况常常发生，择其要者，大致有如下三种表现：

(一) 报道事实，只顾一面忽略另一面

每一种事实，都是以多面体状态呈现于世。但传播工作者接触它们，采访它们，由于种种原因，常常只看到一面，看不到另外一面，或者只允许看一面，报道一面，不允许看另一面，报道另一面。记者工作的环境，往往是错综复杂的。由于截稿时间的限制，记者能够接触事物的机会常常十分有限。记者又总是为特定的阶级、阶层、集团、雇主、上级、官员等工作，对于报道什么不报道什么，有时还得到明确的或隐晦的指令。所以，从道义和责任心上说应该提供全面的事实报道的记者，有时却只能自觉地或违心地提供一面的事实，忽略甚至掩盖另一面的事实。报喜不报忧，或报忧不报喜，爱吹不爱批，只说成绩不说缺点，就是这种现象的表现。

(二) 评论事实，只讲一面无视另一面

无可否认，新闻媒介评论事实或就社会事件发表的意见，总是有一定的倾向性的。赞成还是反对，拥护还是贬斥，总是明确地溢于字里行间。有的时候，由于急功近利，媒介发表的意见往往只讲一面之词，而排斥、无视另一面。不了解情况真相的人，就会受到媒介误导，轻信上当。了解真相的人，会感到受到愚弄、压抑，认为获知信息与言论自由的权利受到侵犯。

(三) 分析报道社会现象，只注意一种倾向而掩盖另一种倾向

社会发展的走向，事物演变的趋势，总是多样化的，不会静止地简单地向一个方向发展变化。由于新闻媒介背景与传播动机（尤其是政治动机）使然，有时传播工作者只注意和报道其中的一种倾向，不注意和不报道甚至掩盖另一种倾向。在新闻传播实践中，这种情况时有发生。一个运动的开展，可能促进生产，也可能冲击生产，只讲促进不讲冲击；一种工作的实施，兴许会调动人的积极性，也兴许会压抑人的积极性，只讲调动不讲压抑；一项政策的颁布，可能管好一种经营活动，也可能管死这种经营活动，只讲管好不讲管死。诸如此类的例子，不胜枚举。

上述三种不全面报道的情况，究其原因，是认识上的片面性和工作上的主观性造成的。只追求新闻传播的政治效应，希望通过这种片面的报道达到特定的政治目的，而不懂得片面报道可能会带来更为严重的政治上的损失。总以为传播工

作者完全可以凭借主观努力，想怎么报道就怎么报道，你怎么报道公众就接受什么报道，其实是不可能实现的。新闻传播是有规律的，公众收受新闻传播也有其认识规律。因此，克服思想认识上的片面性，反对单纯的不顾传播规律的主观主义，是确保新闻传播全面性的必要条件。在工作规范与职业操作上，也应有相应的改进与提高。

四、选择与全面、典型与综合的统一

在新闻传播的过程中，始终伴随着不断的和反复的对事实、新闻事实、新闻报道（作品）的选择。对事实的选择与对新闻的选择，贯穿于新闻传播的全过程。这里主要讨论选择与全面的关系。因为我们常常通过选择确定典型报道，所以也讲到典型与综合的关系。

从表面看，全面性要求提供整体的、各方面的事实，而选择又规定要选取公众最关注、党和政府目前正在全力推进的工作的事实，二者岂不矛盾吗?

在实际工作中，选择是通过全面考量各种事实，经过反复比较分析而后实施的，因而，选择是在全面把握事实的基础上进行的。

在一个开放的社会中，传播者常常通过提供各方面的事实，让受众有一定的自由选择的空间，而获得充分的传播效果。他们懂得，只是提供单方面的事实，受众是不会满意的。受众或者因不满足单一的事实而去收受其他媒介的传播，或者干脆因怀疑而拒绝接收这样单一的传播。

因此，正确的选择，总是同提供较多的较全面的报道并行的。在新闻传播的过程中，要注意选择性与全面性的统筹安排，正确决策，不因全面性损害选择性而模糊了新闻的倾向与立场，又不因选择性损害全面性而影响自己的声誉与形象。

注意抓典型，是传统的工作方法之一。重视典型报道，是中国新闻传播的特色。毛泽东强调，典型宜多，综合宜少。所谓综合，即指全面的、多角度的报道。在新闻传播中，就是正确处理选择与全面的关系。

典型报道是必要的。我国几十年的新闻传播实践表明，正确的典型报道，对于有重点地贯彻党与政府的宣传意图，鼓舞与激励民众的进取精神，具有重要意义。但是典型的选择，同全面把握整体情况，将各方面事实进行反复细致的比较分析是分不开的。而且，重视典型不等于不要综合，综合报道可以为受众提供广泛的、多方面的情况与事实，也是不可缺少的报道形式，受众对这种报道也抱有共同兴趣。典型报道与综合报道都是不可缺少的。在一般情况下，综合报道对多数受众来说，更不可没有。

总之，正确处理选择与全面，典型与综合，是一种正确掌握新闻调控、运用新闻规律的新闻传播的艺术。

第五节 新闻传播的快捷要求

一、新闻传播必须迅速及时

新闻传播必须迅速及时，即新闻传播具有快捷的特点与要求。这种要求，可以用时间性（快捷性）与时效性来概括。时间性指新闻发布与新闻事实发生之间的时间差（时距），时距越小，传播效果越好，也就是该新闻传播越具价值。时效性大致上也是这个意思，只不过侧重表达传播时间与传播效果的关系，其中还要考量传播环境的外在因素。从理论上说，时效性指事实发生与作为新闻事实予以报道的时间差（时距），同新闻面世以后激起的社会效果的相关量，即新闻产生应有社会效果的时距限度。显然，时效性的涵义更丰富，并不限于快捷，有的时候，新闻发布如果略为压迟一会儿，事实掌握得更全面一些，受众闻知新闻的欲望更强烈一些，效果可能会更好一些。但是时效性的基本精神仍是快捷，因为及时传播是新闻致效的根本保证，所以在实际应用时间性与时效性这两个概念时，有的人对之不加仔细区分，都强调一个基本原则：快捷，迅速，及时。

新闻传播之所以要求快捷，首先是因为，新闻报道的是瞬间的变动的事实，“眼睛一眨，老母鸡变鸭”，这瞬间的变动不及时抓住，事实就会时过境迁，不再依旧。有的时候，不及时的报道，不仅减损新闻价值，还可能成为失实的新闻。

新闻传播之所以要求快捷，其次是因为，新闻事实是层出不穷的，追求更新的事实，是传播工作者的天职。只有快捷、迅速及时，才有可能抓住新近变动的事实，在第一时间内予以报道，否则总是报道“旧闻”，失却新闻报道的特点。

新闻传播之所以要求快捷，第三是因为，受众要求及时获知外界刚刚发生的变动。受众只有及时了解外界的变动，才能尽快地认识、适应甚至利用这种变动，“赶上潮流”，生存发展得更好更快。现代生活越是向前发展，对于快捷传播的要求也会随之更高更迫切，而现代科技的进步，也可以为这种更高更迫切的要求提供技术与方法上的保障。

新闻传播之所以要求快捷，最后还因为，新闻竞争目前已经十分激烈，而传播快捷，是新闻竞争的一个重要方面。迅速及时的新闻报道有力量，有吸引力，能最大程度地得到受众的青睐，反之陈旧迟滞的报道就不再有吸引力，因为这种新闻置传媒于死地，为人们所摈弃。现代新闻媒介，都不惜投入巨资设置现代传播设备，聘用快捷制作和传播新闻的高手，以确保在新闻竞争中立于不败之地。

二、抢新闻与报道时机

新闻传播要求快捷及时，抢新闻自然成为新闻运作中的题中应有之义。从字面上看，“抢新闻”的意思不难理解，即传播工作者要尽量快捷地发现新事实，报道新近发生的变动。

但是，对于抢新闻，不同媒介有不同的操作。我们主张要快，要抢，但又反对“唯速主义”，对于什么情况下要抢，什么情况下不抢，甚至在特殊情况下，可能还会压一下，要具体问题具体分析，要注意报道时机。

所谓报道时机，指现实生活中潜存着的有利于某项报道获得良好效果的机会。一项报道发表的时机得当，就会引起读者的兴趣与重视，反之则可能使读者的兴趣减弱，甚至产生错觉、误解和反感，造成不必要的经济与政治上的损失。传播实践告诉我们，选择报道时机，应注意发表时的环境与背景，读者的兴趣和注意力的变化，此外还要考察是否与实际生活及重大政策等步骤相配合，既不要超越发展的阶段，也不要落后于形势的变化，更不要由于抢新闻而给实际工作带来不必要的损失。

正确把握报道时机，实现抢新闻的正面效应，对媒介和传播工作者提出了很高的要求。首先要求站得高，看得远，能够全面和从政治上把握事实；其次要懂得正确运用战略与策略，该快即快，该压即压，既要有眼光，又要有本事，需要快的时候，能倚马可待，脱稿见报。

一般情况下，在对全局“吃不准”、看不透的时候，对手中的报道没有把握的时候，或者主管领导有明确指令的时候，宜压一下；而在大多数情况下，则应全力以赴地抢时间，争速度。抢新闻，是记者的基本责任，在当天截稿时间之前，报道新近发生的事实，这对每个记者来说，是天职，也是基本功。

三、“慢三拍”现象及其成因

在我国新闻传播界，有一些媒介和不少新闻从业者，具有较强的抢新闻意识，在条件具备与实际需要的时候，敢拼敢抢，创造过出色的业绩，在抢新闻方面，给世人尤其是给海外同行，留有深刻的印象。

但是，也有不少媒介，不少新闻从业者，缺乏抢新闻意识。有的媒介和从业者，在“反对唯速主义”的借口下，慢慢腾腾，该拼不拼，该抢不抢。决策慢，采制慢，刊播慢，同仁称之为“慢三拍”。“慢三拍”现象目前仍然普遍存在，它给我们的传播效果以及同国外同行的竞争，带来相当的损失，也影响我国传播业的形象。

对于什么事实该传播，什么事实不该传播，什么该快该抢，什么要静候待发或不发，确有正确决策之必要。但这种决策，必须在尽可能短暂的时间内完成。

传播决策与政策决策应有所不同，不能让“请示请示”、“研究研究”贻误报道时机。

新闻的采制如同打仗，要分秒必争，不可议而不决，决而不动。记者要快采快写，编者要快编快发。记者应该是全天候式的，随时准备进入“作战状态”，不能朝九晚五，按时上班，按时下班。

新闻的传播也要又快又准，不宜追求太高的“安全系数”。以“万无一失”要求新闻传播，有时会伤害新闻的快捷。我们要求新闻传播做到客观真实，这是我们的目标。但我们又应该懂得，客观和真实，有时是在不断的快捷的连续报道中实现的。

我国的新闻传播之所以长期存在“慢三拍”现象，究其缘由，大致由机构重叠、运作繁琐、作风拖沓、手段落后四个方面原因造成。

在多数新闻机构，新闻采制传递大部分采用记者——编辑——部主任——总编辑四层把关制，重叠操作，层次太多，常常贻误发稿时机。这几年，部分新闻媒介开始设立“满天飞”式记者，有的甚至规定“满天飞”记者不仅可以自由采访，不限报道地域与内容，而且他们的稿件还可以直接飞到夜班编辑办公室，比过去分层管理把关，在“快捷”上有很大进步。

应该看到，目前我们在新闻的采集写作程序方面还十分陈旧落后。记者几经努力，通过文件、简报、会议获得新闻线索，经请示同意方可去访问调查，报道还须经审查同意方可发表，过程繁琐，手续复杂。除一些突发事件，一般新闻的见报周期常在几天甚至一周以上。

新闻从业者的工作作风比较拖沓，有的甚至沾染上官僚习气，又吃不了苦。外出采访，只能躺着走（卧铺），不能坐着去，被人称作“飞机记者”、“宾馆记者”、“小车记者”、“吃喝记者”。采访时东拉西扯，“山海经”一篇又一篇，不看主题；写作时不是争分夺秒，而是拖拖拉拉。一篇新闻稿，常常会花去十天半月。

这几年，我国媒介的采访刊播硬件设施有重大改善，不少已使用网络手段。但总的说来，还有一些媒介的新闻采制手段还是落后和陈旧的，在管理机制上尚无根本突破。

随着新闻改革的深化，新闻观念的更新，工作作风的进步，以及国家还有一些投入和媒介自身经济实力的增强，上述四个影响传播快捷的因素相信会逐渐得以克服。一个快捷传递新闻的新时代，一定会到来，新闻传播“慢三拍”的现象，一定会得到彻底改变。

思考题

1. 真实传播的意义和具体要求。

2. 不真实传播的成因及其防治。
3. 客观传播的意义和具体要求。
4. 不客观传播的表现及其克服。
5. 公正传播的意义和具体要求。
6. 不公正传播的表现及其克服。
7. 公正传播与传播的倾向性之关系。
8. 全面传播的意义和具体要求。
9. 不全面传播的表现及其克服。
10. 选择与全面、典型与综合的关系。
11. 报道时机的意义及其正确把握。
12. “慢三拍”现象及其克服。

第六章 新闻传播媒介

CHAPTER 6

媒介是人体的延伸。

——麦克卢汉

自然界没有制造出任何机器……它们是人类的手创造出来的人类头脑的器官；是物化的知识力量。

——马克思

新闻传播媒介是新闻传播过程中传播者与受传者之间的中介，是信息的物质载体。没有媒介，人类的社会交往和对传受双方信息的共享就中断了。新闻传播媒介，是现代社会最重要的纽带和“生命链”。

第一节　传播媒介

一、媒介和传播媒介

媒介，在社会生活中指使双方（人或事物）发生关系的人或事物。在传播活动中，媒介特指传播媒介，是用来表达含义的静态或动态的一切物体或物体排列。烟火、击鼓、树皮上的刻痕、跳舞、陶器上的花纹、军号、纸上的墨迹，都是传播媒介。媒介的物理特征和工作原理称为媒介形式。在传播活动中，有以纸张为载体的报纸形式、穿过透明胶片的光线构成的电影形式等。媒介的物理特征包括物质实体和物理能。物质实体指文字、印刷品、通讯器材等；物理能指电波、光波、声波等。传播媒介有时也称媒体，专指交流、传播信息的工具，如报刊、广播、电视、广告等。新闻媒体，特指专门用于交流、传播新闻信息的工具，仅包括报纸、新闻期刊、广播、电视、新闻电影、通讯社等六种传统新闻传播媒介和正在发展的新媒体。

传播媒介是传播赖以实现的中介，对社会发展起着直接和有力的影响。加拿大传播学者麦克卢汉指出，媒介是人体的延伸，媒介就是信息。传播媒介的发展，既是人类科学技术和社会文化事业不断发展的结果，又是人类思维不断符号化的进程。可以说，一部人类文明史，就是人类不断发明和掌握传播媒介的发展史。

从媒介与受传者的关系看，传播媒介可分为大众传播媒介和“小众”传播媒介即非群体化传播媒介两种。大众传播媒介又称“大众媒介”，泛指所有用以向广大的受传者传递各种信息的技术手段，包括报纸、期刊、广播、电视、电影、图书等。通常指报纸、期刊、广播、电视四大媒介。大众传播媒介是连接传播者与受众、实现沟通与交流的中介和纽带。“小众”传播媒介是相对于大众传播媒介而言的，又称非群体化传播媒介，指传播范围小、受众人数少的传播媒介，这是进入信息社会以后传播媒介的一个新特征。在信息社会，信息存量增大，流量加剧，大规模的群体化传播媒介已不能适应受众的需求，非群体化的媒介日益盛行，全国性的大型日报的读者逐渐转向地方小型化专业性报刊，综合性的广播电视节目的听众、观众也为专题性广播电视节目所吸引。受传人群的分流，导致传统媒介趋向小型化发展和专题化传播。

传播学家德意志曼将人类的传播形式作了这样的划分：

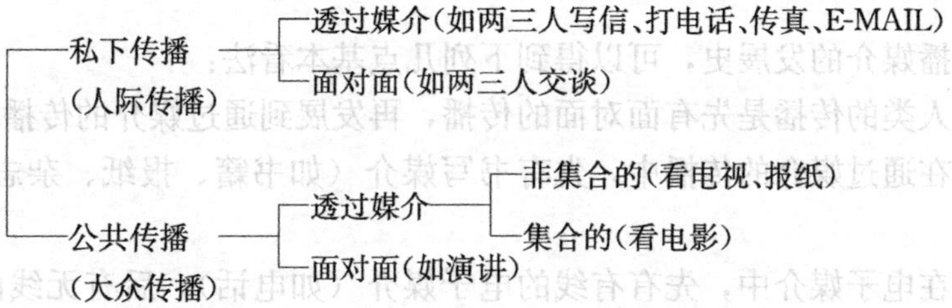

德意志曼的分类说明是：

第一，大众传播是传播的一种，传播并不限于大众传播，也可能是人际传播；

第二，大众媒介传播一定是大众传播，但大众传播并不限于大众媒介传播，如大众传播中的演讲，就是面对面传播。

由此可见，大众媒介并不等于大众传播，大众媒介只是大众传播过程中的工具与通道。

除德意志曼的分类外，人们还对媒介作了这样的分类：

按媒介的手段分：有口头媒介、印刷媒介、电子媒介。

按使用媒介的对象分：有个人媒介和大众媒介。

按媒介的技术构成的复杂程度分：有小媒介和大媒介。

按传播目的分：有高级媒介和通俗媒介，严肃媒介和大众化媒介，公共性媒介和营利性媒介。

按媒介作用于人的感官分：有听觉媒介、视觉媒介和视听复合型媒介。

还有学者根据媒介所载讯息的清晰和明确度，把媒介分为热媒介和冷媒介。麦克卢汉指出，热媒介是指可以使某一感官作“高度定义”扩张的传播媒介。所谓“高度定义”，指所传播的资料的明确程度。麦克卢汉认为，热媒介所承载的讯息明确度和清晰度高，受传者不需要太费劲即可由自己的某一感官承担起接受讯息刺激的任务，不必补充和想象（即通过参与）即可完成接受信息活动。因此，在传播过程中，热媒介的使用对象参与程度小。一部分内容清晰的印刷品、无线电广播、清晰的照片、内容详尽的文章和节目、通俗歌曲等，都属于热媒介。冷媒介所承载的讯息清晰度和明确度低，受传者必须使用多种感官，进行补充想象才能完成接受信息的活动，这类媒介有电视、电影、演讲等。冷媒介的受传者，参与程度大。

激光照排技术引入印刷媒介以后，对热、冷媒介又有新的解说。传统的印刷工艺离不开浇铸铅字，化铅铸字都是在温度很高的状况下进行的，而激光照排、电脑输入等相反，都是在适宜的室温下完成的，因此人们把原先按传统工艺生产的报刊称为热媒介，而把用新技术制作的报刊称为冷媒介。这种对印刷媒介的“冷热”分类，同麦克卢汉的“冷热媒介”，是完全不同的。

二、传播媒介的衍进

考察传播媒介的发展史，可以得到下列几点基本看法：

第一，人类的传播是先有面对面的传播，再发展到通过媒介的传播。

第二，在通过媒介的传播中，先有书写媒介（如书籍、报纸、杂志），再有电子媒介。

第三，在电子媒介中，先有有线的电子媒介（如电话），后有无线的电子媒介（如广播、电视）。

媒介的发展次序，用图表显示即为：

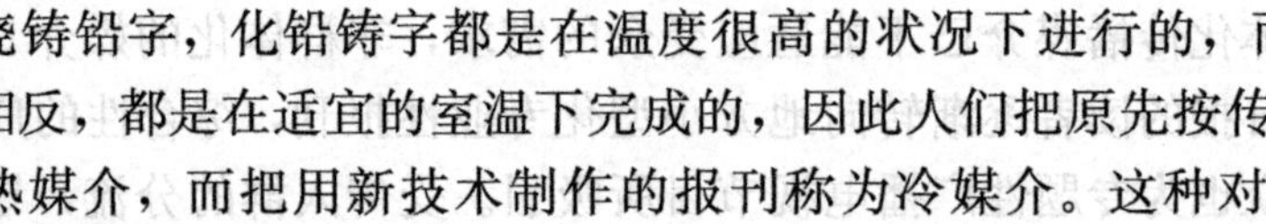

下面我们沿着这一线索，对传播媒介的衍变进行略为详细的描述。

据人类学者考证，在二百多万年前，人类的祖先之一猿人出现了。这种新生物和其他物种之间最重要的区别，在于他们开始制造工具。在以后一百万年左右的时间里，他们又掌握了使用火的技术。这种早期发明——粗糙的石器和火的驯服——成为人类文化的蹒跚起步。

在共同的劳作与活动中，人类开始学习和掌握传播活动。最初，大概是用和现在的复杂动物相类似的方式进行传播，即通过发声和身体动作形成彼此理解的符号和信号。这就是说，人类最初的传播活动，遗传的或本能的反应起着重要作用，后天学会的传播行为极少。后来，随着脑容量的缓慢增长，本能的反应和后天的传播行为开始转换，学会共认的手势、声音和其他形式的信号，用作从事社会生活所需要的基本交流。随着人类的不断进化，以符号和信号为基础的传播系统日益精细、常规化和更有效率。但是在人们学会说话和掌握语言之前，这种传播活动无疑极其简短，传播的速度相当缓慢，受传人数也十分有限。

学者们认为，人们学会说话并掌握语言，大约始于三万五千年到四万年之前，这时，他们的传播活动比以往大有长进，他们已经可以用语言进行思维、交流，以更协调的方式劳作和狩猎，保卫自己的居地。这种情况下，人类的传播行为远比过去的仅仅使用简单符号、信号要方便多了，他们可以记忆、传送、接收和理解各种语言信息，使传播活动的空间、复杂性和精细度，达到新的水平。传播手段向语言的过渡，开始了人类由捕猎加采集的生活方式过渡到伟大古典文明的过程。

大约在五千年前，人类过渡到文字时代。学者们指出，中国人和玛雅人是发明文字较早的两大人种。研究表明，文字演变的轨迹，是从象形再现发展到语音系统，是从图画或文体化的绘图表达复杂的概念，发展到用简单的字母示意具体声音。最早记录信息以便以后重看或让他人获知，是在石头上精细描绘动物和捕猎场面，石头画成了最初的传播媒介。这种用图画描绘事件、传播信息的方法，比起仅用口述回顾或描述是一大进步，但这需要传者（画者）和受传者（观画者）都能解释图画所表达的意思，即双方有约定的编码、解码或共识的意思，否则，图画就不会具有传播手段的价值。在这种要求下，图画意义的标准化是文字发展的关键的一步。

据学者研究，正是生产发展需求，促进了图画意义标准化的进程。人们需要记录土地边界、土地的所有权、买卖活动、江河水位的涨落、天体的运动、播种和收割的季节……于是，开始出现称之为锲刻图案的“准文字”，它后来又演化为正式的楔形文字。前者产生于距今四千年左右，多为画或刻在建筑物墙面或其他类似平面上的粗略图画，以简略几笔，表达众人均可理解的意思，如一弓一箭表示狩猎，一条波纹线表示湖泊河流，日出表示白天。这类写意刻画成串，可以表达某个较为复杂的事件的始末，后者则以特定的小符号表达一个具体的声音，成为语音文字的前期成就。这种最初的文字，实现了人类传播活动发展的重大突破。经过一千多年的发展以后，又出现了字母文字，很快普及，几个世纪以后传到希腊，成为著名的希腊文字。字母文字同工具、火和语言一样，是人类最重大的成就之一。

这里有必要专门为汉字的发展写上几句。考古发现，六千多年前的彩陶上已有符号，为汉字萌芽。经过三千多年演化，及商代，有人把文字刻在兽骨和龟甲上，史称“甲骨文”，已发现的此类文字达 4 500 个字左右。也有人把文字铸在青铜器上，史称“金文”，汉字至此已形成了较完整的体系。至战国，各国文字不一，各成体系，秦以小篆加以统一，从此全国“书同文”，东汉时许慎以 22 年时间编成我国第一部字典《说文解字》，收录小篆 9 353 个字。汉末出现隶书，魏晋又有行书，介于以后的楷、草之间。汉字是我国的主要文字，中国周边国家借用汉字也有一千多年历史。第二次世界大战后，汉字成为联合国工作语言之一。

在文字出现以后，人们发现以文字传播信息虽为众人所通，但携带仍不方便。试想，将文字刻于石、竹、木或泥盘之上，如何搬运、传播？有了共同的符号（编码）以后，信息传播的紧迫需求即转为书写工具和书写物体，寻求便于传播文字的媒介。大约在公元前 2500 年，埃及人发明了用莎草制造结实纸张的办法。莎纸远比石头轻便，书写起来也比刻石轻松快捷。这时，埃及人还用另一些植物制成笔刷，用一些颜料做成墨水。同莎草纸齐名的还有中国的“丝絮纸”和墨西哥的“阿玛特纸”。丝絮纸由育蚕缫取丝绵时留于竹席上的残丝絮晒干而成，人们改进以后制成絮纸，史称“薄小纸”，始于商代。阿玛特纸由一种叫阿玛特的阔叶树的树皮纤维制成，由印第安族的玛雅人首先发明。

这种从沉重的石头、竹片、木块、泥盘向轻软便携媒介的进化，极大地扩大了信息传播的广度和深度，信息可以传得很远，获知信息的人数大量增加，也就是说，信息覆盖面和信息传播速度扩大了、加快了。

然而，手书的速度毕竟有限，信息受传者的人数也终究不会很多。于是，改进书写办法成为信息传播活动进一步发展的当务之急。这时，供大量书写的媒介——廉价的普通纸张已经问世。

举世公认，中国是造纸术的故乡。中国人称大量生产而成本不高的纸为“蔡侯纸”。据传蔡伦见当时人们多用竹简和缣帛写字，前者笨重，后者昂贵，都不方便，于是他就利用皇室工场（时称“尚方”，蔡为尚方令）的物质条件和能工巧匠，采用树皮、麻头、破布和旧渔网等做原料，造出了一批质量较高的好纸。元兴元年（公元 105 年），蔡伦把纸献给朝廷，受到汉和帝称赞和嘉奖，并且通令向全国推广。其实，从 20 世纪以来，中国多次发现西汉纸（罗布淖尔纸、灞桥纸、金关纸和扶风纸等），把我国的造纸历史从蔡伦时期又往前推了二三百年。西汉纸才是我国最早发明造纸的历史见证，也是人类文化史和传播史上首创的古纸实物。

纸和墨的应用为发明印刷术准备了物质条件，而印章和石碑拓印则给发明印刷术准备了技术条件。印刷术的发明，使得信息传播发生了重大革命，“书写方法”

有了质的改进。现在，讯息可以大量印刷，也就极大地扩大了信息的传播范围。马克思称其为“人类文明的杠杆”。

隋末唐初，我国最早发明了雕版印刷，这是印刷术的起步。至宋朝仁宗庆历年间（公元1041年至1048年），由天才的印刷工人毕昇发明活字印刷，可惜未能广泛推广，直至公元13世纪末元朝大德年间，农学家王祯发明了木活字和转轮排字架，活字印刷才进入实用阶段。我国发明活字印刷术，比德国人古登堡发明的铅合金活字印刷术早了400年。

印刷术的出现使印制成千上万册书籍成为可能。在西方，印刷术首先为宗教宣传小册子服务。印刷新闻的兴起极大地改变了世界的面貌。从17世纪开始，新闻传播活动也开始借助印刷术而迅速发展，使得千万人的新闻传播观念也同时发生飞跃性的变化。至19世纪30年代，快速印刷技术和报纸的基本概念相结合，形成了第一种真正的大众传播媒介，现代报纸问世了。接着，随着电影、无线电广播和电视的发明和普及，一个真正广泛的新闻传播新时代在20世纪开始了。

进入21世纪以后，在“第四媒体”互联网技术和“第五媒体”手机技术的支持下，人类的传播方法和传播媒介有了日新月异的进步。今天，传统媒体与新兴媒体相互促进，融合发展，人类的传播活动掀开了伟大的一页。

笔者将上述传播方法和传播媒介的演进绘成简表，供读者综合起来考察和思考。

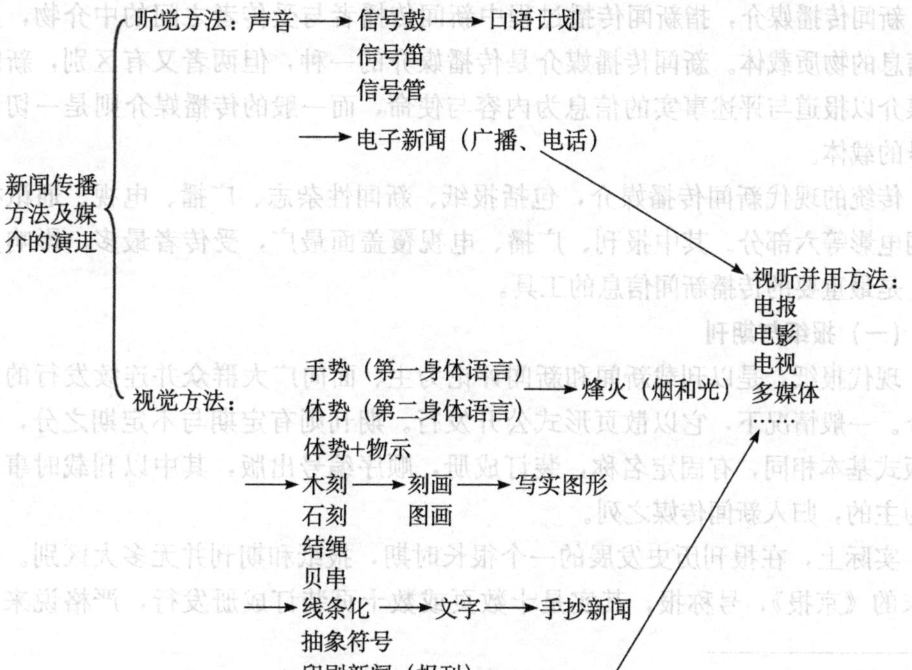

从人类传播媒介发展史，我们可以得出五点结论：

第一，传播媒介的衍进，使人类可由纯粹的声音传播，发展到声音与文字的传播，再衍变为拥有声音、文字及影像的传播，传播媒介逐渐精致丰富。

第二，由于造纸及印刷技术的发明，以及录音、录像机等现代化的媒介问世，使得传播的讯息能够一代代地保存、留传，知识得以累积，文化得以薪传，于是传播得以打破时间的囿限。

第三，当人类从在石壁、石柱雕形刻字进展到在竹木及纸上书写，并进而运用电子传媒时，其意义是：人类已由搬不动或难以移动的媒介，转向可以轻易移动的媒介，打破了空间的藩篱。

第四，印刷术的发明及传播形态超越时空的限制，打破了知识原由少数精英分子把持的情形，促进知识大众化、平民化，导致社会的权力分散，社会的结构也起了根本的变化。

第五，传播媒介发展史也是一部传播科学技术史。人类传播由口头到书写，再到电子媒介，几乎可说是科技文明的贡献。①

第二节 新闻传播媒介

一、传统新闻传播媒介

新闻传播媒介，指新闻传播过程中新闻传播者与受传者之间的中介物，是新闻信息的物质载体。新闻传播媒介是传播媒介的一种，但两者又有区别，新闻传播媒介以报道与评述事实的信息为内容与使命，而一般的传播媒介则是一切讯息符号的载体。

传统的现代新闻传播媒介，包括报纸、新闻性杂志、广播、电视、通讯社及新闻电影等六部分。其中报刊、广播、电视覆盖面最广，受传者最多，影响力最大，是最重要的传播新闻信息的工具。

（一）报纸与期刊

现代报纸，是以刊载新闻和新闻评论为主、面向广大群众并连续发行的印刷媒介。一般情况下，它以散页形式公开发行。期刊则有定期与不定期之分，但每期版式基本相同，有固定名称，装订成册，顺序编号出版，其中以刊载时事性材料为主的，归入新闻传媒之列。

实际上，在报刊历史发展的一个很长时期，报纸和期刊并无多大区别。我国清末的《京报》，号称报，其实是十数页或数十页装订成册发行，严格说来，仍

① 参见罗浩编著：《媒介与社会 Q&A》，7～16 页，台北，风云论坛出版社，1996。

是期刊。而从出版史考察，报纸是从期刊发展而来的，而期刊又是从书籍分化出来的。印刷术发明并在全世界推广之后，最早出现的便是书籍，从手抄著述发展到印刷书册。经过若干年，人们才得以用印刷术武装期刊，使期刊步入发展新时代。

据学人研究，期刊即杂志一词原系阿拉伯文，本意指“仓库”或“军用品供应库”，它被人用来指期刊的代名词还不到四个世纪。1731 年，英人爱德华·克伏出版了一种期刊，译成中文可以叫做《绅士知识供应库》，供给绅士们各种艺文、科学和新闻资料。此后，类似的期刊逐渐开始风靡于世界各地。

中文对期刊最早的译文是“统记传”，意即本书无所不记，借此广为传播。如中文最早的一本近代期刊，1815 年由伦敦布道会传教士马礼逊、米怜在马六甲创办的期刊，就叫《察世俗每月统记传》。

实际上，我国长期以来习惯使用“报”而不用“期刊”称呼杂志。如梁启超主编的《时务报》，章炳麟主编的《经世报》，都是典型的期刊。而径以期刊、杂志等名称呼的，当首推《东方杂志》，此刊由上海商务印书馆于 1904 年创刊，前后出版达四十余年。可见我国报与期刊的明确区分，是 20 世纪初的事。

报纸与期刊之所以要互有区别，报纸之所以从杂志脱颖而出自成一家，完全是由于社会生活节奏的加快，新闻手段与生产能力的不断演进的结果。

报纸与期刊作为现代新闻传播事业中共同以文字作为传播符号的印刷媒介，有着不少共同的功能，但两者又各自有不同的特征。马克思和恩格斯在《〈新莱茵报·政治经济评论〉出版启事》中指出：“报纸最大的好处，就是它每日都能干预运动，能够成为运动的喉舌，能够反映出当前的整个局势，能够使人民和人民的日刊发生不断的、生动活泼的联系。至于杂志，当然就没有这些好处。不过杂志也有杂志的优点，它能够更广泛地研究各种事件，只谈最主要的问题。杂志可以详细地科学地研究作为整个政治运动的基础的经济关系。”①

具体说，报纸和期刊的不同在于：

从出版周期看，报纸的周期短，期刊的周期长。报纸周期短的每日出版，甚至一日数刊，周期长的有周刊及七日以上的报纸，但总的趋势是向着日刊与一周数刊等短刊期发展。期刊则不同，周刊是最短的，长的有旬刊、半月刊、月刊、季刊乃至半年刊、年刊。

从出版速度看，报纸迅速，期刊较慢。一张日报，从采写到出版，不到 24 小时，一本期刊，则需好几天。这是因为报纸要分秒必争地报道刚刚发生的新闻，而期刊则可以有较多时间从容而详尽地阐述这些新闻并作出全面透彻的剖析与评论。为了迅速出版，甚至在装订形式上也有区别，报纸折叠一下就发出去，期刊

① 《马克思恩格斯全集》，中文 1 版，第 7 卷，3 页，北京，人民出版社，1959。

则需要加封面，装订成册，印刷方面也更精美。

从提供新闻的量来看，报纸由于刊期短出版快，提供的新闻远比较长时间才出版一期的刊物要多得多，因而人们从报纸获知的新闻，从总体上要比从期刊获得的新闻多得多。从传播新闻这一功能来看，报纸的作用大于期刊，所以报纸一经从期刊分化出来，很快就“青出于蓝而胜于蓝”了。

然而，报纸同期刊不同，最主要的还是各自承受的任务、发挥的职能不一样，也就是说，主要的区别在各自刊载的内容不同。报纸以刊载新闻和评论为主，期刊则以刊载时事性文章和评论为主。用马克思和恩格斯的话来说，报纸的优点在每日都能干预运动，能够成为运动的喉舌，能够反映出当前的整个局势，能够使人民和人民的日刊发生不断的、生动活泼的联系。而期刊的优点则在于能够广泛地研究各种事件，只谈最主要的问题。用列宁的话说，报纸适于鼓动，而期刊则适于宣传。我国新闻学者戈公振是主张从内容不同来区分报纸和期刊的，他认为，报纸以报告新闻为主，而期刊以刊载评论为主。

由于报纸期刊的不同特点和肩负的不同使命，这两种新闻媒介都成了现代新闻事业大家族中不可缺少的兄弟，而且随着新闻事业的发展，报纸和期刊的形式及种类有了很大发展，日益趋向多样化，分工也越来越精细了。

在现代科学技术的推动和支持下，中国的报纸和期刊的形态及传输方式在改革开放30年中发生了很大变化。到20世纪80年代中期，铅字印刷在中国开始被逐渐淘汰。1994年起报社着手解决编辑部的采编系统问题，即开始解决取代传统的纸与笔的问题。目前，国内一批现代化报社已拥有国际先进水平的采、编、印硬件设施，激光照排和彩色胶印设备已普及到地市级机关报。1995年，中国第一份上网中文电子刊物问世，在此之前已有一家报纸成功通过地方网络传输，不久正式通过国际互联网发行的电子日报上市。现在，多数报纸的电子版或电子报已广泛出版与上市。

（二）广播

广播是通过无线电波或导线传送声音的新闻媒介。

广播从传播手段看又可分为两大种：通过无线电波传送节目的，称作无线广播；通过导线传送节目的，称作有线广播。

广播诞生于20世纪20年代。世界上第一座领有执照的电台，是美国匹兹堡KDKA电台，1920年11月2日正式开播。中国的第一座广播电台由外国人开办，建于1923年。中国人民广播事业创建于1940年12月，即中央人民广播电台的前身——延安新华广播电台。

广播的工作原理，是把声音变成电信号，借助无线电波或导线传送，通过接收工具（收音机、广播喇叭）再把电信号还原为声音，使声音获得听觉形象。其工作过程为：

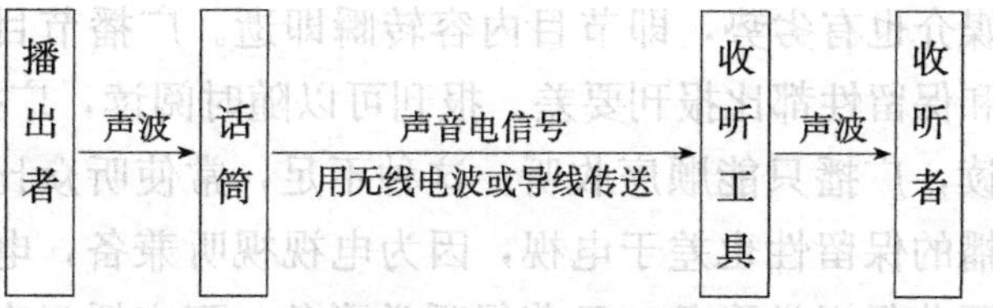

同报刊不同，广播作为一种新闻媒介，向听众提供的是节目而不是版面。新闻传播者将新闻录制成节目，按时间顺序编排播出，听众通过接收工具收听节目，获知新闻。可见，广播节目是各种内容（以新闻为主）编排布局的整体表现形式，各节目所用时间不同，有固定的节目名称，稳定的节目方针，有的节目还有固定的节目开始曲。

广播电台每天顺序连续播出成套节目。每套节目是所有单个节目的组合。一套节目开始播出时，先播开始曲、呼号（即报告电台的名称）、节目预告；该套节目结束时还要播出特定的结束曲。开始曲和结束曲都是固定的。

广播媒介具有很强的优势，主要是：

第一，对象广泛。不同年龄、不同需求、不同场所、不同文化层次（甚至文盲）、不同收听条件的听众，都可以利用广播媒介。广播媒介可以说深入家庭，伴随身边，日夜服务，雅俗共赏，老少咸宜。联合国教科文组织国际交流问题研究委员会的研究报告指出，在全世界所有地区，大众交流工具中最普遍的是无线电。收音机在世界范围的迅速增加是无线电广播深远影响的重要标志。

第二，传播迅速。在电波所及范围或导线所到之处，可以同时收到刚刚发生、正在发生的事件的信息，是当今人们最快获知新闻的媒介之一。电波的速度是每秒钟 30 万公里（每秒钟可以绕地球走七圈半），任何快速出版的报刊都无法同它相比。广播媒介的这一特性，可以超越时间、空间的局限，对于新闻的传播和文化教育的普及起到巨大的作用。

对重大的突发性事件的同步广播，广播优于电视。这是因为，电视进行现场直播需要各种必要的条件，例如灯光、音响，又要携带各种笨重的设备，而广播则轻便得多，简单得多。

第三，功能多样。广播媒介的功能齐全，深受听众欢迎。它既传播新闻，宣传政策，引导舆论，又传授知识，提供娱乐和多种服务。广播节目一般有四类：新闻性节目、教育性节目、服务性节目和文艺性节目。比之报刊，较全面地体现了新闻事业的社会功能。

第四，感染力强。广播媒介靠声音传播，传真性强，提供听觉形象，常使听众“身临其境”，有很强的参与感。广播节目以声传情，以情感人，生动逼真地反映人们的喜、怒、哀、乐，又常常引起听众的共鸣，与之同喜、同怒、同哀、同乐，获得最佳的传播效果。

不过，广播媒介也有劣势，即节目内容转瞬即逝。广播节目顺时播出，过耳不留，其选择性和保留性都比报刊要差。报刊可以随时阅读，广播却要按时收听；报刊内容自由选读，广播只能顺序收听。这种不足，常使听众比读者被动，留下不小的遗憾。广播的保留性也差于电视，因为电视视听兼备，电视观众在收看电视节目过程中，既获得视觉形象，又获得听觉形象，而广播只有听觉形象，其听后效果当然比有两个形象的电视要逊色。对于广播工作者来说，采取一些办法使广播的选择性和保留性增强一些，是一种重要的责任，但也只能加强，而不能从根本上克服，因为这是广播自身的一个特点，也就是说，只能扬长补短，而无法扬长避短。

(三) 电视

电视是运用电子技术传送声音、图像的一种新闻传媒。它的出现，晚于报刊和广播。1936 年 8 月，英国广播公司在亚历山大宫建立电视台，同年 11 月 2 日正式播出电视节目，此为世界电视事业的开端。20 世纪 50 年代，黑白电视在各国广为发展。彩色电视广播于 1954 年在美国首先问世。中国大陆的电视业诞生于 1958 年，1973 年 5 月 1 日首播彩色电视节目。

电视广播的工作原理是，把声音、图像变成电信号——音频和视频信号，将它们调制到高频电信号上发射出去，在接收一端，经检波、扫描和显像还原成声音、图像。其工作过程为：

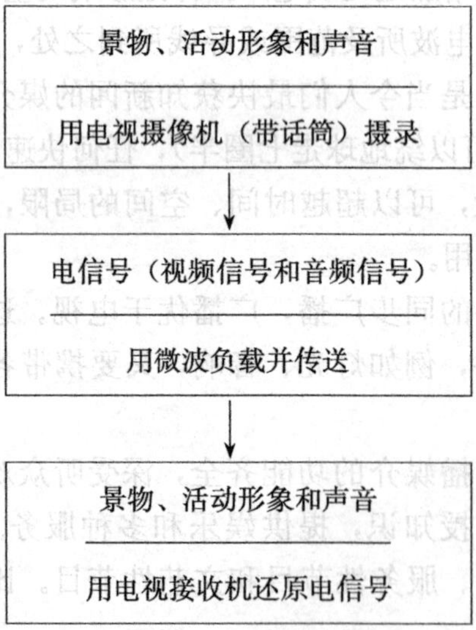

电视片由画面（图像）和声音两部分构成。画面包括现场景物、活动图像以及照片、图片、文字等。声音包括有声语言、音乐、音响等。电视广播一般通过电视台（或电视转播车，实际上相当于一个小小的电视台）进行。电视节目通过演播室、控制室、中央机房和发射机房播出，播出方式分为演播室直播、录像播放、现场直播等几种。传送电视节目的手段也是多种多样的，有微波中继传送、电缆传送、光缆传送、通讯卫星传送等，这些传送手段的共同特点是把电视节目信号调制在微波或激光光束上，再传送到远处去。

电视作为一种新兴的新闻传播媒介，具有鲜明的特点：

第一，视听兼备。电视媒介为观众提供视觉形象和听觉形象，使人易于接受和记忆。这个特点，比以文字符号为传播媒介的报刊，比仅仅提供听觉形象的广播要优越得多。

电视多由家庭和小群体接收。人们在电视屏幕前观看大世界，产生强烈的现场感、参与感和信赖心理。这个特点，比必须在影剧院和大群体中放映的电影要优越和方便得多。电影投资多，制作工艺复杂，竞争力差于电视。

第二，传播迅速。电视通过电波运载视频信号和音频信号，传播速度极快。通过通信卫星传送，就更加缩短了观众同事实间的时空距离。电视的这个特点和广播媒介相似，但广播不像电视要动用一系列设备，又对灯光等有一定要求，所以广播有时传播速度快于电视，但电视又比电影和报刊要快捷得多，所以，电视传播迅速的特点是十分重要的。

第三，功能全面。电视媒介集形、声、色、美于一体，综合绘画、雕刻、建筑、音乐、诗歌、舞蹈、戏剧、电影，表现力极强，节目内容丰富。就我国电视节目而言，就有新闻性节目、知识性节目、服务性节目、娱乐性节目等类，并有多种频道供人们自由选择。

第四，受众广泛。电视媒介的受传者极其广泛，不同文化程度、不同年龄、不同职业、不同民族的人都可以接收、观看电视节目，因此，在不同新闻媒介的受传者中，电视观众的数量是最多的，随着电视机的进一步普及，电视观众还会继续增加。

第五，选择性、保留性差。电视和广播一样，顺时连续播出，转瞬即逝，不便选择和保留。这一点，比不上报刊，可以自由翻阅，阅后可以保存。这个不足，即便录像机和录像带普及以后，还会存在。所以，尽管电视很有优势，报纸期刊仍有自己不可替代的长处。在现代，报刊、广播、电视三大新闻媒介，成三足鼎立，相辅相成，互相补充，扬长补短，共同发展。

电视中的佼佼者是有线电视。20 世纪 30 年代有线电视首先在欧洲问世，40 年代在美国登场。我国于 1964 年开始研制有线电视，到 1995 年，经批准登记的有线电视台达 1 201 座。到 2000 年，有线电视用户总数闯过 1 亿大关。有线电视节目容量大，收视质量好，不受频道资源限制，并可提供多功能服务，它既可转播无线电视台节目，又可自办节目，因此显示出比无线电视台更好的发展前景。

二、新兴新闻传播媒介

新旧世纪交替之际，由于新技术革命的展开和人类对新闻传播新要求的推动，陆续出现了一批新的新闻传播媒介。以微电子技术、光纤通信技术和卫星通信技术为基础的信息技术大大提升了人类新闻传播的水平，增大了新闻媒介的信息承载能力，加快了信息传输速度，优化了信息传送的质量，极大地拓展了信息传播的空间。以信息材料、能源材料、结构材料和功能材料为突破点的新型材料科学的发展，为传播新媒介、新设备的问世和传播新技术的开发，插上了腾飞的翅膀。卫星技术、航天技术的进步和凭借海洋技术对海洋资源的新开发，提高了新闻传媒的传输能力，扩展了传播的空间，越洋光缆传输高保真信息的计划也得以实现。人们已经和即将看到的一切，都有理由使我们相信，在21世纪，人类的新闻传播媒介将以从未有过的优势，极大地拓展新闻传播的时间和空间。

目前已经出现并将进一步普及和发展的新兴传播媒介有：

（一）网络传媒和手机通信

以互联网和信息高速公路为主体的“第四媒体”网络传媒发展迅速。无线电广播问世38年后拥有5 000万听众，电视诞生13年后拥有同样数量的观众，而互联网从1993年对公众开放到拥有5 000万用户只花了4年时间。截止到2009年，中国的互联网网民超过3.8亿人，平均不到4个中国人就有一个网民。宽带网民规模达到3.2亿人，占网民总体的85%左右。中国网络数量为300多万个。中国手机网民规模为1.6亿人，占整体网民一半。中国手机通信被称为“第五媒体”，用户超过7亿户，2009年年发送短信4 000多亿条，持续成为新媒体消费热点。

网络媒体的兼容性催生了许多新的传播形式。例如博客、播客。一些著名的博客网站，点击量超过千万次。在播客发展的过程中，一批网络新媒体脱颖而出。网络媒体还不断参与传统媒体运作，同传统媒体取长补短，互相融合而衍生出新的传播形式，扩充了当代传播的生存空间，优化了传播生态，开创了多种形态传播的喜人局面。

（二）新型广播电视

数字音频广播（DAB）作为广播媒介的第三代，正在迅猛发展。这种广播频道多，抗干扰能力强，可提供CD级高质量立体声广播。网络广播是通过互联网传播的数字音频广播，传播距离远，并可以不受传统广播顺时播出的限制，可以随时重播，反复阅听。数字音频广播和网络广播已成为新世纪广播的两大新技术，包括中国在内的许多国家都在大力运用这些技术，发展自己的广播事业。

中国电视的发展受到卫星技术进步的推动。1979年，邓小平访美，中美签订了科技文化协定，美国同意向中国出口通信卫星。1983年广播影视部决定采取广播卫星覆盖全国的方针。1989年，中国第一颗试验通信卫星上天。同年，北京等地开始修建卫星地面接收站。在此之前的1985年，中国开始长期租用国际通信卫星的转发器，并于8月开始用卫星传送电视节目。截止到2008年6月，中国中央电视台开办16套开放播出的电视节目，并开通1个高清晰度电视播出频道，开办12个数字电视付费频道和28个网络电视频道。各省市卫星频道蓬勃发展，一些著名的省市卫视发展势头正健，甚至在某些特色项目上超过了央视。

在卫星加线缆传播成为广播电视的主要途径后，有线电视走入千家万户。1992年全国行政区域性有线电视系统开始联网，现在全国各大城市普遍建立了有线电视台。①

(三) 综合媒体

通过国际高速互联网提供信息服务并由个人电脑收传的新型传媒，被人们称为综合媒体，也叫“大媒体”。这种综合媒体，将为人们提供可视电话、互动电视、图文声全功能信息服务、自选电影、远距离教学、医疗、会议、购物、金融等综合性服务。它的信息量大，传播速度快，音像信息质量高，介入人类生活的各个领域，实施跨国跨文化传播，将把人们带入一个全新的传播世界。本书第一版于2000年出版时曾引用一位研究者对十年后传播媒介高度发展的预言。他这样描绘2010年：

> 写字楼成为字典里的概念和词汇；偏远乡镇的教师和学生在写字台前，通过光脑控媒和光纤网络，进入世界级著名学府查找资料，进行科研和教学，也可以旁听著名学者正在进行的精彩演讲；当你积足了学分，也可以通过网络向某大学管理中心申请学位；家庭主妇坐在家中光脑控媒前选购和评价商品，如同亲身在大超市货架前；闲暇休息时，主妇们可以同远在另一国家的朋友和亲友边聊天边打光电子游戏，兴之所至还可以相约共同选看任何一部经典电影名片，同时，边看边在彼此可见的对方“面前”交换意见，还可以随点随映过去某场球赛的精彩片断……②

值得庆贺的是，不到2010年，这种“预言”在全球已成为现实。

第三节 新闻传播媒介的功能

一、大众传播媒介的功能

从系统论看，系统与外部环境相互联系和相互作用中所产生的重复现象谓之功能。而从日常社会生活看，功能也即效能，指事物或方法所发挥的有利的作用。

---

① 这里的部分资料取自广电总局新闻发言人发表的报告和部分年鉴发表的报告。

② 参见刘卫东：《新闻传播学概论》，1版，139～140页，天津，天津社会科学院出版社，1999。

大众传播媒介的功能，一般指它的社会功能，即大众传播媒介在人类社会生活中所产生的有益作用。美国政治学家和传播学者拉斯韦尔在1948年出版的《传播在社会中的结构与功能》一文中，从宏观角度提出，大众传播媒介有三项功能：监视环境，协调反应，传递遗产。美国社会学家赖特在1957年出版的《大众传播：功能的探讨》一书中，又在此基础上增加了一个功能：娱乐。后来，传播学者施拉姆从微观角度细化了对大众传播媒介社会功能的认识，他认为大众传播媒介有下列五种功能：

第一，守望人的功能。大众传播媒介的守望人功能，就如原始部落中的守望人守候在地平线上随时报告危难与机会一样。媒介负责报道环境中有什么事情发生，把消息告知社会大众，其目的在于协助人们认识复杂的环境事物，使之能充分地获得调适。生活在现代社会中的广大人群，对于环境的变化是不得不设法适应的，因为这种变化既迅速又复杂，有时候是一种扩大和分化。在这种情况之下，人们除了时常注意环境状况之外，就把新闻传播当做自已五官的延长。尤其像广播电视具备快捷及时等特点，其守望的功能更是明显。譬如台风、洪水暴发的速报，选举开票时的实况转播等，都是典型的例子。

第二，决策的功能。媒介的决策功能，就如原始部落的酋长和祭司决定部落的需要、目标和政策并发出命令一样。媒介决定对重要社会问题的政策发表意见，唤醒社会大众的注意，遂其劝服的目的。但就受传者而言，则要根据劝服之意见自作决定。

第三，社会化的功能。媒介的社会化功能，就如原始部落中的长者负责传授部落的历史、习俗和技术一样。媒介的工作是教导，把已经建立的文化传统传衍给社会新参加的分子。换言之，媒介的作用，在提供知识和经验，支援文化遗产的传衍，并提高社会大众的教育水准。在大众社会中，仅仅依赖正规教育（即学校教育）是不够的，还必须设法超越一定的范围而有所发展，方能达到普及教育的目标。在这意义上，报纸的专论或副刊，颇能带给广大人群一种更为高尚的趣味和享受。而广播电视所能提供的服务，就是视听教育或空中教学的推行。一方面实施社会教育，另一方面实施成人推广教育。在先进国家，如英国和美国，这种富有广泛教育意义的节目，是由公共电视广播网主要承担，因为一般商业台往往比较偏向娱乐性的节目。在娱乐节目充斥的今天，这种视听教育功能的发挥，越发显得重要，也值得有关当局作政策性的考虑。

第四，娱乐的功能。媒介的娱乐功能，就如原始部落中演唱歌谣以调剂生活、缓和紧张一样。媒介的任务是要提供娱乐节目，使人欢愉，而就受传者而言则是要欣赏和享受。尤其是广播电视的节目，更具有娱乐的功能。今天的广播电视已经广泛地渗透到社会大众之间，其影响是不言而喻的，因而如何保持一般节目尤其是娱乐节目的水准就成为必要。

第五，商业的功能。媒介的商业功能，就如原始部落中的一些贩夫，负责到相邻的其他部落去交换物品，并回部落与族人互通有无一样。现在的媒介，不但不断地报道许多商业活动，而且登载着许多的商业广告。在现阶段中，媒体广告影响力之大，是大家所公认的事实。①

传播学者普遍认为，大众传播媒介的社会功能应包括四个方面：

第一，信息的功能：守望或监视环境的“雷达”功能。

第二，协调和管理的功能：推动政策制定和执行，反映社会舆论，以促进社会机制的良性运转。

第三，教育功能：教育社会成员，传播文化知识、社会道德规范和价值观念。

第四，娱乐功能：摆脱工作和现实烦扰的娱乐，附带起教育和社会化的功能。

在大众传播媒介功能的考察与研究中，有两个问题应引起我们的重视：

一是设置议题。随着传播在社会政治生活和经济文化发展中影响的加大，人们对传播媒介功能的研究也随之深化。20 世纪 70 年代，美国新闻传播学者在一项关于新闻报道与总统选举的相关研究中发现，媒介对某个问题的重视程度同公众对该问题的重视程度具有一定相关性，传播媒介在某一时期内突出强调某些问题，经常出现某些目标，建议公众注意某些问题，会取得惊人的效果。因此，媒介对报道重点的选定非常重要，这就是“设置议题”。设置议题也称议程确定，指传播媒介在一定时期内选择某个议题，实行强化报道，使其成为社会舆论的中心议题，目的旨在使其议题对改变或坚定公众态度产生强大效果，形成共识，引起普遍关注和重视，提高媒介人物的“知名度”，使媒介事件产生轰动效应。“设置议题”理论对于提高新闻传播效果是有益的。新闻传播者常常通过对新闻人物与新闻事件的选择取舍，通过版面处理和播出时间、频道的调整，使受传者对经强势处理的人物与事件产生深刻印象，有利于正确的舆论导向的实现和社会共识的形成。

二是媒介的负功能。传播媒介的功能并不都是积极的、正面的，还有消极的、负面的一面。一些媒介渲染暴力和对性生活的自然主义描写，对青少年成长有不良影响。因此，不少社会学家和心理学家主张禁止儿童接触不健康读物和节目。由于传播媒介越来越多，其中的冗余信息和“信息垃圾”占去不少人的精力和时间，并减少了人们的人际交流和社会活动的机会，因此有人主张要加强对媒介的管理和传播的把关。在我国，不少有识之士也都表示，“水可载舟，也可覆舟”，提出要注意和防止传播媒介的负功能。

二、新闻传播媒介的功能

新闻传播媒介是大众传播媒介的一部分，大众传播媒介的功能，新闻传播媒

---

① 参见罗浩编著：《媒介与社会 Q&A》，12～14 页。

介大多具有。前面提到的拉斯韦尔、赖特、施拉姆等学者论述的大众传播媒介功能，其实大部分是针对当时的报纸和杂志的功能而言的。

同一般大众传播媒介不同，新闻传播媒介最主要最重要的功能是传递新闻信息。人们把新闻传播媒介从本质上看做新闻信息载体。我国第一本理论新闻传播学著作《新闻学》的作者徐宝璜说：以真正之新闻，供给社会，乃新闻纸之重要职务，亦于社会有极大之关系。美国尼曼基金会路易斯·莱昂斯也说过，只有一个功能能够证明我们的宪法向新闻界提供的崇高保护的正确性，那就是新闻界行使新闻载体之职。美国报纸主编协会制定的《新闻规约》强调，报纸的基本功能，在于把人们所做、所感、所想，表达给整个人类。

新闻传播媒介的又一个功能是反映舆论。美国新闻学者约斯特分析过报纸对舆论的作用机制。他指出，报纸供给我们一个继续不断而又永无止境的电影，在这电影中，我们可以看到整个世界和整个人类的动态。这里头有描写喜剧的，悲剧的，劣行的，美德的；还有英雄主义，虔诚信心，冒险事业，大灾巨福，投机取巧，喜怒哀乐等等，举凡人类生活中的神秘而又不可捉摸的变幻，统统都被包括无遗。除了此种单纯的描写外，还有社论的注释，解说每件事情的真相，把消息和意见联系起来，把言论和事实联系起来，从而使读者获得更进一层的了解，进而产生自己的主张。这些主张是形成舆论的一个因素。舆论是“有效的统治者”，它统治着目前的世界。这就是新闻事业的全貌。

其他许多学者对于新闻媒介的舆论功能也有许多论述。社会心理学家塔尔德指出，新闻力量就是公众的力量，伟大的记者绝对地控制着公民，指挥着舆论，他们比最伟大的政治家更多更长久地指导着世界。荷尔采恩德洛夫说，报纸所创造的精神奴隶，比粗野的力量所冶炼出来的链锁还要危险。在多数情况下，创造舆论的是报纸。除去报纸所代表的舆论外，国民自己所明确表达出来的舆论将是困难的。社会学家西艾弗莱则认为，人们至少通过新闻来创造当天的舆论。作为舆论的制造者或者制造舆论的手段，新闻不是第六种力量，而是第一种力量。作为新闻学者的小野秀雄，在引证了上面许多社会学家、社会心理学家的论述之后，得出了自己的结论，他说：根据对历史事实的考察，新闻形成舆论，也反映舆论。另外，从常识来考察，“新闻乃是传达可作为日常生活指南的意见或报道，所以它无疑问地有指导力量”①。

中国学者对新闻传播媒介的舆论功能也有许多论述。王韬指出报纸是“博采舆论”的工具。被誉为“舆论界骄子”的梁启超说，夫舆论者何？多数人意见之公表于外者也。他认为报纸是舆论之母。孙中山更明确地论述过舆论与报纸之关系，指出，舆论为事实之母，报界诸君又为舆论之母。毛泽东则进一步强调，一

---

① 徐宝璜：《新闻学》，1版，4页，北京，中国人民大学出版社，1994。

个新的社会制度的诞生，总是要伴随着一场大喊大叫的，这就是宣传新制度的优越性，批判旧制度的落后性。

除了报道新闻、反映与指导舆论外，新闻传播媒介还有其他的许多功能。徐宝璜指出，报纸职务有六：供给新闻，代表舆论，创造舆论，灌输知识，提倡道德及振兴商业。美国学者毕晓普指出，报纸的职能，过去是现在仍是：报道新闻，发表评论，供给娱乐，刊登广告。由不少新闻理论教师共同编写的《新闻理论教学大纲》对新闻传播媒介的社会功能的概括是：报道新闻，传播信息；表达意见，引导舆论；服务社会，指导生活；传播知识，普及教育；提供娱乐，裨益身心。

纵观这些论述，可以发现，新闻传播媒介总的社会功能同大众传播媒介相近，但前者更强调传播新闻信息和引导社会舆论的功能。是故在报纸发展的历史上，才会出现最初以传递商业信息为宗旨的报纸，到以政论为特色的政党报纸，再到实行新闻与意见分离的商业化报纸，最后到现代大众化通俗报纸的发展阶段，报纸因而被称为新闻纸和意见纸。

第四节　媒介文化和新闻文化

一、媒介文化

媒介文化，指在文化大系统（社会文化总体）中，以媒介为影响人的主要方式而构成的社会亚文化系统。

文化是人为的结晶。孔子在《论语·雍也》中曰：“质胜文则野，文胜质则史。文质彬彬，然后君子。”这里的“野”，指一种自然状态，“文”，则是人为状态。《易·贲卦》曰：“文明以止，人文也。观乎天文，以察时变；观乎人文，以化成天下。”刘向在《说苑·指武》中说：“圣人之治天下也，先文德而后武力。凡武之兴，为不服也，文化不改，然后加诛。”这里的“人文”、“文化”，具有教化的意思。及现代，梁漱溟在《东西文化及其哲学》中说：“文化并非别的，乃是人类生活的样法。”这里的生活，既指物质生活，又指精神生活，还包括人与人之间交往的社会生活。从20世纪80年代以来，文化学研究已形成共识，文化包括物质文化、制度文化、意识文化三种形态，“文化”既是人所创造的文明成果，又是人自身的进化能力，它既是人的意识活动即“精神”，又是人的行为方式。文化的内涵，被广泛地加以规定，有人甚至提出，人＝动物＋文化，这一定义也为众多学者所接受。

传播活动的本质，是人的精神活动，传播媒介是现代物质运动、制度沿革、意识进化的产物。因此，传播活动是一种文化现象，是最重要的由人类创造力支配的文化现象，是最广泛、最重要、最具文化质态的社会行为之一。媒介文化是人类社会的精神文明和科技手段达到一定阶段的产物。

在媒介文化的构建中，媒介的质态是区别其不同形态的重要标志。据此，我们可以把当代媒介文化分为口传文化、印刷文化和电子文化三类。这三类媒介文化形态，沿着科学技术进步的时序先后进入人们的文化生活，成为文化生活新的方式和新的手段，但它们又同时为人们所享用、所发展。尽管报纸杂志满天飞，电话、电报、电传、电影、电台（广播）、电视、电脑……一切带电的新东西在20世纪接二连三地奔入人们的生活，但口传文化仍是现代人不可缺少的重要文化形态。

在现代社会中，大众传播媒介反映着社会生活的各个领域、各个层面，造成了以传播媒介为中心的一系列文化现象。媒介文化以它强大、广泛而深远的影响力渗透到社会生活的各个领域、各个层面，媒介文化对社会的这种强大影响力表现为：

第一，传播新知识、新观念、新事物，提高受众的文化修养，改善他们的知识水平和知识结构。

第二，促进青少年的社会化，通过寓教于乐的方式把各种公共技能、价值观念、行为准则和道德信仰潜移默化地传递给下一代，使社会遗产世代相传。

第三，塑造媒介人物，授予个人和团体以社会地位和声望。

第四，议程确定，形成舆论热点，参与和引导社会活动。

第五，传播商品文化，促进商品销售，推动社会经济活动的发展。

第六，反映社会变革，加速现代化建设。

二、新闻文化

新闻文化是社会总体文化大系统中的一个亚种，亚系统。它既是媒介文化的内涵，又是媒介文化的外延。说它是媒介文化的内涵，是着眼于文化媒介的形态而言的，因为新闻媒介是现代传播媒介之一。说它是媒介文化的外延，是着眼于文化媒介的特征而言的，因为新闻文化的主要标志是新闻作品，而新闻作品是以其不同于其他媒介作品的特点服务于受众的。

马丁·沃克说过，“一家报纸就是一个国家的文化的一部日记”[①]。新闻文化对于一个国家、一个民族、一个社会的影响力是极其强大的。在西方，有人曾经详细罗列过新闻文化对于人们社会生活的这种巨大影响：

1. 娱乐。
2. 想看到当权人物的升迁或遭贬谪。
3. 欣赏美，如音乐、艺术品、选美等。

① ［美］马丁·沃克：《报纸的力量》，1版，33页，北京，新华出版社，1987。

4. 汲取他人的经验和教训。
5. 满足好奇心和成为消息灵通者。
6. 为了与上帝在一起。
7. 为消闲和消除烦恼。
8. 与他人同欢乐，共悲伤。
9. 在无须顾及法律的情况下，尽情感受爱和恨。
10. 寻求模仿的偶像。
11. 为获得对自我的肯定。
12. 获知世界各地的信息。
13. 坚定我们的正义感。
14. 对浪漫爱情的追求。
15. 相信神圣、魔法和不可思议的奇幻。
16. 想看他人犯错误。
17. 希望看到世界在有秩序地运转。
18. 参与感。
19. 消除不愉快的情感。
20. 在无犯罪负担的环境中，宣泄性的欲望。
21. 没有危险的冒险。
22. 满足对丑的好奇心。
23. 强化道德、精神和文化的价值观。
24. 看坏蛋捣鬼并遭惩罚。[①]

同一般媒介文化比较，新闻文化具有这样几个突出的特点：

第一，强烈的政治色彩。无论哪种制度下的新闻媒介，它所承载的文化形态都有着极其鲜明的政治倾向性。新闻学者梅里尔指出："每一个国家的新闻制度及其理论，是和那个国家基本的政治社会制度以及意识形态相一致的。"[②] 毛泽东指出：新闻工作，要看是政治家办，还是书生办。搞新闻工作，要政治家办报。中国和西方新闻文化都有政治立场，但表现形态又有不同。中国的新闻文化公开申明自己的阶级倾向性，而西方有的传媒却竭力掩盖这种倾向性。江泽民在《关于新闻工作的几个问题》一文中对此有很好的分析：西方国家标榜的"新闻自由"，实质说是资产阶级的新闻自由，是为维护资产阶级利益和资本主义制度服务的。西方国家的法律对新闻活动有许多限制，比如规定不得登载国家军事机密；不得煽动暴动或叛乱；不准危害社会秩序；不得诽谤他人等等。西方国家的新闻事业，

① 参见方延明：《新闻文化外延论》，1版，31页，南京，南京大学出版社，1997。
② ［美］梅里尔：《世界新闻大观》，1版，7页，郑州，河南人民出版社，1988。

不论是由政党、政府主办，还是由私人主办，都有财团或政治集团为背景。新闻从业人员的活动，如果违背了他们所从属的财团或政治集团的意志、利益，就会被解雇。对劳动群众来说，即便法律条文上有创办新闻事业的自由的规定，事实上也是难以实现的。在那里，说到底，是有钱就有自由，没有钱就没有自由，有多少钱就有多少自由。有时报刊上也登载一些资产阶级内部互相攻讦、互相争吵的东西，给人以新闻自由的假相，其实这种自由也不是无限度的，仍然是以不损害资产阶级的根本利益为前提的。对于试图改变资本主义制度的新闻活动，法律从来没有放弃过惩罚。

第二，鲜明的价值判断。新闻文化的价值取向及价值判断，同一般的媒介文化也有所不同。新闻文化高扬真、善、美的价值观念旗帜，或显或隐地抨击假、恶、丑。新闻文化对真实报道的强调，远非一般媒介文化所能相比。美国新闻学者约斯特指出，一切新闻的主要因素是真实，如果一条新闻并不道地真实的话，刊登这条新闻的报纸也就和这个荒谬的报道一样荒谬。西方各国的新闻伦理规范几乎都有相似的确保真实的条文。无产阶级和社会主义新闻媒介上的新闻报道，也都视新闻真实性为生命。毛泽东曾号召，要忠实地报道我们革命工作的事实。周恩来提出：为报道真实新闻而奋斗。新闻文化的这个特点，同口传文化等媒介文化相比，是十分鲜明和突出的。

第三，深刻的哲学思辨。新闻文化要求有很强的宏观意识和思辨精神。现实生活中存在着大量矛盾对立的背反现象，毛泽东指出：

> 总之，我们必须学会全面地看问题，不但要看到事物的正面，也要看到它的反面。在一定的条件下，坏的东西可以引出好的结果，好的东西也可以引出坏的结果。老子在二千多年以前就说过：“祸兮福所倚，福兮祸所伏。”日本打到中国，日本人叫胜利。中国大片土地被侵占，中国人叫失败。但是在中国的失败里面包含着胜利，在日本的胜利里面包含着失败。历史难道不是这样证明了吗?①
>
> 研究问题，忌带主观性、片面性和表面性。所谓主观性，就是不知道客观地看问题，也就是不知道用唯物的观点去看问题。这一点，我在《实践论》一文中已经说过了。所谓片面性，就是不知道全面地看问题。……一句话，不了解矛盾各方的特点。这就叫做片面地看问题。或者叫做只看见局部，不看见全体，只看见树木，不看见森林。……表面性，是对矛盾总体和矛盾各方的特点都不去看，否认深入事物里面精细地研究矛盾特点的必要，仅仅站在那里远远地望一望，粗枝大叶地看到一点矛盾的形相，就想动手去解决矛

① 《毛泽东著作选读》，1版，下册，793～794页，北京，人民出版社，1986。

盾（答复问题、解决纠纷、处理工作、指挥战争）。这样的做法，没有不出乱子的。[1]

而一般的媒介文化，由于不少传播活动是在人际传播中特别是在口传文化中进行的，往往“报道”一面，忽略另一面；注意一个倾向，忘记了另一个倾向；说了成绩不说问题，或者说了问题不说成绩，即“报喜不报忧”或“报忧不报喜”。这种强调一面，不及其余的传播，说明媒介文化重视应用，不过多地考虑全面、平衡。而新闻文化则不同，因为新闻传播的讯息，政治倾向鲜明，对实际工作的指导性强，既要突出重点，又要顾及全面，所以报道者应有深刻的观察与思考能力，能准确地把握全局，照顾方方面面。也就是说，新闻文化比媒介文化更富有深刻的哲学思辨。

第四，特殊的商品性。新闻文化能够满足人们获取新闻信息的需要，这种有用性，加之出版与发行的赢利目的，使新闻文化不可避免地具有商品性。但是，新闻文化的商品性又有自己的独特性，因为新闻传媒的真正价值，主要的不在经济价值，而在社会价值。在追求社会效益的时候，甚至可以少考虑或不考虑经济效益。邓小平指出：“思想文化教育卫生部门，都要以社会效益为一切活动的惟一准则，它们所属的企业也要以社会效益为最高准则。思想文化界要多出好的精神产品，要坚决制止坏产品的生产、进口和流传。”[2] 新闻产业同一般信息产业不同，这一点从根本上决定了新闻文化的商品性，同一般媒介文化的商品性也是有所不同的。

第五，作品的精美性。媒介文化包括口头、印刷、电子等多种物理介质，因此它们赖以存在的媒介，有的精美，有的粗糙。而新闻文化由于全部通过大众传播媒介传播与保存，因此从新闻作品、新闻媒介到新闻语言，都力争实现内容美和形式美的尽可能完美的结合。尽管新闻媒介中最简单的报纸——纸质媒介，被马克思说成是“轻便时装”，报纸上的“轻武器”——消息，被恩格斯说成是“知道多少就报道多少”，都极其朴素，极其简单，但是报纸媒介及其作品还是非常追求精致和完美的，更不用说电子媒介了。《新闻审美》一书的作者曾经用这样华丽的句式说明新闻文化的美：

“二月春风似剪刀”——新闻的审美环境。
“万古长青，只有一真耳”——新闻的真实美。
“力拔山兮气盖世”——新闻的崇高美。
“一枝红杏出墙来”——新闻的典型美。
“笼天地于形内，挫万物于笔端”——新闻的形式美。

---

① 《毛泽东选集》，2版，第一卷，312～313页，北京，人民出版社，1991。
② 《邓小平文选》，1版，第三卷，145页，北京，人民出版社，1993。

“言外之味，弦外之响”——新闻的意境美。

“豪华落尽见真淳”——新闻的质朴美。

“林无静树，川无停流”——新闻的流变美。

“以少总多，情貌无遗”——新闻的文约美。

“清冰一片光照人”——新闻的主题美。

“回眸一笑百媚生”——新闻的标题美。①

作者的这些分析也许有一些夸张，但从总体上说，新闻在形态上总是比一般媒介上的信息形态要华美，这是新闻文化的一个鲜明的特点。

以上的分析表明，新闻文化虽是媒介文化的一种，但新闻文化是媒介文化中的一枝奇葩，它比一般的媒介文化成熟、完美、实用，因而也更具有文化价值。

第五节 新媒介时代的媒介融合

一、数字技术催生媒介融合

早在1978年，美国教授尼葛洛庞帝就在《数字化生存》一书中预示了新媒介时代必将出现“媒介融合”的景象。进入新世纪以后，“媒介融合”现象已先后在西方和东方不少国家出现，成为新闻传媒业全球发展的普遍趋势。“媒介融合”作为一种新的新闻传播学概念，已为新闻业界和学界普遍接受。

所谓“媒介融合”，是指在新媒介条件下，各种介质的媒介——印刷的、音频的、视频的——利用数字技术和网络技术传播，实现传播技术、手段、渠道的汇聚和交融，在这共同的平台和终端上，将同一或相近的信息内容向不同介质的媒介发送，最终实现媒介互动和资源共享。因此可以说，正是数字技术，催生了媒介融合。

有研究者将中国的媒介融合分为组织融合、资本融合、传播手段融合和媒介形态融合四种模式。组织融合是指依靠外部的力量如行政力量，使媒介机构结合成一个媒介共同体，成立单一介质的传媒集团，如报业集团、广电集团、出版集团等。资本融合指有实力的媒介集团在资本市场上收购其他媒介机构或媒介集团，或者两个或多个媒介机构通过资本市场合并重组。传播手段融合指大型传媒集团不同介质的媒介传播手段（如广播、电视、报纸、杂志、网络等）在一个大平台上进行整合，实施这些媒介之间的内容相互推销和资源共享。业界常称之为跨媒介发展，或叫“全媒体”、“大媒体”。媒介形态融合指随着数字技术的发展，产生一种新的媒介，可以融合几种乃至全部媒介的优点，在这新的终端上实现广播、

① 参见杨健：《新闻审美》，1版，1～3页，北京，新华出版社，1999。

电视、报纸、杂志、网络等内容的共享。随着移动数据业务的普及及数字电视技术的迅速发展，加上本身承载的摄像、音乐播放、短信、彩信等技术，手机正在从众多的媒介形态中脱颖而出，逐步承担起媒介诸种介质形态融合的功能。这位研究者认为，随着我国“三网合一”的推进和自身功能的完善，手机将不再是报纸（所谓手机报）、广播（所谓手机广播）、电视（所谓手机电视）的简单延伸，而是各种传统媒介形态在无线移动网络环境下的一种全新整合，它融合了大众传播媒介和人际传播、单向传播和双向传播、一对一和一对多、多对多等各种形式，形成一种相对广泛、复杂的传播网络。①

尼葛洛庞帝和国外学者所谓的“媒介融合”，主要指传播手段融合和媒介形态融合，由于我国传媒长期以来自身承担的特殊使命和“条块分割”的管理现状，组织融合和资本融合是数字技术得以发挥功用的必要前提。因此，从这四个方面来考察、分析我国的媒介融合进程和特征，是比较全面和可行的做法，由此得出的结论，也是比较可靠和合理的。

二、媒介融合和融合新闻

“融合新闻”也叫“多样化新闻”，指记者采写同一事实的新闻，可供融合在同一媒介集团的各种介质的媒介——报纸、杂志、广播、电视、网络使用。显然，“融合新闻”的前提和基础是媒介融合。有研究者指出，“融合新闻”使当前的新闻传播活动正在发生巨大的变化：第一，新闻信源结构与新闻传播主体有了很大变化。第二，新闻媒介机构和新闻信息生产流程有了很大变化。第三，新闻媒介性能和新闻传播方式有了很大变化。

融合新闻是媒介融合的必然要求和必然结果。既然报纸、杂志、广播、电视、网站出于共同的利益诉求和借助数字技术汇聚成媒介集团，那就没有必要这些媒介为采写同一新闻而各自派出记者分头行事——还像过去那样。这些媒介应该而且可能派出一两个记者去采写新闻，问题是记者在采写新闻时必须满足所有融合成集团的不同介质的媒介对这一新闻的不同要求，也就是说记者提供的新闻不能是“通稿”，而必须分别适用于报纸、杂志、广播、电视和网站的需要。这里所谓的“适用”，不仅指在传播方式上符合这些介质的媒介的需求，而且在信息内容的取舍上也能符合这些介质的媒介订户的需求——即适用于不同媒介的受众的不同需求和不同口味。

融合新闻不仅能满足不同介质媒介的多样化需求，而且它本身还有着两个不可忽视的重要特点，一是它的图文化和视听化。新闻中必须含有图片、表格等供

---

① 参见桑翔：《中国媒介融合的进程和模式研究》，见《新闻论文选——新闻记者增刊》第十五辑，47～50页。

刊登和视频的内容，又含有可听可闻可供音频的内容。二是传播主体的多样化，除传媒机构的记者编辑之外，还有非传媒机构的人员如上网者和手机用户参与。此外，过去传媒机构的独立引导现在必须顾及自己的引导与非传媒机构人员自主表达的平衡。这样，融合新闻的生产流程和生产主体必须实行不同于原本单一的、传统的媒介生产流程的调整改革。

三、媒介融合的推进与引领

在中国，“媒介融合”走过了渠道融合——内容融合——媒介全面融合的道路，经历了报网合——多媒体发展——三网合一到全媒体数字平台的循序渐进的融合路径。经历这些道路和路径的过程中，既有行政力量的促进，科研手段的推进，又有媒介与技术部门不同利益诉求的驱动，还有经济体制与政治体制改革大局下新闻传播改革的深化。这其中，打破条块分割的旧体制的限制，破除原有的利益配置格局，实现跨媒体、跨行业、跨地域的媒介融合，不能不说是一场体制的重大调整和伟大变革。

在媒介融合创新和融合新闻创新过程中，过去长期形成的由职业传播工作者垄断新闻媒介行业的传统和格局，改为由职业传播工作者与社会公众共享新闻信息资源，共同参与新闻内容生产和社会舆论引导，这对于新闻信息资源的重新配置、新闻内容生产与社会舆论引导的重新组织、调节新闻内容生产与新闻传播活动权利义务法治原则的重新思考，无疑是严峻的挑战。

媒介融合语境下新闻传播学的学科建设、职业新闻传播工作者的培育、全社会新闻传播素质教育，也面临着一系列新的思考、调整与加强。

在国家进一步改革开放和数字技术不断发展的新时代，媒介融合的推进与引领，无论对新闻传播业界还是新闻传播学界，这一系列新课题等待着我们去深入研究和积极探索。

思考题

1. 传播媒介的划分。
2. 传播媒介和新闻传播媒介的衍进。
3. 报纸、期刊、广播、电视的特点。
4. 新媒介的特点。
5. 新闻传播媒介的功能。
6. 媒介文化对社会的影响。
7. 新闻文化的特点。
8. 新媒体时代的媒介融合。

第七章

新闻传播事业

CHAPTER 7

信息总是沿着含有“门区”的某些渠道流动，在那里，或者根据公正无私的规定，或者根据“守门人”的个人意见，就信息或商品是否被允许进入渠道或继续在渠道里流动作出决定。

——卢因

某以为报馆有两大天职：一曰，对于政府而为其监督者；二曰，对于国民而为其向导者是也。

——梁启超

在当代社会，新闻传播媒介是按照一定的结构、功能和规则联合而成的一种机构、一种组织、一种事业。营造和结合成事业的新闻媒介群体，其性质和功能就大为改变和大为加强了。现代新闻传播事业在社会结构中，既是最具规模、最有实力的信息产业，又是最有影响、最具威力的社会舆论机关。

第一节　媒介组织和新闻传播事业

一、媒介机构、媒介组织和新闻传播事业

机构、组织、事业这三个词，都是有着广泛意义的概

念。它们之间，既有联系，又有区别。

在中国辞书上，“机构”包括两种含义，一是指机关、团体或其他工作单位；二是指机关、团体或这些工作单位的内部结构。

“组织”，同样包括两种含义，一是指按照一定的宗旨和系统建立起来的集体；二是指把分散的个体联合起来，使之具有系统性和完整性。

“事业”，也包括两种含义，一是指人所从事的，具有一定目标、规模和系统而对社会发展有影响的经常活动；二是指没有生产收入、由国家经费开支、不进行经济核算的非企业单位。

新闻传播媒介都具有相近的基本结构。一般媒介的基本结构为：

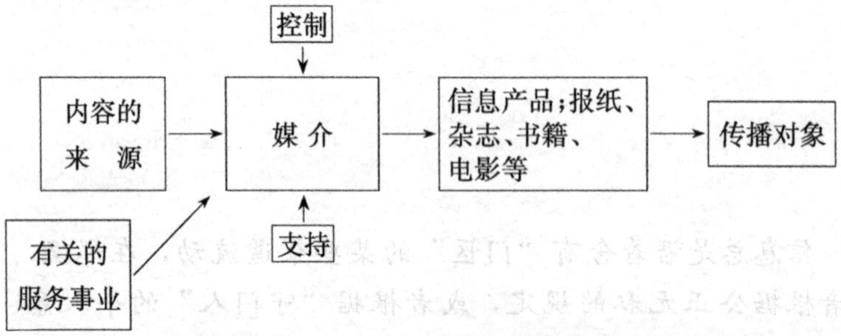

新闻传播媒介的结构如上述图表所示，同一般大众传播媒介一样，它们都存在于传播活动各要素的联系之中，形成的媒介结构有这样的特点：有稳定的信息来源和大致稳定的传播对象，传播运作有一定的监控又有相当的自主性，媒介有稳定的信息产品以源源不断地供给传播对象，媒介（实际是传播者）与传播对象有双向互动关系，在传播活动中他律与自律都比较活跃。凡是存在这些要素、机制等结构的新闻传播媒介，就是媒介机构。它在社会结构中，是以独立的媒介个体的形式存在和运作的。

把这些能够自由运作，并具有相同介质、结构、宗旨与功能的媒介联合起来，结成一个系统，一个团体，就是媒介组织。如报业组织，报业托拉斯，广播网，电视网。随着不同介质的媒介机构的融合，现在只要具有共同宗旨的媒介机构也开始结合成媒介组织。西方国家，跨地区跨媒介机构的媒介组织越来越多。我国一些报业集团和大的广播电视组织，也开始经营其他的媒介机构。

新闻传播事业的概念更加宽泛。简言之，新闻传播事业是指各种新闻传播机构及其各项信息传播活动和经营管理活动的总称。详言之，新闻传播事业是人们通过新闻传播机构所进行的传播新闻、引导舆论和经营管理的经常性的社会活动。新闻传播事业是一个非常庞杂的概念，它是各种新闻媒介机构、新闻媒介组织及其各种经常性业务活动的总称。用图表示，它同媒介组织、媒介机构的关系是：

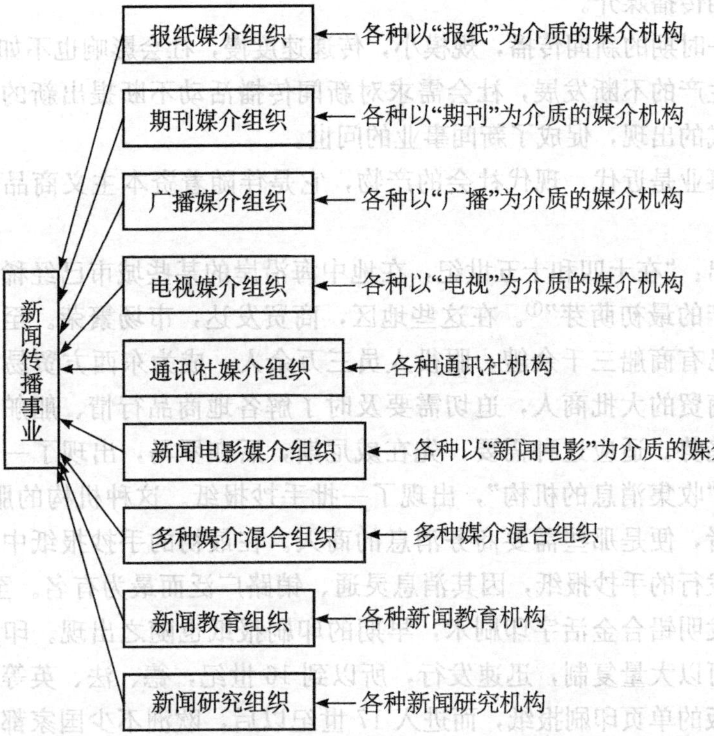

在现代社会架构中，新闻传播事业以它所构成的强大的报纸媒介组织、期刊媒介组织、广播媒介组织、电视媒介组织、通讯社媒介组织、新闻电影媒介组织、多种媒介混合组织、新闻教育组织、新闻研究组织，各组织又以其所构成的成千上万的媒介机构（如各种报纸、期刊、广播、电视、通讯社、新闻电影、电子网络、新闻院校、新闻研究所等），形成社会新闻传播网络，最终构成众多的以传播新闻、引导舆论、经营管理为活动内容的企业与事业，同文化事业、卫生事业、教育事业等企事业相并列，成为社会上层建筑中不可缺少的一个强大方阵，意识形态领域里一个最有战斗力的团队。

二、新闻传播事业的形成

从原始人以口耳相传的新闻传播方式起步，到现代第一张报纸问世，其间经历了漫长的岁月。这个阶段称之为早期新闻传播时期。这一时期的新闻传播活动，同现代相比，有如下特点：

第一，这一时期的新闻传播，一般不经过专门的媒介机构，这是因为，古代社会既没有产生过以收集和公开发布新闻信息为职业的媒介机构，新闻传播活动也没有形成大规模、经常性的社会活动，只是一般的人际传播或群体传播。

第二，这一时期的新闻传播，基本上是一种有明确而具体对象的定向传播，而没有面向整个社会的无定向的大众传播。所谓古代报刊，只是现代报刊的雏形，而不是现代新闻传播媒介。

第三，这一时期的新闻传播，规模小，传递速度慢，社会影响也不如现在大。

随着社会生产的不断发展，社会需求对新闻传播活动不断提出新的要求。资本主义生产方式的出现，促成了新闻事业的问世。

新闻传播事业是近代、现代社会的产物，它是伴随着资本主义商品经济的兴起而产生的。

马克思指出："在十四和十五世纪，在地中海沿岸的某些城市已经稀疏地出现了资本主义生产的最初萌芽"①。在这些地区，商贸发达，市场繁荣。至14世纪，威尼斯城等地已有商船三千余艘，服役人员三万余人，成为东西方贸易活动的中心枢纽。从事商贸的大批商人，迫切需要及时了解各地商品行情、船舶班期、道路状况和天气趋势。适应这种需要，先在威尼斯，后在罗马，出现了一种由"采访者"组成的"收集消息的机构"，出现了一批手抄报纸。这种机构的服务对象，手抄报纸的读者，便是那些需要商务消息的商人。在最初的手抄报纸中，由富格尔金融贸易所发行的手抄报纸，因其消息灵通、销路广泛而最为有名。至15世纪中叶，古登堡发明铅合金活字印刷术，早期的印刷报纸也随之出现。印刷报纸比之手抄报纸，可以大量复制，迅速发行，所以到16世纪，德、法、英等国先后出现了不定期出版的单页印刷报纸，而进入17世纪以后，欧洲不少国家都有了经常出版的报纸，现代报业——新闻传播事业产生了。

报业在发展的过程中，不仅经历了由手抄到印刷、由单页张到双页张以至多页张、由不定期到定期以至周报、日报等形式上的演革和进化，而且由于报纸本身所具有的可以经常而广泛地影响社会舆论的特点，逐渐被不同的阶级用作进行思想交锋和舆论斗争的工具。在这种情况下，报纸的性质也随之有了变化，报纸由主要满足社会经济生活需求的工具，变为具有包括在思想舆论战线有所作为的多功能的大众传播媒介。

考察报纸发展的历史，我们可以从中揭示出新闻传播事业产生的一般规律：新闻传播事业是在社会生产方式发展到一定阶段，适应一定社会的需要而产生的。报纸，正是适应了资本主义商品经济出现后社会对新闻的大量需求而问世的。

资本主义商品经济出现之后，社会发生了翻天覆地的变化。在这个社会中，社会规模扩大了，社会变动急速加剧，生产的社会化使人们之间的联系和依赖加强了，不断造成社会对新闻的广泛、及时的需求。古代社会那种狭小的新闻传播活动规模和迟缓的传递速度，再不能适应新的变化和新的需要，于是，报纸的问世成了社会的必然要求。

资本主义商品经济不仅使报纸的产生具有社会需要的动因，而且还为报纸的

① 《资本论》，1版，第一卷，784页，北京，人民出版社，1975。

产生准备了全部物质条件。人口的集中，大城市的出现，各类学校的兴起，以及交通、通讯、印刷和造纸业的迅速发展，为报纸的创办提供了完备的物质基础。

随着社会生产力的日益发展和社会需求的不断产生，新闻传播事业已由最初只有报纸这个单一的传播媒介发展到今天报纸、新闻性期刊、通讯社、广播、电视和新闻影片等多种媒介并存的局面。各种介质的媒介机构、媒介组织又进一步兼并融合成报业集团和广播电视网。在新的科学技术条件下，一批像网络和手机等新兴媒体正在日新月异地发展起来。在今天，完整的新闻传播事业除了新闻媒介机构以外，还包括新闻教育机构、新闻研究机构和新闻传播者团体等。

由此我们可以得出这样的结论：新闻传播事业——以报纸为例，它的产生和发展必须具备两方面的动因和条件，第一，具备必要的物质条件；第二，具备一定的社会需求即社会条件。其中，物质条件是新闻传播事业产生和发展的基础，是最根本的条件。没有文字、纸张和书写工具，便不会有手抄新闻；没有印刷技术和印刷机械，不会有印刷新闻。同样，如果没有无线电技术和电子设备，也不会有电子新闻。诚如马克思所言，既然已经证明，一定的现象必然由当时存在的关系所引起，那就不难确定，在何种外在条件下这种现象会真正产生，在何种外在条件下即使需要它，它也不能产生。这几乎同化学家能够确定在何种外在条件下具有亲和力的物质化合成化合物一样，是可以确确实实地确定下来的。第二个条件即社会条件，则是新闻传播事业产生和发展的重要条件，这个条件也是不可缺少的。在资本主义社会之前的几种社会形态中，人们的横向交流和纵向交流不多。即使在封建社会，有关当局开始注意了解较大范围内的动向，但是新闻传播活动的广度和深度仍然是相当有限的。只是到了近代，资本主义纪元开始之后，全社会在逐渐成为一部协调运转的大机器，横向交流和纵向交流不可缺少且日趋频繁，新闻传播事业才能在强烈的社会需求的有力推动下，凭借近代生产力提供的物质条件应运而生。

从新闻传播事业的产生——仍以报纸为例，我们还可以得到这样的结论：物质条件——物质生产力和文化技术发展水平，主要决定新闻传播事业的形式，或报刊，或广播，或电视；而社会对新闻的需求即社会条件，则决定了新闻传播事业的内容，决定报道什么，为什么阶级服务，因而每个时期的新闻传播事业，每个阶级所掌握的新闻传播事业，总是这个时期和这个阶级的思想意识的反映，它们无不表现一定的社会内容和阶级意志。

新闻传播事业产生和发展动因的分析，给我们什么启示呢？

首先，它告诉我们，要推动新闻传播事业的发展，就要大力发展生产力，建设强有力的物质基础。不能离开生产力的实际发展水平去追求和规划新闻传播事业的发展，也不能把新闻传播事业的产生和发展单纯看成是阶级斗争的产物。要在社会政治、经济、科学、文化等环境中去综合探讨新闻传播事业演变发展的基本规律，这是在新闻传播事业研究中坚持唯物辩证法的基本要求。

其次，研究新闻传播事业产生发展的动因，既要看到物质条件的重要，又要看到社会条件的作用，因为后者决定着新闻传播事业的内容，集中体现着作为一种社会文化现象的新闻传播事业的种种规律。新闻传播事业的发展史表明，在阶级社会里，新闻传播事业总是面向社会的阶级的事业，各个阶级总是千方百计地要掌握它、利用它，为此无不制定专门的新闻政策和新闻法规，实行相应的新闻自由，使之成为自己的耳目和喉舌，完成特定的社会使命和阶级使命。

第二节 新闻传播事业的性质

一、考察新闻传播事业性质的视角

视角，指观察问题与事物的角度。如何认识新闻传播事业的性质？可以有不同的视角。

（一）哲学视角

运用辩证唯物主义和历史唯物主义的方法，考察和认识新闻传播事业的性质，可以发现：新闻传播事业属于观念形态即社会意识形态。马克思主义哲学指出，一切观念形态的东西，既不能从它们的本身来理解，也不能从所谓人类精神的一般发展来理解，相反，它们根源于物质的生活关系。按照这一方法，马克思提出了对社会结构的认识："人们在自己生活的社会生产中发生一定的、必然的、不以他们的意志为转移的关系，即同他们的物质生产力的一定发展阶段相适合的生产关系。这些生产关系的总和构成社会的经济结构，即有法律的和政治的上层建筑竖立其上并有一定的社会意识形式与之相适应的现实基础。"①

运用马克思主义哲学的这一方法，我们可以确认新闻传播事业在社会活动中的方位。新闻传播事业不是经济基础，虽然它有一定的经济活动和经济行为，但从本质上看，从主体部分看，它属于上层建筑，它由社会的经济基础所决定，反映并服务于这一经济基础。毛泽东据此对社会主义国家和资本主义国家的报纸的性质作过这样深刻的分析："在社会主义国家，报纸是社会主义经济即在公有制基础上的计划经济通过新闻手段的反映，和资本主义国家报纸是无政府状态的和集团竞争的经济通过新闻手段的反映不相同。"②

毛泽东的这一分析，揭示了当代社会一切新闻传播事业对社会经济基础的依赖性与能动性。

---

① 《马克思恩格斯选集》，2版，第2卷，32页，北京，人民出版社，1995。

② 毛泽东：《文汇报在一个时间内的资产阶级方向》，载《人民日报》，1957-06-14。

（二）政治学视角

政治学常识告诉我们，统治阶级的思想在每一时代都是占统治地位的思想，这是因为，一个阶级是社会上占统治地位的物质力量，同时也是这个社会上占统治地位的精神力量。支配着物质生产资料的阶级，同时也支配着精神生产的资料。因此，那些没有生产资料的人的思想，一般地是受统治阶级支配的。对此，马克思和恩格斯曾有深刻的揭示。他们说："占统治地位的思想不过是占统治地位的物质关系在观念上的表现，不过是以思想的形式表现出来的占统治地位的物质关系；因而，这就是那些使某一个阶级成为统治阶级的关系在观念上的表现，因而这也就是这个阶级的统治的思想。"①

从政治学的这一视角考察新闻传播事业，我们发现，在阶级社会里，在物质上占据着物质生产资料——比如土地，矿产，森林，机器等——的阶级，由于其便利地位，再加上实行统治和追求利润的需要，往往同时也占据着进行精神生产的资料——比如报业，广播电视业等。这种情况下，他们所从事的这种精神生产及其产品的社会属性，也就由此而决定了。人们所指出的新闻传播事业是阶级的舆论工具的看法，正是从这种政治学视角进行考察的结果。马克思主义经典作家把新闻媒介看成是武器、旗帜、阵地，都是从这一视角进行考察而得出的结论。

（三）经济学视角

新闻传播媒介，是由组织成新闻传播机构的人们将观念形态进行物化即新闻生产的产品，其中包含着新闻传播者等人的劳动与价值。从这个意义上可以说，新闻是一种商品，或者说新闻具有商品的属性；报纸等新闻传播媒介也是一种商品，或者说是一种特殊的商品。这种从新闻及媒介的生产流通消费，从新闻传播事业的所有权及经营权考察新闻传播事业性质的视角，是一种经济学的视角。西方国家将新闻传播事业视为企业与产业。列宁指出，正是资产阶级使报纸变成了资本主义企业。马克思和恩格斯称《新莱茵报》为"我们的企业"。中国自改革开放以来，对报纸经营方针的指导思想是"事业性质，企业经营"，对原有的认识有所突破。由此可见，如果从经济学视角考察，新闻传播事业也可以说是一种企业，一种产业。

（四）文化学视角

文化是由一系列文化特质体系构成的。从文化学视角考察，新闻传播事业是社会大文化的亚种，是大文化系统下的子系统。如果说，文化是由物质文化、制度文化和意识文化构成的话，那么对新闻传播事业进行文化构成的解析，也可以将其细化为这三个部分。新闻传播事业的物质文化构成，即新闻信息符号化与物态化过程。从这个角度看，新闻传播事业的生产同一般物质资料的生产有不少共

① 《马克思恩格斯选集》，2版，第1卷，98页，北京，人民出版社，1995。

通之处。新闻传播事业的内部管理体制与外部被管理体制，是制度文化的一部分，其中的政治文化特色尤其明显。从意识文化考察，记者的采写，编辑的制作，播音员与主持人的播出，其精神文化即意识文化的属性清晰可见。因此，如果从文化学视角考察新闻传播事业，那么，新闻传播现象是地道的文化现象，新闻传播事业是完全的文化事业。

下面，我们将主要从哲学和政治学的视角，考察新闻传播事业的性质。

二、新闻传播事业的性质

在庞大的社会结构中，新闻传播事业属于上层建筑范畴。它是一定社会的经济基础的产物，是人们物质的生活关系的反映。历史唯物主义认为，上层建筑是由经济基础决定的，它又反作用于经济基础，即为这个经济基础服务。这个基本原理，决定与制约着新闻传播事业的性质。

在阶级社会里，经济基础又表现为阶级关系。在阶级社会里，经济上占有生产资料的阶级，既是政治上的统治阶级，又是思想文化上的支配者。这些阶级既可以利用手中的物质生产资料来建立国家组织和确立政治法律制度，实施经济建设，又可以利用手中占有的精神生产资料，来进行精神产品的生产，用报刊、广播电视节目来传播本阶级的思想意识，贯彻本阶级的意志。因此，在阶级社会里，新闻传播事业是用新闻手段反映一定社会的经济基础的产物，它同其他上层建筑一样，具有鲜明的阶级性。

因此，对于新闻传播事业的性质，可以这样表述：新闻传播事业是以新闻手段为一定社会的经济基础服务的新闻舆论机构，它以传播新闻和引导舆论为其经常性的社会活动。在阶级社会中，新闻传播事业总是一定阶级的新闻舆论工具。

新闻传播事业的这种性质，我们可以从这样三个层次渐次认识：

首先，新闻传播事业是一种上层建筑，上层建筑具有的特点，新闻传播事业也都具有。其中最主要的一点，是在阶级社会里新闻传播事业的阶级性。所以，人们把新闻传播事业的性质规定为“阶级舆论工具”。这是因为，新闻传播事业从资本主义社会产生以来，不管在资本主义社会还是在社会主义社会，无不表现出这样一个鲜明的特性：为不同阶级所掌握的新闻传播事业，总是站在本阶级的立场上，按照本阶级的政治路线、思想观点和新闻政策去观察世界，报道新闻和进行宣传，以形成有利于本阶级的舆论。在阶级消灭之前，这是一切新闻传播事业的共同性质。

其次，新闻传播事业在上层建筑中，属于思想上层建筑（即意识形态领域），它不同于军队、法庭、警察等政治上层建筑（即国家机器）。马克思指出，“批判的武器”是不能代替“武器的批判”的。新闻传播事业作为“批判的武器”，无法代替国家机器，它是观念形态的东西，不是暴力机关。对于广大的新闻传播受众来说，新闻传播事业没有强制作用。过去有人提出用新闻传播事业来搞“全面的思想专政”，也有人简单地把新闻传播事业视为“阶级斗争的工具”，把报刊、广播和电视当成类似法庭、军队的专政工具，实践已经证明，这些论述不仅在理论上是极其荒谬的，对社会生活、特别对新闻传播事业的破坏也是十分严重的。

再次，在思想上层建筑的各种形式中——哲学、文学、艺术、道德、宗教、政治学说和法律学说等等——新闻传播事业作为一种独立的意识形态，又有着自己的特点。具体说，这些特点表现为：

第一，新闻传播事业比哲学、文学、艺术等更接近政治，因为它直接宣传和维护一定阶级的政治路线，为一定阶级夺取政权、巩固和发展政权服务，对经济基础和社会生活的反作用十分明显。同时，新闻传播事业又综合反映哲学、文学、艺术、宗教、道德、政治和法律观点等各方面的情况和问题，依据本阶级的利益发表各种意见，按照自己的世界观去影响受众的思想，引导社会舆论。可见，同哲学、文学等思想上层建筑形式相比，新闻传播事业具有更为强烈的政治性。

第二，新闻传播事业对群众的辐射面大，传播速度快，对社会生活的影响力强。这方面的社会功能，远在其他上层建筑形式之上。目前世界上的报纸在5.3万种以上，网民达3.84亿，期发数在83亿份以上，据最近调查，中国的广播听众有7亿以上，电视观众在9亿以上。试问：哪本哲学书和哪本小说，能有如此广泛的受众？大洋彼岸的新闻，南极大陆的信息，几秒钟后即可传遍全球，除新闻传播事业之外，哪一种思想上层建筑形式能够做到这么快捷？从总统首相到黎民百姓，又有哪一个人脱离得了新闻传播事业的影响，不和报刊、广播、电视、互联网和手机这些新闻传播媒介发生联系？

第三，新闻传播事业同其他思想上层建筑形式相比，还有一个不同的地方，即：新闻传播事业主要运用新闻手段反映社会生活，为社会生活服务。所谓新闻手段，是指新闻、评论、图片等新闻文体和编排方法及传播形式的总称。新闻手段是新闻传播事业报道新闻、引导舆论的重要方法。这种方法的主要特征是：报道事实，用事实表达无形的意见，即“用事实说话”。这也是新闻手段的核心所在。一般说，新闻传播者在报道新闻时，通常只是朴素地叙述事实，向公众客观地陈述，而实际上，他却通过这种对事实的选择和对事实的客观陈述，巧妙地渗透着、表达着自己的思想、感情，体现着一定的立场和倾向。我们看一个新闻传播者（比如记者）是不是高明，主要就是看他是否善于在内容上表达自己的意见，而在形式上隐藏自己的意见，使受传者在收受新闻、感知事实的同时，不知不觉地也接受了传播者所传递的观点和意见，这就是人们所谓的“潜移默化”、“形象化引导”的作用。这种新闻手段所具有的特殊作用，是新闻传播事业所特有的。

正因为新闻传播事业具有上述诸项特点，我们可以得出这样的结论：新闻传播事业是运用新闻手段反映一定社会的经济基础的产物，在阶级社会里，它是阶级的、有力的舆论工具。

三、新闻传播事业的阶级性和舆论性

在阶级社会中，新闻传播事业具有鲜明的阶级性。这种阶级性，可由新闻传播事业的所有权和经营权加以说明。一定阶级所创办和掌握的新闻传播事业，总是依据这一阶级的特定利益和意志运行的，并以此显示其特定的阶级性。

新闻传播事业的阶级性，有其特殊的表现形态。

第一，通过对新闻事实的取或舍、新闻报道的详或略、报道时机的抢或压，甚至所报道的新闻的真与假来体现。

第二，通过对新闻事实的评价，赞成或反对、提倡或贬斥、肯定或否定、颂扬或抨击来体现。

在不同社会制度下的新闻传播事业，都是这样，通过对新闻事实、新闻报道和新闻评论的不同处理，通过对新闻事实的不同的解释和评价，体现出自己的一定的阶级倾向性。不管人们公开承认还是竭力掩盖新闻传播事业的阶级性，只要是在阶级社会里，它总是一种客观存在，是现代和当代新闻传播事业的一个基本属性。

当然，我们所强调的新闻传播事业的阶级性，以及由阶级性所决定的新闻报道的倾向性，指的是新闻传播媒介的总体新闻报道和宣传内容，而不能因此认为，凡是新闻都有阶级性，不同阶级的新闻传播事业对任何事实都不可能有相同或相近的报道。在新闻传播活动中，有些新闻事实本身包含有对某个阶级有利或对某个阶级不利的政治内容，或与一些阶级的利害有较密切的关系，反映这类事实的新闻，阶级倾向性就较为明显；有些事实并不直接涉及阶级的利害关系，反映这类事实的新闻，则不一定含有什么阶级倾向性。否认新闻传播事业的阶级性和片面夸大新闻传播事业的阶级性的观点都是不符合实际的。在阶级社会中，新闻传播事业无一例外都是有阶级性的，而对某一条具体的新闻报道来说，则应作具体的分析。

新闻传播事业作为一种阶级的舆论工具，不仅有阶级性，而且有舆论性。在阶级社会中，舆论是经济地位和社会地位相同或相近的人们对一件事情的一致态度。新闻传播事业面向社会公众，把人们的呼声反映出来，并依据这些呼声发表意见，成为一定社会舆论的反映者和表达者，因而新闻传播事业是一种舆论工具，具有舆论性。

社会公众中有各种各样的舆论。新闻传播事业通过自己的新闻报道和新闻评论，对公众中分散的、无组织的舆论，根据某种需要进行选择和梳理，公开发表，使之成为集中的、有组织的舆论，这种舆论即为新闻舆论，同新闻传播媒介的立场和利害关系大致上是一致的。新闻舆论比之分散的、无组织的、通常自生自灭的舆论来，影响广泛深刻，覆盖面大，常常显示出巨大的力量。新闻传播事业的这种引导舆论、影响舆论的巨大作用，使它成为一种重要的思想武器。

每一种新闻传播事业，每一种新闻传播媒介，每一个新闻传播者，都应把实现新闻舆论的引导作用看做重要的社会使命。因此，新闻传播者要广泛考察舆论动向，把握社情民意，正确分析利弊，及时以正确舆论克服错误、消极舆论，热情地、负责地做好引导社会舆论的工作。

阶级性和舆论性是新闻传播事业最基本的两种特性。因此，我们把阶级社会中的新闻传播事业，称之为阶级舆论工具。认识这两种特性，有助于我们更加深刻地认识新闻传播事业的性质。

第三节 新闻传播事业的功能

一、新闻的功能

功能、职能、使命，是讨论新闻传播事业的社会作用时经常使用的三个概念。实际上，这三个词所表达的意义有些许不同，有仔细区别的必要。

功能：事物或方法所发挥的有利的作用。

职能：事物、机构应有的作用。

使命：派人办事的命令，多比喻重大的责任。

显然，功能一词较其他两词能够更恰当地表达新闻传播事业的社会作用，它既表示出新闻传播事业应该发挥的作用，也表示出它所能够发挥的作用。

新闻作为新近发生的事实的报道，其主要功能是信息功能，即通过新闻报道传递信息，交流情况。除此之外，新闻还有一定的宣传、教育、服务的功能，如通过某一新闻报道传递宣传信息，新闻报道的事实具有教育人和启迪心扉的作用，新闻本身提供了某种服务，如书讯、价格、出售地点、车船时刻等。

二、新闻传播事业的功能

新闻传播事业是由一定社会的经济基础决定的，又反作用于经济基础，这种“反作用”，就是新闻传播事业的社会功能。

新闻传播事业的社会功能指的是：新闻传播事业对社会所能发挥的有利的作用，所能实现的效能。新闻传播事业的社会功能一般有：报道新闻，引导舆论，服务社会，传授知识，提供娱乐，刊载广告。

报道新闻是新闻传播事业基本的功能。人类在自己的生存和发展中，需要及时了解周围世界的变动。早在新闻传播事业产生以前，就开始了传播和收受新闻的活动。新闻传播事业问世以后，使新闻传播成为有目的、有系统、有组织、有相当数量的专业人员、有日益完备的设施的大规模的社会性活动。新闻传播事业的最主要的功能，就是组织广泛而精干的新闻传播队伍，以高度的新闻敏感，捕捉事实变动的信息，及时迅速地向社会作出真实、全面、负责的报道。

报道新闻既是新闻传播事业的基本社会功能，又是新闻传播事业其他社会功能得以实现的基础。各项功能的实现，都离不开新闻报道这个最基本的功能。拿引导舆论来说，新闻传播者固然可以通过新闻评论、一般文章甚至副刊上的其他非新闻体裁来影响和引导舆论，但主要还是通过大量的事实报道来反复宣传某种思想观点，倡导某种行为规范，抨击和反对相反的思想观点与行为规范，从而达到既定目的。所以说，报道新闻对新闻传播事业来说是首要的、基本的社会功能，抹杀和否认这一功能，就是取消了新闻传播事业本身。

新闻传播事业的第二个社会功能是反映、影响和组织舆论，即引导舆论、传递观念和意见。舆论是经济地位和社会地位相同或相近的人们对某一种事件的一致态度。舆论反映了人心的向背，马克思把舆论看做是一种普遍的、隐蔽的和强制的力量。在复杂的社会控制系统中，舆论是不可缺少的一个环节。新闻传播事业反映舆论，就是反映群众的情绪和意向。新闻机构在报道新闻、传递信息的同时，也表达了群众对事件的议论，对是非的评判。受传者从新闻报道中可以看出社会舆论拥护什么，反对什么；赞成什么，抵制什么。这种反映，一般说是比较客观的、公正的，当然，新闻传播者又总是有所选择的。他们通过对舆论有选择地反映，起到对自发舆论的集中、放大和强化，使之成为社会舆论的作用，这就是所谓的组织舆论。对于那些他们所不赞成、所反对的舆论，则给予驳斥、抨击，并以他们所赞成、所支持的舆论取而代之，这就是影响舆论。组织舆论和影响舆论不等于制造舆论，制造舆论是无中生有，毫无根据地大肆渲染，人为地制造宣传强势；而组织舆论是扶弱为强，扶小为大，因势利导，是对客观存在的舆论的反映和强化。

新闻传播事业实现引导舆论的功能时，应注意广泛地反映各个阶层群众的情绪和意向，积极表达他们对事件的议论和对是非的评判，要通过群众的褒贬和扬抑，根据本阶级本政党的意志，影响和引导社会舆论。

宣传活动也是新闻传播事业影响、引导舆论的重要内容，但必须按新闻传播规律进行。新闻传播事业进行宣传，可以与一般的宣传形式和方法一样，比如刊登宣传口号和标语，阐述路线、方针和政策，但这些不应成为新闻传播事业进行宣传活动的主要形式和方法。新闻传播事业进行宣传，必须结合新闻传播活动的特点，避免空洞的说教和单一的宣讲，这样，才能做到“摆事实，讲道理”，收到有吸引力、有说服力的宣传效果，正确和有力地引导舆论。

新闻传播事业的第三个社会功能是服务社会、指导生活。新闻传播事业能够为社会、为公众提供多方面的服务，对实际工作和新闻受传者的思想、学习、生活起到良好的指导作用。

监督环境、监督政府是新闻传播事业服务社会的最重要的内容。马克思说过："报刊按其使命来说，是社会的捍卫者，是针对当权者的孜孜不倦的揭露者，是无处不在的耳目，是热情维护自己自由的人民精神的千呼万应的喉舌。"[①] 传播学者施拉姆指出，新闻传播事业的一种最普通的功能便是监督政府的功能。梁启超也说过，报纸的功能之一就是监督政府。新闻传播事业每天通过大量的关于政府和政府工作人员行政行为和个人品质的公开报道，对政府和工作人员的缺点错误的揭露批评，刊载公民关于政府工作的建议和意见，实现监督政府、监督环境的功能。

新闻传播事业服务社会、指导生活的功能，大量地体现在为社会、为公众所提供的具体的服务和具体的指导中。比如，指导公众如何就业和择友、如何处理人际关系、如何办理出国学习手续，提供法律咨询、新书介绍、购物向导、天气预报等服务。这种服务和指导搞好了，方便了公众，培植了受传者同新闻传播事业的亲切感，强化了新闻传播事业的指导性和服务性，提高了新闻传播事业的威信，从而进一步加强了新闻传播事业对受传者、对社会的影响。

新闻传播事业具有影响广、传播快、覆盖面大等特点，它广泛接触社会生活各部门，深入联系方方面面、行行业业的公众；它及时、全面地了解受传者的所思、所需、所求，并且能在很大程度上把他们的这些想法、需求反映出来，又通过自己的活动尽可能地满足他们的需求。所以，新闻传播事业服务社会、指导生活的功能能够较好地得以实现。这里的关键是，媒介机构和广大新闻传播者要有一颗全心全意为人民服务的热心，平时要留意受传者需要些什么，并且肯于勤勉地、周到地实施服务工作。

世界各国的新闻传播事业，不论是社会主义国家还是资本主义国家，都注意发挥服务社会和指导生活的功能，但是各种社会制度下，新闻传播事业所奉行的宗旨是不同的。在资本主义国家，新闻传播事业服务社会和公众着眼于增加销售，为资本家增加利润，也可美化媒介形象；在社会主义国家，新闻传播事业发挥这一功能，从根本上说是出于全心全意为人民服务，更好地贯彻为人民服务、为社会主义服务的新闻工作基本方针。

新闻传播事业的第四个社会功能是传授知识、普及教育。这种功能的实现，使得新闻传播事业成为"人民生活的教科书"。新闻传播事业的这种传授知识、普及教育的功能，主要通过两种方式实现，其一，在报道新闻时，加入必要的知识性材料，这些材料一方面便于受传者更好地理解、领会新闻报道；另一方面也使受传者在获知新近发生的事实的同时，获得有益的知识，得到一定的教育。新闻

① 《马克思恩格斯全集》，中文1版，第6卷，275页，北京，人民出版社，1961。

报道的这种知识性内容，称为新闻的知识性。其二，新闻媒介中设置专门的知识性专栏和节目，开办知识讲座，或者由媒介机构独立或同其他机构合作开办广播电视大学、教育辅导培训班等，直接向新闻受传者以至社会公众传播知识，普及科学、技术和文化教育。

新闻传播事业传授知识、普及教育的功能，是社会文化教育的重要组成部分，它能广泛满足各界公众对于知识的需求，是一所社会大学校。研究表明，求知，是受传者收受新闻、接触媒介的需求之一，所以，使新闻报道多一些知识性成分，使新闻媒介多一些知识性材料，媒介机构多举办一些传授知识、普及教育的社会活动，可以满足公众学习文化知识和科学技术的迫切需要，也可以密切公众与新闻传播事业的联系，这是十分重要和很有意义的。

新闻传播事业的第五个社会功能是，提供娱乐，裨益身心。在现代社会生活中，读报纸，听广播，看电视，是现代人不可缺少的内容。人们不仅从媒介收受新闻，获取知识，受到教育，得到服务，还能通过媒介得到娱乐和消遣，从中得到美的享受，丰富和活跃精神生活。

新闻媒介特别是电视，不仅以大量丰富多彩的新闻和评论以及其他的文章、照片、图画供人们阅读与消遣，而且还报道体育竞技活动，演播戏剧、电影、音乐、电视剧，供人们欣赏和观看。网络更能为受众提供多方面的消遣和娱乐。这就是说，新闻传播事业能够以自己的内容和特有的魅力起到裨益身心、活跃和丰富公众文化生活的作用。

今天，新闻传播事业的娱乐性和消遣性越来越受到人们的重视。在有的地区，特别是较为偏僻的边城农村，电视和广播甚至成了最重要的文化生活的提供者。许多学生，常以网络为伴，从网络中获得许多愉悦和欢乐。一般说来，娱乐性和消遣性还有助于提高新闻的收视率和密切媒介同群众的联系。因此，我们应充分重视发挥新闻传播事业的娱乐功能，并由此促进受传者的身心健康，丰富他们的文化生活，提高他们的审美情趣，推动全社会物质文明和精神文明的建设。

新闻传播事业的第六个功能是，刊登广告，发展经济。广告是向公众推销商品、介绍劳务，报道服务内容或文化节目等的一种宣传方式。广告对于传递经济信息、沟通产销、促进商品销售、推动经济发展、提升社会生活质量具有重要作用。广告信息是通过各种传播媒介吸引读者、听众和观众的。新闻传播媒介由于其覆盖域、传播空间、收视（听）率、到达率、媒介相对广告费用等方面的突出优势，成为当代社会最重要的广告媒介。

新闻传播事业由于其突出的广告传播功能，自身也获得了数量十分可观的广告费收入。广告费收入，是当代新闻媒介最重要的收益。刊登广告的功能，也扶植着当代新闻传播事业的生存与发展，二者实现着良性互补。

第四节 社会主义新闻传播事业的特征与方针

一、社会主义新闻传播事业的特征

社会主义新闻传播事业是工人阶级政党所领导的社会主义国家各种新闻媒介机构、新闻媒介组织的总称。它包括工人政党和其他政党，政府及其他权力机关，社会团体和其他公民团体，经济部门和其他事业部门所创办的报刊社、广播电台、电视台、新闻纪录影片厂、通讯社、新闻网络等新闻传播机构、新闻传播从业人员及其各种新闻产品。

社会主义新闻传播事业的主体是工人阶级政党所创办的新闻传播事业，党报是其中的主力部队，它是在工人阶级反抗资产阶级剥削和压迫的斗争中形成的。它从诞生的第一天起，就是工人阶级政党领导群众进行革命斗争的思想武器。工人阶级的革命领袖在从事革命活动的岁月里，党的报刊是他们第一个重要的舆论阵地。他们在新闻工作实践中提出了一系列新闻传播观点和办报原则，奠定了马克思主义新闻传播学的理论基础。这些新闻观点和办报原则不仅有着理论上的指导意义，而且在实践中具体化为党领导新闻宣传工作的方针政策以及新闻宣传纪律，并在工人阶级政党的纲领和章程中得到确认。

新闻传播事业的性质和特征，根本上是由一定社会的经济基础的性质决定的。社会主义的经济基础和资本主义不同，决定了社会主义新闻传播事业和资本主义新闻传播事业有着完全不同的性质。社会主义新闻传播事业是社会主义市场经济通过新闻手段的反映，有着两个重要的特点：

第一，就所有制而言，社会主义的各种新闻媒介机构，尽管经营的方式各种各样，但它们都属于人民所有。在社会主义社会，人民是国家的主人，他们掌握着社会的物质生产资料，同时也掌握着精神生产资料。报刊社的厂房、机器、纸张，电台和电视台的节目制作和播出设备等等，都属于人民所有，由国家根据人民的意志和市场经济的需求配置使用。社会主义新闻传播事业是人民的事业。

党的十六大以来，文化体制改革提上议程。过去单一的文化事业被区分为公益性文化事业和经营性文化产业。发展公益性文化事业是国家向社会提供公共文化服务的重要手段，要坚持以政府为主导，鼓励社会参与，贯彻“增加投入，转换机制，增强活力，改善服务”的方针，最大限度地发挥公益性文化事业的社会效益。发展经营性文化产业是在社会主义市场经济条件下繁荣发展社会主义文化，满足人民群众多种文化需求的重要途径，要充分发挥市场配量资源的基础性作用，坚持以市场为导向，贯彻“创新体制，转换机制，面向市场，壮大实力”的方针，调动社会力量参与，在市场竞争中发展壮大。新闻传媒业作为文化事业的一部分也是这样，有一些维持公益性传媒事业性质，另一些转型为经营性传媒产业，按中央文化体制的改革的统一要求和部署，积极实现不同的体制和机制转换。

第二，就运行和操作而言，社会主义新闻传播事业由国家根据法律统一管理，服从执政党的领导，具有共同的政治方向。社会主义新闻传播事业既有鲜明的个性，办得生动活泼，令人喜闻乐见，又有明确的社会主义大方向，同党中央保持政治上的一致。社会主义新闻传播业不论是公益性文化事业还是经营性产业，都必须把社会效益放在第一位，要以正确的思想和舆论引导群众，把群众的思想、情趣和注意力引导到更符合群众自己根本利益的方向上来，引导到巩固社会主义制度的轨道上来。社会主义新闻传播事业是观念形态的社会主义上层建筑，是党领导下的新闻舆论工具，必须坚定不移地为社会主义服务，为人民服务。为社会主义服务和为人民服务，是社会主义新闻传播事业的基本方针。

在社会主义社会，新闻传播事业还有许多其他的方针、政策、原则，比如“全党办报”、“群众办报”的“两办”方针，正确开展新闻批评的“开、好、管”“三字”方针等，这一系列方针、政策、原则，都是体现和服从于这个“两为”方针即基本方针的。

新闻传播事业为社会主义服务，就要积极推动、巩固发展社会主义经济基础，完善和发展社会主义制度，推动社会主义的思想道德建设和教育科学文化事业的发展。在新的历史时期，要宣传建设有中国特色的社会主义的理论，坚持党的“一个中心、两个基本点”的基本路线，宣传全国各族人民在现代化建设和改革开放中的业绩和经验。

新闻传播事业为人民服务，就要忠实代表人民的利益，反映人民的意愿，传达人民的呼声。人民是新闻报道的主体，人民的劳动、工作和生活，应是新闻传播事业的主要报道内容。人民不仅要运用新闻舆论工具继续同一切敌对势力进行斗争，而且要运用这一工具发扬社会主义民主，加强社会主义法制，实现对国家的管理，组织社会主义的物质文明和精神文明建设。社会主义新闻传播事业通过新闻报道和发表意见，组织人民群众参与国家事务、社会事务和经济、文化事业的管理，实现人民对自己的“公仆”的监督和批评。

全心全意为人民服务是党的根本宗旨。我们党领导广大人民群众，在新民主主义革命时期，推翻三座大山，实现人民的民族解放和社会解放；新中国成立后，进行生产资料私有制的社会主义改造，消灭剥削制度；在社会主义制度建立以后，努力进行经济建设，特别是十一届三中全会以来，集中力量发展社会生产力，完善社会主义制度，不断改善人民的物质文化生活。这些都是在不同的历史阶段，为人民的最高最根本的利益服务。所以，为社会主义服务同为人民服务是完全一致的。离开了社会主义道路，也就从根本上脱离了人民，违背了人民的最高利益。每个新闻传播工作者，都应该自觉地把为人民服务和为社会主义服务结合起来，把“两为”工作做好。

社会主义新闻传播事业要从理论同实践的结合上，切实贯彻好为社会主义服务和为人民服务的基本方针，一个重要的方面，就是实行正面宣传为主的宣传报道原则。

以正面宣传为主，是指社会主义媒介机构和广大新闻传播工作者，在新闻宣传中将主要精力集中在报道社会主流、讴歌广大人民群众在党领导下所创造的业绩上，使反映进步思想、代表社会正确发展方向的新观念、新生活成为新闻宣传的主要内容。所谓“正面”，所谓“为主”，具体说就是要着力去宣传报道、鼓舞和启迪人们发展社会生产力，鼓舞和启迪人们坚持四项基本原则、坚持改革开放，鼓舞和启迪人们推进社会主义民主和法制建设，鼓舞和启迪人们加强社会主义精神文明建设，鼓舞和启迪人们热爱伟大祖国和弘扬民族文化，鼓舞和启迪人们维护国家统一和民族团结，鼓舞和启迪人们为推动世界和平与发展而斗争。总之，一切鼓舞和启迪人们为国家的富强、人民的幸福和社会的进步而奋斗的新闻舆论，都是我们所说的“正面”，都应当努力加以报道。

社会主义新闻传播事业应该贯彻正面宣传为主的原则，这是因为：生气勃勃的创造性的社会主义是人民群众自己创造的，我们党领导人民建设具有中国特色的社会主义，不管这一事业有时会经历怎样的曲折和失误，但从根本上说，从长过程说，这一事业无疑是我国历史上最壮丽、最伟大的事业。人民群众创造历史的主流总是健康的，光明面总是占主导地位的。无论是这一事业本身还是投身这一事业的人民群众，都是值得讴歌的。坚持正面宣传为主的原则，理直气壮地宣传人民群众建设社会主义的伟大业绩，正是社会主义新闻传播事业为社会主义服务、为人民服务方针的要求，正是每个新闻传播工作者义不容辞的历史责任。

坚持正面宣传为主，并不否认、排斥报道社会主义建设事业中出现的困难和问题，并不否认、排斥对党和政府的缺点、错误的揭露和批评。相反，坚持正面宣传为主，又有一定的揭露和批评，能够全面反映社会主义建设事业的全貌，更好地贯彻为社会主义服务、为人民服务的基本方针。

二、以经济报道为中心

建设有中国特色社会主义理论指出，社会主义的本质是解放生产力，发展生产力，消灭剥削，消除两极分化，最终达到共同富裕。现阶段我国社会的主要矛盾是人民日益增长的物质文化需要同落后的社会生产之间的矛盾，必须把发展生产力摆在首要位置，以经济建设为中心，推动社会全面进步。社会主义新闻传播事业的根本任务之一，在于反映、巩固和发展社会主义经济基础，经济报道是它的中心和重点。这一点，不仅使社会主义新闻传播事业完全不同于资本主义新闻传播事业，而且也是新时期党领导下的新闻传播事业同革命战争年代的新闻传播事业的根本区别之一。报道经济活动和经济工作，推动经济建设发展，是社会主义新闻传播事业占第一位的报道任务。

经济报道，指有关经济建设、经济政策、经济活动、经济生活和经济动态的报道。以经济报道为中心，要求在各类报道总体安排中，将经济报道放在首位；在报纸版面和广播电视节目中，经济报道占据大头，“唱大戏”；负责经济报道的部门，应调集一批精兵强将；新闻机构编辑部制定报道计划时，要优先和重点部署经济报道。

经济报道具有政策性强、业务性强，同人民生活紧密相关等特点。因此，在实施经济报道的过程中，要侧重抓好经济政策的宣传报道，要突出反映经济活动中人的活动，要尊重客观经济规律，注意适应广大读者的普遍兴趣。只有不断优化经济报道，拓宽经济报道的领域，贴近人民群众的所思所需，才能真正实现以经济报道为中心，并收到预期的效果。

几十年来，我们在坚持经济报道为中心的实践中积累了丰富的经验，也有不少教训。由于左倾思想的干扰，新闻媒介长期以意识形态的斗争为报道中心，开展没完没了的“革命大批判”，掀起一个又一个“政治运动”，结果，经济报道成了“八仙桌上的老九——没有座位”。直到党的十一届三中全会以后，全党才真正实现战略重点的转移，开始以经济建设为中心，新闻媒介也才开始以较多的精力、较大的版面和较集中的节目，报道经济，推进经济建设的进程。党的十四大对此作过深刻的总结。江泽民在这次代表大会上所作的报告中指出：

> 坚持党的基本路线不动摇，关键是坚持以经济建设为中心不动摇。社会主义基本制度建立后，由于国内因素和国际因素，阶级斗争还将在一定范围内长期存在，在某种条件下还有可能激化，我们必须清醒地认识和正确地处理这方面的问题。但是，我国社会的主要矛盾已经不是阶级斗争，经济建设已经成为我们的中心任务。除非发生大规模外敌入侵，无论在什么情况下都不能动摇这个中心。在历史上，由于没有能够清醒对待国际国内某些事件，我们有过离开经济建设这个中心的严重教训。这十四年，尽管国际国内发生了这样那样的重大事件，我们都没有动摇这个中心，今后还必须坚定不移地这样做。①

以马克思主义为指导的社会主义精神文明是社会主义社会的重要特征。在社会主义社会，物质文明为精神文明的发展提供物质基础和实践经验，精神文明又为物质文明的发展提供精神动力和智力支持，为物质文明的正确发展提供有力的思想保证。社会主义精神文明建设是关系社会主义生存发展兴衰成败的大事。在建设物质文明的同时，努力建设社会主义精神文明，是我国和我党的战略决策。

---

① 《中国共产党第十四次全国代表大会文件汇编》，16～17页，北京，人民出版社，1992。

所以，社会主义新闻传播事业在坚持以经济建设为中心、大力抓好经济报道、以经济报道唱大戏的同时，还要以很大精力抓好精神文明的报道，要“两手抓”，“两手都要硬”。

精神文明建设，包括思想道德建设和教育科学文化建设两个方面。这两个方面的建设，渗透在整个物质文明之中，体现在经济、政治、文化、社会生活的各个领域。社会主义新闻传播事业的任务之一，是根据社会主义现代化建设的需要和总体布局，为培养有理想、有道德、有文化、守纪律的社会主义公民，为提高公民的思想道德素质和科学文化素质提供有利的社会环境和舆论环境。社会主义新闻传播事业在精神文明建设中所承担的具体任务是：通过广泛的新闻宣传，引导和帮助人们树立崇高的共产主义理想和革命人生观；动员和团结全国各族人民为建设有中国特色社会主义而奋斗；树立和发扬社会主义的道德风尚；加强社会主义民主、法制、纪律的教育；普及和提高全民的教育科学文化水平。

社会主义精神文明重在建设。应当高度重视马克思主义理论队伍的建设，保障学术自由，坚持“为人民服务、为社会主义服务”的方向和“百花齐放、百家争鸣”的方针，坚持理论联系实际，创造性地开展学术研究，繁荣哲学社会科学，坚持和发展马克思主义，积极推进文化体制改革，完善文化事业的有关经济政策，繁荣社会主义文化。所有这些关于精神文明建设的任务和方针，也是新闻传播事业必须贯彻执行的任务、原则和方针。

社会主义新闻传播事业在加强精神文明建设中，不仅要满腔热情地完成上述各项任务，执行有关的原则和方针，而且自身也必须加强精神文明建设。新闻传播事业本身就是社会主义精神文明建设的一部分，新闻媒介机构和新闻传播工作者要坚持以马克思主义为指导思想，坚持党的领导和广大共产党员的先锋模范作用，坚持正面的舆论导向，为建设社会主义的物质文明和精神文明建功立业。

三、坚持社会主义方向，突出媒介特色

社会主义新闻传播事业是党和国家统一领导和管理的事业，它们有共同的理想和政治方向，遵循共同的政治原则，坚定不移地为社会主义服务和为人民服务。社会主义新闻传播事业，不论是报纸、期刊、通讯社、广播、电视、新闻网络等各类传播媒介形式，还是同类媒介中的诸如报纸中的日报、晚报、周报，电视中的无线电视、有线电视，都必须坚持社会主义的政治方向。

坚持社会主义的政治方向，要求新闻宣传在政治上同党中央保持一致。不管什么传播形式，不管是党报还是都市类报纸都必须这样。虽然有许多新闻本身不带政治性质，但是从任何一家报纸、电台、电视台的总的新闻宣传倾向来说，都不可能脱离政治。新闻宣传在政治上同党中央保持一致，绝不是机械地简单地重复一些政治口号，而是站在党和人民的立场上，采取多种多样的方式，把党的政

治观点、方针政策，准确生动地体现和贯彻到新闻、通讯、言论、图片、标题、编排等各个方面。

坚持社会主义的政治方向，还要求新闻宣传要热情地反映人民群众的精神风貌和英雄业绩。新闻传播工作者必须同人民群众保持最广泛最紧密的联系，从人民群众的实践中汲取智慧和力量。新闻传播工作者要到生活中去，到群众中去。归根到底，物质财富的创造者是群众，精神财富的创造者也是群众。群众进行社会主义现代化建设和投身改革开放事业的伟大实践，是新闻作品的素材、灵感、思想和技巧的无尽源泉。我们的新闻传播工作者要老老实实地向群众学习，学习他们的优秀品质、宝贵经验、丰富知识、生动语言，努力成为群众欢迎的新闻传播工作者。

社会主义新闻传播事业的各种传播形式、各种媒介机构，要根据总体布局的安排，实行合理分工，分别联系一定范围的受众，反映不同领域、部门、地区、文化层次的人民群众的活动；针对自己承担的特殊使命和受众的需求与心理，传播各种新闻和意见，多方面、多层次、多角度地报道广大人民群众丰富多彩的生活、工作和内心世界的活动。在长期的新闻传播活动实践中，不同传播形式、媒介机构要努力形成较为稳定的风格和特色，有自己的“拿手好戏”和“保留节目”。

拿报纸和新闻性期刊来说，它们都是印刷媒体，但各自有着自己的专门分工和特色。报纸应以刊载新闻和评论为主，而期刊则以刊载时事性文章和评论为主。用马克思和恩格斯的话来说，报纸的优点在于每日都能干预运动，能够成为运动的喉舌，而期刊的优点则在于可以更广泛地研究各种事件，研究作为整个政治运动基础的经济关系。

报纸或期刊本身也有着不同的特色。拿报纸来说，按出版时间划分，可分为日报、早报、晚报、周报和星期刊报；按版面大小，又分为大报和小报；按从属关系不同，分为机关报和非机关报，党报和非党报；按使用文字的不同，在我国又分为汉文报纸、少数民族文字报纸和外语类报纸。随着城乡经济体制改革的深入和生产方式、经营方式、生活方式的变化，我国报纸正朝着多样式、多体制、多层次的方向发生着令人振奋的变化，我国的报业之林将越来越有特色，越来越有生命力。

再拿同是电子媒介的广播和电视来说，它们都拥有传递快捷、表现力丰富的优点，但它们之间又各有自己的特色。广播声情并茂，传真性强，因而对听众的感染力也大。它的覆盖面广，对受众的渗透力相当大，列宁说它是没有距离、不要纸张的报纸。电视的优势更为明显，它视听兼备，感染力更强。电视可以提供全方位的服务，观众又不受文化水平的限制，所以接受者更加广泛，影响力也更巨大。综合起来看，广播、电视的优势比报纸、期刊要多，但它们又有难以克服的短处和不足。互联网和手机又有许多新的特点，也有一定的不足。所有这一切都说明，无论是报纸、杂志，还是广播、电视，抑或那些新兴传媒，都应根据自己的媒介特色发挥自己的专长，使社会主义新闻传播事业的各个门类充分展示自己的魅力。

总之，社会主义新闻传播事业应该在坚持统一的社会主义政治方向的前提下，充分发挥各种传播媒介的优势，创造自己的独特风格。既要有统一的大方向，又各具自己的特色，既服从统一意志，又新鲜活泼，充分表现不同媒介的民族特色、地方特色、内容特色、编播特色、专栏和节目特色、名记者名编辑名节目主持人特色，这是社会主义新闻传播事业的一个可贵的特点。各级党政领导机关及其所制定的方针政策，要有利于鼓励和保护这些特色，使之更好地为人民服务、为社会主义服务，使之在国际新闻传播界的竞争中立于不败之地。

第五节 新闻传播事业的责任和权利

一、新闻传播事业的责任

从行为科学看，新闻传播事业的行为责任是由每个新闻传播者的行为决定的，但新闻传播事业作为法人，也独立承担着法律责任和社会责任。

新闻传播事业的责任，不少同新闻传播者相同，但它又有独立的责任。主要有：

1. 依法创办出版与电子媒介机构。新闻媒介机构必须依法向新闻行政管理机关申请成立出版单位或电子媒介单位并获批准后方可存在并运行。《出版管理条例》第八条规定，报纸、期刊、图书、音像制品和电子出版物等应当由出版单位出版。《广播电视管理条例》第十条规定，广播电台、电视台必须由县、不设区的市以上人民政府广播电视管理部门设立。成立并开始运转的新闻媒介机构，每年必须按规定接受核查，经过年检以后，新的一年方准继续运行。

2. 新闻媒介机构必须遵守法律规定的禁载条例。所有的新闻媒介机构，必须依照《出版管理条例》、《电子出版物管理条例》、《广播电视管理条例》、《互联网新闻信息服务管理规定》等法规的规定，依照民法、刑法、保密法、安全法、著作权法等法律、法规及其他法律文件的规定，拒绝刊载法律禁止刊载的内容。

3. 新闻媒介机构对传播的信息及言论承担责任。新闻媒介机构必须对其发表与传播的新闻信息、言论意见、广告及其他材料承担责任。根据“文责自负”的原则，新闻传播者对其采访写作、编排播发的新闻信息及言论意见负有责任，新闻媒介机构同时还分担公开发表与传播的法律责任与道德义务。

4. 新闻媒介机构的其他责任。新闻媒介机构应当依法或按照有关行政机关规定，发表有关法令、文告、通知以及公益性广告及资料。

新闻媒介机构必须依法保障其下属的新闻传播者的人身安全、财产安全，为新闻传播者提供相当的工作条件、劳动报酬及其他合法权益。

新闻媒介机构必须维护自己的新闻产品消费者的合法权益，包括按时提供一定质量的报刊与广电节目，不刊播过量的广告，报刊定价合理等。

二、新闻传播事业的权利

组成新闻传播事业的各媒介机构，同其属下的新闻传播者一样，享有新闻自由权利等公民、法人及职业权利。此外，新闻媒介机构还享有下列主要权利：

1. 依法创办媒介机构，自由决定其运行及停办、退出。

2. 新闻媒介机构根据法律及有关规定，可要求国家机关、政府部门及司法机关接受采访，并提供有关文件、信息及资料。

3. 新闻媒介机构可在法律规定的时间及地区内，公开发表、传播、出售、征订自己生产的印刷媒介或电子节目及其他信息产品。

4. 新闻媒介机构可以依法跨媒介、跨地区发行及传播，同其他媒介展开竞争，自主发展。

5. 新闻媒介机构可依法行使对国家机关、政府部门、司法机关、社会团体及政府工作人员的批评监督权，就国家事务及社会事务发表负责任的言论及意见。

6. 新闻媒介机构领导人或领导人指定的人员可独立行使本机构的人事、财务、经营、管理、分配、福利、奖惩等媒介机构内部的职权。

随着政治体制改革和新闻改革的深入，随着社会主义民主和法制建设的加强，我国新闻传播事业的责任和权利将日益得到调整和完善，一个享有充分的新闻自由、经营管理自由权利和自觉履行国家法律和党的政策及社会责任的新闻传播事业将出现在世界的东方。

第六节　文化产业和新闻传媒体制改革①

一、文化产业

20世纪最后20年，有学者提出了“文化产业”概念及理论。对于“文化产业”，学界和业界从不同视角，有不同的界定。一般倾向于从产业分类或从活动方式两种视阈研究文化产业问题。从产业分类看，认为文化产业是工业生产的一个部门，是一种行业分工，因此有人把文化产业也称为文化工业、创意产业、内容

① 本节部分内容系根据中央及国务院文化体制改革的有关文件、讲话编写，如有理解不当或摘编不妥之处，由本书作者负责。

产业。文化部的一个文件指出，文化产业是从事文化产品生产和提供文化服务的经营性行业。从活动方式看，认为文化产业是按照工业标准生产、再生产、储存以及分配文化产品和服务的一系列活动。国家统计局对文化产业的认定是，为社会公众提供文化、娱乐产品和服务的活动，以及与这些活动相关联的其他活动的结合即为文化产业。①

文化产业是同文化事业相对应的概念。事业者，一般指人所从事的，具有一定目标、规模和系统而对社会发展有影响的经常活动。在中国，则特指没有生产收入，由国家经费开支，不进行经济核算的机构。1949年新中国成立后，报社、广播电台和电视台长期依靠国家财政提供的经费运作，"吃皇粮"，不实行经济核算，除少量广告收入外（有的传媒机构连广告也不经营），不搞其他经营活动。随着社会主义市场经济的深入发展和对外开放的不断扩大，文化赖以生存和发展的经济基础、体制环境和社会条件发生了深刻变化。党中央和国务院适时提出要深化文化体制改革，解放和发展文化生产力。党的十六届五中全会强调要构建公共文化服务体系，积极发展文化事业和文化产业，创造更多更好适应人民群众需求的优秀文化产品。

有学者指出，当代文化产业有三个特点。第一，文化产业是适应千百万群众的文化消费、精神消费的需求而产生的；第二，文化产业的兴起同高新科技的突飞猛进有直接和紧密的联系；第三，文化产业的发展必须面向世界市场，走改革开放和市场经济之路。根据这样的分析，我们一方面要高度重视文化的意识形态属性，另一方面又要充分考虑文化的产业属性，把目前的文化事业划分为公益性文化事业和经营性文化产业两部分，坚持文化事业和文化产业协调发展。要尊重当代文化建设总的特点，又针对文化事业和文化产业的不同特点，提出不同要求，制定不同政策。发展公益性文化事业要以政府为主导，增加投入、转换机制、增强活力、改善服务，实现和保障广大人民群众的基本文化权益。发展经营性文化产业要创新体制、转换机制、面向市场、壮大实力，满足人民群众多方面、多层次、多样性的精神文化需求。

二、新闻传媒体制改革

推动文化建设，深化文化体制改革，把文化事业划分为公益性文化事业和经营性文化产业，是党中央国务院在科学审视国际国内形势，全面把握当今世界文化发展趋势，深刻分析我国基本国情和战略任务的基础上，作出的一项重大决策，是继经济、政治、教育、科技、卫生体制改革之后进行的又一项重大改革。2003年6月，中央召开了全国文化体制改革试点工作会议。2005年12月，中共中央和

① 参见陆地、陈学会主编：《中国网络文化产业发展报告》，14～15页，北京，新华出版社，2010。

国务院下发了《关于深化文化体制改革的若干意见》。2006 年 4 月，中央又召开了文化体制改革工作培训班，对此项工作进行全面安排部署。2010 年 8 月，中央召开文化体制改革工作会议，再次动员和推进包括新闻传媒体制在内的文化体制的全面改革。这些文件和会议强调，只有不断深化文化体制改革，解放和发展文化生产力，才能实现文化与经济、政治、社会协调发展，为构建社会主义和谐社会提供精神支撑和文化条件。只有不断深化文化体制改革，破除制约文化发展的体制机制障碍，才能实现文化事业全面繁荣和文化产业快速发展，生产更多更好的文化产品和服务，不断满足人民群众日益增长的精神文化需要。只有不断深化文化体制改革，形成具有核心竞争力的民族文化，才能增强我国文化的整体实力，推动中华文化走向世界，在激烈的国际竞争中立于不败之地。只有不断深化文化体制改革，永葆社会主义先进文化的生机和活力，才能扩大社会主义意识形态的影响，巩固党执政的思想基础和政治基础，保证党和国家的事业沿着正确方向前进。

深化文化体制改革的基本思路，就是必须一手抓公益性文化事业，一手抓经营性文化产业，努力实现社会效益和经济效益的统一。新闻传媒行业和机构根据这样的思路，应分别进行新闻传媒体制改革。党报、党刊、电台、电视台、通讯社和重点新闻网站，作为党和人民的喉舌，具有很强的意识形态属性，要严格按照中央的要求，实行事业体制。目前，主要是深化劳动、人事、分配等方面的内部改革。改革要有利于巩固党的意识形态阵地，党和人民喉舌的性质不能变，党管媒体不能变，党管干部不能变，正确的舆论导向不能变。出版单位及书店、电影制片厂、影剧院、电视剧制作与销售部门、文化经营中介机构、新闻传媒中的广告、印刷、发行、传输网络等下游生产部门，有的要直接转制为企业，有的要从事业体制中剥离出来转制为企业，进行市场运作，为主业服务。这些部门改革的步子可以大一些，发展速度可以快一些。新闻传播系统还有一些机构和部门，如新闻博物馆、新闻研究所、新闻学术期刊社，应同国家兴办的图书馆、博物馆、科技馆等一样，坚持公益性文化事业单位的改革，主要是增加投入，转换机制，增强活力，提高公共服务水平和新闻学术研究水平。这些单位和部门不得企业化和变相企业化，不得以拍卖、租赁等任何形式，改变其文化设施的用途，新闻学术期刊也不得以出卖版面等形式，走新闻学术商品化之路。

根据中央的精神，深化文化体制改革的目标任务是，按照以发展为主题、改革为动力、体制机制创新为重点的要求，努力形成科学有效的宏观文化管理体制，形成富有效率的文化生产和服务的微观运行机制，形成以公有制为主体、多种所有制共同发展的文化产业格局，形成统一、开放、竞争、有序的现代文化市场体系，形成完善的文化创新体系，形成以民族文化为主体、吸收外来有益文化、推动中华文化走向世界的文化开放格局。这“六个形成”，是对文化体制改革目标任务的高度概括，体现了宏观和微观的统一、继承和创新的统一、民族性和开放性的统一。新闻传媒的体制改革，要本着“六个形成”的目标任务规定，着力抓好以下四个环节的工作：

第一，坚持市场导向，重塑传媒文化市场主体。传媒企业是传媒文化市场的主体，是传媒文化产业发展的依据。要以市场为导向，贯彻“创新体制、转换机制、面向市场、壮大实力”的方针，有计划、有步骤地推动符合规定的国有新闻传媒事业单位转制为企业，有的则要进行公司制或股份制改造，使之成为传媒文化市场的主导力量和文化产业的战略投资者。

第二，完善市场体系，发挥市场机制作用。在社会主义市场经济条件下，发挥市场在国家宏观调控下对文化资源配置的基础性作用，打破条块分割、地区封锁、城乡分离的市场格局，构建统一、开放、竞争、有序的现代文化市场体系，是推动文化产业快速发展的重要平台。为此，首先要促进建设文化产品市场和要素市场。以大中城市为重点，着力培育书报刊、电子音像制品、影视剧等文化产品市场和资本、产权、信息、科技、人才等要素市场。当前，要着力培育和规范以网络为载体的新兴文化市场。其次，要促进形成市场准入和退出机制。规范社会资本和外资进入传媒企业的市场准入，把好资质、产品、资金、人员、技术等准入关。明确市场退出的标准、程序和具体要求，对经营不善、资不抵债的传媒企业，通过并购、重组、委托经营等方式妥善处置，实行公平竞争、优胜劣汰。再次，要促进参与国际传媒文化市场竞争。通过政府推动和企业市场化运作相结合的方式，加强和改进传媒产品和服务出口工作，打造一批具有国际竞争力的传媒企业，使之成为实施新闻传媒“走出去”战略的主体。善于“借船出海”，选择管理规范、技术先进、对我友好的国外知名传媒机构进行合作，推动我国传媒产品进入境外主流社会。

第三，创新管理体制，提高宏观管理能力。创新执政党领导意识形态工作的方式方法，创新传媒行政管理的体制机制，是加强执政党对传媒工作的领导，依法执政、依法行政的必然要求，是新闻传媒体制改革的重要内容。为此，首先要健全“党委领导、政府管理、行业自律、企事业单位依法运行”的传媒文化管理体制。其次，要健全党委领导与法人治理相结合的传媒事业与传媒企业管理体制。再次，要健全传媒法律法规和政策体系。制定和完善扶持公益性传媒事业、发展传媒产业、激励传媒创新等方面的政策。最后，要健全宏观调控和微观搞活相结合的运行机制。增强宏观调控控制力，不能一管就死，要有利于形成和维护促进传媒发展的良好环境。微观搞活不等于放任自流，要从政策法规和体制机制层面预设调控办法，以防出现问题时措手不及，确保导向正确。

第四，转变政府职能，理顺政府同传媒事业、传媒企业的关系。适应发展社会主义市场经济的要求，实现政府由办传媒向管传媒转变，是新闻传媒体制改革的重要任务。为此，首先要推进新闻传媒行政管理部门理顺职责。按照政企分开、政资分开、政事分开、政府与市场中介组织分开的要求，理顺传媒行政管理部门与所属传媒事业传媒企业单位的关系，从根本上做到职能分开、机构分设、财务分离。其次要推进依法行政。改进管理方法，创新管理手段，实现主要以行政手段管理为主向综合运用法律、经济、行政等手段管理转变。完善行政许可和行政审批制度改革。再次要推进政务改革。规范程序，减少环节，增加透明度，提高公信力。按照已确定的文化及相关产业分类标准和指标体系，做好统计发布工作。新闻传媒管理部门从加强行业管理入手，加强对传媒发展的方向、总量、结构和质量的宏观调控，制定本地区本行业的传媒发展规划，推进传媒文化服务体系建设，引导传媒事业与传媒产业协调发展。

包括新闻传媒在内的文化体制改革是文化领域一场广泛而深刻的变革，政治性、政策性、敏感性都很强。我国经济社会发展不平衡，地区差异较大，文化领域各行业各单位千差万别。在这样的情况下进行文化体制改革，进行新闻传媒体制改革，具有其特殊性和复杂性。工作中不能用一个速度去推、一个标准去量、一个模式去套。一定要从实际出发，坚持区别对待、分类指导、循序渐进、逐步推开的原则，有计划有组织、分阶段分步骤地展开和推进。

思考题

1. 媒介机构、媒介组织和新闻传播事业的区别与联系。
2. 新闻传播事业产生发展的基本规律。
3. 新闻传播事业的性质。
4. 新闻传播事业的阶级性和舆论性。
5. 新闻传播事业的功能。
6. 社会主义新闻传播事业的特征。
7. 社会主义新闻传播事业的基本方针。
8. 新闻传播事业的责任。
9. 新闻传播事业的权利。
10. 文化产业及新闻传媒体制改革。

第八章

新闻传播受众

CHAPTER 8

射箭要看靶子，弹琴要看听众，写文章做演说倒可以不看读者不看听众吗？……做宣传工作的人，对于自己的宣传对象没有调查，没有研究，没有分析，乱讲一顿，是万万不行的。

——毛泽东

新闻传播的受众，是新闻信息流程的终端。他们是新闻信息的收受者，是媒介产品的消费者，又是对信息、讯息、媒介以至传播者的最终检验者。受众是新闻传播活动中又一个活跃的行为主体，是新闻信息传受活动中积极主动的参加者，是不可忽视的反馈信源。

第一节　新闻传播受众的角色定位

一、受众及其角色定位

受众是大众传播信息接受者的总称，又称受传者，阅听人。在新闻信息传播活动中，受众习惯上泛指报刊的读者、广播的听众、电视的观众以及互联网的收受者。

在新闻传播过程中，受众具有这样的角色特征：

第一，新闻传播者传递新闻信息时，对自己受传者的认知是模糊的，前者对后者不见其人，不见其面。新闻信息的受传者分布于四面八方，城镇山乡，在一定区域内形成相应的阅听网。新闻传播者是难以及时了解和掌握受传者的。这就是说，在现代传播中，受传者是无定向、模糊的，这给新闻传播的致效追求带来不小的困难。

第二，在现代社会，一种媒介的受传者又往往同时阅听其他媒介。报纸的读者同时听广播、看电视。电视的观众又读报又听广播。广播的听众也常常是报纸的读者与电视的观众。报纸的读者不总是盯着一家报纸，常常同时读几家报纸。电视的观众也同时收看许多家电视台的节目。这就是说，受传者获知信息的渠道是多方面的，他们在受传过程中，不可避免地会对各种媒介提供信息的内容与方式进行比较、分析，给予不同的评价。

第三，新闻信息传播的接收不具有强制性，新闻受众完全依据自己的需求、喜好、动机、态度、意志选择媒介，选择信息。对于同自己原先的价值观念以至审美情趣相同、相似或不同的媒介与信息，他们会作出不同的反应，或主动欣然接纳，或经劝服后接受，或抵制摇头，或干脆弃之如敝屣。从这个角度看，受众的收受态度是新闻传播效果最终的决断者，所以人们说，“受众是上帝”。

第四，新闻传播期待中的社会作用能否奏效，传播者颇为欣赏的新闻信息或意见能否产生预期中的“轰动效应”，除了取决于传播者所提供的信息及意见的数量与质量之外，则主要取决于受传者对这些信息与意见的心理反应，及其对之所采取的相应行动。对于受众心理需要、心理反应规律的认识与把握，对于传播过程中传受双方心理冲突的自我调谐，对于传播者来说是十分重要的。

第五，在新闻信息的传受过程中，受众的心理反应，他们所表示的意见及其所采取的行动，构成了传播过程中信息反馈的来源。能否及时感知这些反馈信息，是否尊重和重视受众及其意见，是否具备及时调整后继传播行为的机制与权力，是传播致效的又一个重要环节。

第六，在现代社会中，受众既是一个独立的行为主体，又总是某个阶级、阶层、团体、组织和社区中的一员。他们既有一定的生活经验，可以对自己所接触的媒介和信息独立地作出有根据的评价，又会在一定程度上受到其所在阶级、阶层、团体、组织和社区的共同立场和价值观念的影响以至压力。对这些立场与价值观念的了解，并且在媒介经营与信息选择中适当顾及这些因素，是十分重要的。

第七，受众是社会成员之一，他们收受新闻信息之后，出于一定的心理需求和人际关系会向他人转述这些信息。这种心理需求，也许为通过同他人交换意见来证实自己的判断，也许为核实他所收受的信息的真实客观程度，也许为说服他人赞同自己的看法，也许为交际闲谈打发时光。这种种情况下，受传者成了新闻信息再次传递的中介，他本人则成了人际传播中的信息传播者。为使多级传播中新闻不失真，新闻传播者应该高度重视首传信息的准确可靠，万无一失。

在新媒体特别是互联网和手机问世并逐渐普及之后，不少受众的身份也有了新的变化。这些受众不仅利用互联网和手机收受新闻信息，也主动地发布自己获知的新闻信息。在新媒体传播时代，“每个人都是记者，都是编辑”，他们既是受者，又是传者；既是新闻信息的消费者，又是新闻信息的生产者；既具有受者的角色特征，又具有传者的角色特征。这种新媒体语境下传受双方边界模糊、分工混同的新特征，正引起现代社会的普遍关注。

在对受众的角色特征作了上述分析之后，可以对受众的社会角色作这样的定位：

受众是新闻信息传播流程中的终端，是新闻媒介及其承载信息的消费者，又是对于新闻媒介、新闻信息和新闻传播者本身的检验人。受众是新闻传播系统中的一个复杂的子系统，他们是新闻信息的受传者，又是反馈信息的发布者。如果他们把自己所收受的信息进行加工制作之后再次转传于他人，他们则成了下一级传播（通过人际传播或大众传播）的起始者。总之，受众是新闻传播活动中的积极能动的行为主体。在新媒体普及的现代社会，受众又可能转化为新闻信息的传播者，这种转变及因此而引起的角色冲突，正成为当代研究的新的传播现象。

二、传播者对受众的角色期待

由于传播致效的最终决定者与标志者是受众，受众成了传播者心目中的“上帝”，传播者对受众有极大的角色期待。

传播者期待自己所选择的信息和所发表的意见能为受众接纳，自己的态度与价值观能为受众所认同，从而巩固与提高自己及其所在的媒介在社会上的威望，在此基础上，进而获得他们所期待的各种经济的、政治的或其他的功利收益。

新闻传播者对于自己受众的这种角色期待，是建立在“使用与满足理论”的基础上的。这种理论认为，受众不是被动地接受信息，而是主动地、有选择地使用媒介和信息以满足个人的需求。根据这一理论，新闻传播者有理由提出对受众的上述期待。如果传播者能全面、及时、准确地了解受众的各种对于信息的需求，并能对这种种需求的合理性、合法性及口味的雅俗优劣进行适当的把握，新闻受传行为将会产生良好的效果，传播者对受众的角色期待将会演化为受众真正的角色行为。

新闻传播者对受众还会提出文化规范的角色期待。他们期待通过自己有选择的信息传递，为受众收受之后能够成为一种道德的、文化的规范力量，使受传者体会和感觉到社会认同的道德规范和价值规范，并且自觉地按照这种规范标准去理解社会现象和判断他人及自己的行为，根据社会公认的行为准则办事。

马克思主义经典作家在自己的报刊活动中，对于读者的这种文化规范的角色期待有许多重要的论述。列宁在《论我们报纸的性质》中指出：“有些工厂在国有化以后仍然是混乱、散漫、肮脏、捣乱、懒惰的典型，揭发这些落后工厂的黑榜有没有呢？没有。然而这样的工厂是有的。我们不同这些‘资本主义传统的保持者’作斗争，就不能尽到自己的职责。只要我们默许这样的工厂存在，我们就不是共产主义者，而成了收破烂的人。我们不善于像资产阶级那样在报纸上进行阶级斗争。请回想一下，资产阶级是怎样出色地在报刊上抨击自己的阶级敌人，怎样讥笑他们，侮辱他们，置他们于死地的。而我们呢？从资本主义到社会主义的过渡时期的阶级斗争，难道不正是要反对那些顽固坚持资本主义传统（习惯）、仍然用老眼光看苏维埃国家（替‘它’干活要少些差些，从‘它’那里捞钱则多多益善）的极少数工人、工人集团、工人阶层，以捍卫工人阶级的利益吗？即使是在苏维埃印刷所的排字工人中间，在索尔莫夫斯克和普梯洛夫等工厂的工人中间，这样的坏蛋难道还少吗？这样的坏蛋我们抓住了多少？揭露了多少？搞臭了多少？”“报刊对这一切默不作声。即使谈到，也只是官样文章，走走过场，不像一份革命报刊，不像一个阶级实行专政的机关报，尽管这个阶级正在用行动证明，资本家和维护资本主义习惯的寄生虫的反抗将被它的铁拳所粉碎。”[1]

在上述引文中，列宁对报纸的读者——工人和工厂的领导人——明确地提出了在无产阶级专政的新的历史条件下，他们的道德规范。在党政机关报中，传播者对于受众的这种文化规范的角色期待，从来都是公开申明并直接提出的。

传播学者德弗勒等用“文化规范理论”论证对受众的这种角色期待。德弗勒提出了这样的对于受众的“文化规范”的作用模式：

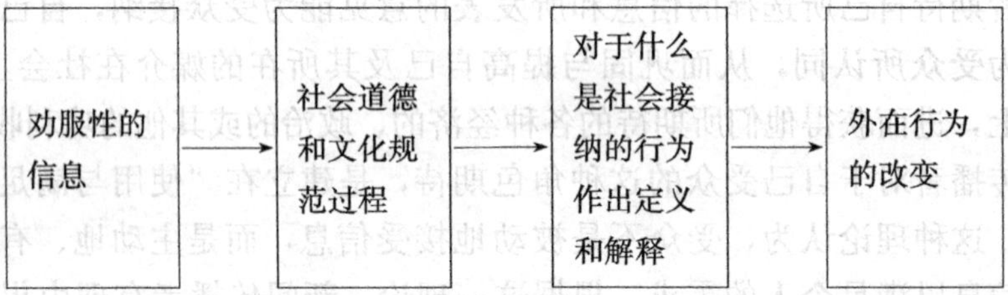

有必要指出，受众的这种文化规范的角色期待的实现（即德弗勒的“外在行为的改变”），不是一朝一夕所能达到的，也不是对一次传播行为的即时反应。文化规范的实现，是日积月累、潜移默化的结果，“冰冻三尺，非一日之寒”。

还有的新闻传播者期待通过自己的传播活动（新闻信息的传递和宣传信息的传递，尤其是后者），把受众发动起来，组织起来，使受众成为自己指挥或指导下的团体的一员。可以把这种角色期待称之为“组织期待”或“团体期待”。马克思指望把他同卢格先生合作创办的《德法年鉴》办成团结与联合先进文化人的中心，他说，所以事情愈来愈明显：必须为真正独立思考的人们寻找一个新的集合地点。

① 《列宁选集》，3版，第3卷，572页，北京，人民出版社，1995。

我深信我们的计划是符合现实需要的，而现实的需要也一定会得到真正的满足。因此，只要我们认真地从事，我相信一定会成功。

孙中山也对报纸读者提出了类似的角色期待，他说："抑非常革新之学说，其理想输灌于人心而化为常识，则其去实行也近。吾于《民报》之出世觇之。"[①] 但是，我们知道，受众是积极能动的行为主体，能否接纳传播者送去的信息，能否为信息所激励而奋起行动，有一系列复杂的心理反应。这里，要警惕和防止"魔弹论"和"固定成见论"的影响。

"魔弹论"又称"靶子论"、"枪弹论"，西方早期的新闻传播理论之一，流行于20世纪20年代至40年代。这种理论认为，在新闻传播过程中，传播者是主动的，而受众则是被动的。传播者把"信息子弹"发射出去，受传者必被击中，应声倒下。传播效果直接而明显。长期的新闻传播实践表明，后来的一系列传播学实验也证明，受众是复杂的，能动的，有自主性的行为主体。受众出于自己的需要，对射来的"信息子弹"总是经过选择和评价之后，才决定是否接纳，是否被"击中"即被劝服并采取行动。现代政治传播研究也表明，受众对于宣传信息必须先入"心"入脑，才能发挥作用。

但某些新闻传播者对"魔弹论"依然怀有迷恋之情，总是对受众提出不切实际的角色期待，因而他们的新闻传播活动也总是碰壁和失败。不按照传播规律办事，不尊重受众的自主性，是新闻传播活动的大忌。

"固定的成见"，由美国政论家和舆论学家李普曼在《舆论学》中首先提出，后来又有人将此提法泛化为"浇铸铅版论"、"刻板印象论"等，意指人们由于生活在较狭小的一隅，对该环境中生活的某一类人或某一类事会形成固定、概括、笼统的看法。这种看法一经形成，轻易不会改变。因此，人们常常依据这种"刻板印象"去理解和接纳从外面传来的信息。新闻传播者只要事先了解这类人的"成见"，就可以把大致符合这类人口味的新闻信息大量地往他们那儿发送，就会收到预期的效果。

"固定成见论"指导新闻传播者事先对自己的受众进行认知分类，针对其所需选择和传递信息，这一点是有积极意义的。但是，人们对客观外界的人与事的认识不是一成不变的。在信息传播高度发达的今天，这种变化之大、之快，往往出乎传播者所料。如果传播者的认识刻板僵化，停滞不前，再加上行动迟缓，不及时作调查获取新的受众认知，这种理论将会导致新闻传播者对受众的角色期待发生认知和判断的错误。在正常情况下，"固定成见论"还可能发生以受众的群体认知取代个体认知的失误，导致对受众角色期待的一般化和简单化。

总之，新闻传播者对受众的角色期待必须合理、适当、可行。传播前，新闻

---

① 孙文：《〈民报〉发刊词》，载《民报》，1905-11-26。

传播者对受众的群体及个体的状况与需求应有充分的认知；传播后，对受众的反馈信息的接纳及传播行为的调整应及时和准确。这样，才可能不断地调整原先的受众角色期待，以求得受众产生传播者所企盼的真正的角色行为。

三、现实受众与潜在受众

坚持接触和利用新闻传播媒介的人是新闻传播媒介的现实受众。具备健全的阅听能力而尚未接触全部或部分新闻传播媒介的人是潜在受众。从总体上看，一个国家或地区现实受众与潜在受众的多寡，取决于这个国家或地区的经济、政治、科学和文化的发展水平，以及新闻传播媒介的普及程度。

对新闻传播媒介来说，可将接触某种新闻传播媒介而不接触其他新闻传播媒介的受众视为其他媒介的潜在受众。只收看电视而不读报和不听广播的人，是报纸媒介与广播媒介的潜在受众。只读报纸而不看电视的人，则是电视的潜在受众。在这种情况下，这些潜在受众就是该新闻传播媒介尚待开发的受众市场，该媒介就应该进行充分的、深入的调查，有针对性地从传播内容和传播方式上切实改进工作。如对电视而言，要改善节目质量，扩大覆盖面，并调查相关节目的播出时间。对报纸而言，要改进订阅或投递方法，增设零售点，优化版面质量，扩大报道面，同时又要敦促有关方面注意提升人民群众的文化水准。通过这些努力，使潜在受众不断地转化为现实受众。

同现实受众相关的还有一个概念：隐在受众。隐在受众是接受美学的用语。德国美学家伊瑟尔指出，读者在接受过程中所起的作用，在创作过程中已被作者设计在作品的结构之中，即作者在写作过程中，心目中已隐现着特定的受众。在新闻传播过程中，也有类似现象。受众所能发挥的作用，有的已被新闻传播者事先设计在媒介的制作及新闻作品的构思之中了。换言之，受众收受新闻信息时，可能产生的思维定势或行为定势，已经隐含于作品的内容之中了，而这种内容是由新闻传播者依据主题需要而经过精心选择与制作的。由此可见，“隐在受众”，实际上是由新闻传播者和新闻接受者共同制造出来的。在新闻传播实践中，“隐在受众”演化为现实受众，即令角色期待转化为角色行为，新闻传播者是功不可没的。只有那些深谙新闻传播规律和受众心理规律，又懂得利用新闻手段与方法的传播者才能做到。

第二节　新闻传播受众的接受

一、需求和接受

接受，是对一种事物和观念的容纳，又指接触信息传播后可能产生的反应。能够容纳与收受的前提是需求。容纳者与收受者对这些事物、观念，对这些信息有消费的必要。我们在第一章中已对受众的收受需求与动机作过分析。受众由于缺乏某种信息才产生收受这一信息的动机，动机是一种被意识到的需求。受众收受信息的目的，学者们有不同理解。日本学者和田洋一认为，受众阅听新闻的目的是：得到报酬，寻找线索，符合倾向；台湾学者郑贞铭认为受众收受信息是出于：寂寞，好奇，自我的目的；还有的学者则认为是：消遣，做伴，认同，警戒。多数学者倾向于这样的对于受众收受信息目的的认识：获知，警戒，认同，做伴，报酬。

明确的收受目的是受众接触与收受新闻信息的动力。除此之外，还有两个因素影响着受众对新闻传播的接受，这就是传播环境与认知能力。传播环境包括媒介自环境和媒介运作的大环境。

媒介自环境指一个国家或地区新闻传播媒介的发达水平、经营管理方式和新闻报道体制。媒介自环境优越，可以为受众择取新闻信息提供较大的空间和较好的条件，信息收受的或然率也更高。

媒介运作的大环境，主要指社会经济发达水平、政治民主化程度和公民文化素质状况。经济发达，可以为媒介发展与良好运作提供充分的物质保障，受众也能够以较为丰裕的资金消费新闻信息产品。政治民主化程度高，对新闻传播采取开放与宽松的调控政策，受众接触新闻媒介和择取新闻信息的机会多，更多的新闻信息可以进入传播空间。公民文化素质好，对新闻媒介和新闻信息的接触利用也就多。

受众的认知能力，指受众对信息符号进行解码，即认识和理解新闻信息的能力。这种能力要求受众能够及时、正确地分析新闻作品结构，理解新闻文本内涵，体悟新闻发表的根据。

新闻作品的结构分析，要求受众识别传播者使用符号的意义，确定该新闻作品内容与形式的关系，认识新闻真实与被反映事实的现象真实之间的差异，新闻作品所表现的个体真实同社会生活中该类事实总体之间的差异，从而对作品进行总体的解读和说明。

新闻文本的分析，主要要求受众分析并显示原始文本的逻辑结构，辨别文本的主要思想与次要思想，从中析出传播者陈述该新闻事实的主题，特别是那些不言明的判断，那些传播者欲言或不欲言的看法。只有对新闻作品进行文本分析之后，才能体悟出在客观报道手法下传播者的真正立场与观点。

新闻根据的分析，要求受众认识该新闻作品之所以成为新闻的依据，它比文本分析又深入一层。一般说，新闻成立的依据包括：新闻五个要素齐全；新闻事实的本质基本暴露；新闻发表的时机已经成熟，即执政的社会集团对新闻的公开传播不再设置障碍。新闻根据的分析，使受众可以进一步认识该新闻信息传播的目的，从而确认自己接受该传播的态度。

在良好的传播环境中，受众首先确认一种媒介，一条新闻信息可能满足自己的某种需求之后，他就会主动去接触该媒介，去利用该新闻信息。在利用之中，如果能够对新闻作品进行适当的结构分析、文本分析和新闻根据的分析，受众也就有可能真正接受这次新闻信息的传播了。

新闻接受的过程，也是受众一系列选择的心理反应的过程。从主要方面考虑，这一过程包括接触、理解和记忆三个主要流程。

二、受众的选择性接触

选择性接触又称“选择性注意”，指注意的指向有选择性地集中于某一特定的对象，而同时离开其他对象。当人们同时接收两个以上的信息刺激时，不可能对每个信息刺激都作出反应，只能有选择地注意和接受。注意集中就是一个取舍的过程，没有取舍也就没有集中注意。所以，人们的这种选择性心理，决定了他们对媒介的取舍和对新闻信息的取舍的必然性，对一家媒介来说，也就天然合理地存在着现实受众、潜在受众和非受众了。

受众在接触信息时，会自觉和不自觉地注意那些与自己原有观念、态度和价值观相吻合的信息，或自己需要与关心的信息，也会主动避开和排斥那些同自己观念与态度相悖的信息，或那些与己无关和不感兴趣的信息。这种依据自己的需求和态度对新闻媒介、新闻信息的取舍，称为受众的选择性接触。受众的这种接受行为表明，对一个具体的受众来说，不可能期望他接触所有的媒介，也不必期待他接触某一媒介所提供的全部信息。一定的媒介和一定的信息，只能和只需要满足某些特定的受众——具有特定欲求和兴趣的受众。

在受众面前，新闻传播者并非无能为力、无所作为。他们可以通过更新传播内容、扩大信息容量、优化传播手段、丰富传播技巧等办法来强化信息的刺激力，引起受众的集中注意，改变受众的固有观念。有学者指出，要吸引受众的集中注意，可从改进新闻传播的功能性因素和结构性因素入手。

功能性因素主要指新闻传播的信息内容。从内容看，既要重视那些可能即刻满足受众需求的信息，如购物、消遣、解难等需求信息的传播，又要重视那些通过坚持不懈的长期传播，潜移默化，可能改变受众原有观念和态度的信息的传播。结构性因素主要指新闻传播的信息形式。传播者可以通过对信息的对比、强度、位置、重复、变化等不同的配置，以期引起受众的集中注意。

三、受众的选择性理解

选择性理解指不同的人对于同一信息所作的不同的解释和评论。信息是用符号表示的意义，理解则是对符号的译解即还原为意义本身。如果受众与新闻传播者使用的是同一思维逻辑，译码和编码的认知水平相近，那么信息意义的理解——受众对信息的解释与结论，应该是同传播者接近的或一致的。但实际情况远非如此。一方面，受众同传播者可能在文化背景及阅听环境、情绪、态度、动机和经验方面有一定的差距，受众之间也同样有类似的不同。在受众的理解过程中，往往要加入许多个人的心理因素。持有不同观点和生活背景的受众在收视同一新闻信息时，往往会有不同甚至相反的理解。因此，传播者不能期待受众对信息的理解同自己完全一样，也不能期待不同的受众对同一条信息会有一样的理解。换言之，信息从传播者的笔下、口里或键盘流出，即使顺利地到达受众的眼里或耳里，未必能获得传播者本意要表达的意义。所以，信息传播能否达到传播者原本欲实现的目的，主要取决于受众的选择性理解。

不仅如此。受众在理解他所接受的信息的意义时，还常常会加进一些主观的东西。所以传播学者巴恩仁认为，讯息的意义是给予的，授予的，而不是“接收”的。受众的这种“加入行为”具有积极作用。一般情况下，受众对于新闻信息的理解，必然循着传播者编码时给定的逻辑思路进行，但受众在这些符号的刺激下，有时会激发出自己的新的情绪和想象，产生新的态度和动机，使给定的信息跨越传播者的思路，给这些信息一些新的、别出心裁的解释和说明，有的解释和说明，甚至是传播者所没有想到和认识到的。有学者称受众的这种对送达的信息符号以超乎符号原载意义的译码行为是“再创造”理解。这种情况表明，信息的实际意义不仅存在于符号载体中，而且在一定程度上还存在于受众主观的创造性理解中。所以有学者说，讯息的意义在于“发现”。在选择性理解中，受众的这种“发现”是十分重要的。一个政治上敏感、知识面广博又熟悉当前局势的人，常常可以从旁人熟视无睹的大量的新闻信息中，发现许多重要的讯息，洞察新的动向。

当然，受众对信息理解的“创造性”发挥，必须有理、有利、有节，必须以不损害信息的客观性为前提，不能毫无根据地听凭主观想象任意驰骋。否则，对信息本义的胡乱引申，会失却新闻信息的基本价值，并造成视听混乱，信息失真，流言四传，甚至影响社会和人心的稳定。

四、受众的选择性记忆

记忆是一种主动的心理过程。记忆的生理机制是人脑在外界的刺激下形成的暂时的神经联系，以及这种心理活动所留下的痕迹。实践表明，人们常常只记忆那些对自己有利有用的或感兴趣的信息，并且这部分的记忆印象很深，而其余的部分则被忽略，很快被遗忘。选择性记忆指人脑对经历过的事物或活动反映的取舍。选择性记忆的心理机制是出于维持心理平衡与稳定的需要，因此，选择性记忆在信息记忆的倾向上，不仅受着受众的态度、情绪、需要等心理因素的制约，而且还受着信息传播的环境、形式和强度等因素的影响。

受众的记忆是一种自主的心理过程，是受众接受新闻信息的深层次心理活动，但传播者对于这种自主性十分突出的受众接受活动，仍然可以通过许多积极的工作，增强受众记忆的利己程度，使受众的记忆集中于本媒介传播的信息，对本媒介传播的信息留下深刻印象。这种积极工作包括：为受众提供良好的收受新闻信息的环境，如版面配置时突出重要信息的位置，节目安排中在黄金段时间播出重要新闻；在版首和节目开头安排最重要的信息，使受众对第一印象记忆深刻；通过强势处理的方式，烘托重点新闻，突出最有价值部分的内容，给受众更强烈的感官冲击等。

五、受众接受的从众心理

从众，指个人在群体中由于实际存在的或头脑中想象到的社会压力与群体压力而在知觉、判断、信念以及行为上表现出与群体中大多数人一致或按流行做法行事的现象。受众在新闻信息接受中，由于实际上或心理上的压力，而采取同多数人一致的信息取舍与信息理解，称之为受众接受的从众心理。

影响受众从众接受行为的社会心理因素主要有：

1. 知觉情境。情境明确可辨，从众倾向较小；情境模糊不明，从众倾向较大。

2. 群体力度。群体人数越多，内聚力越强，成员意见越趋于一致，对群体标准的从众倾向也越强。

3. 人格特征。自信心、自尊心和智力较低者，易于从众。

受众接受信息中的这种从众现象，对于新闻传播有一定的益处或可利用之处，主要是便于尽快使受众态度定型，使新闻传播活动得以顺利进行，从而达到沟通信息、统一舆论的目的。对于机关报来说，还易于统一团队成员意见，维护团队利益，增强团队的稳定性和安全感。但从另一角度考察，受众的从众行为对于新闻传播活动也有不利的一面，它抑制了受众对于信息接受与理解的创造精神，伤害了少数受众探讨真理的积极性和勇气，而真理有时是在少数人手里的。

为此，新闻传播者既要利用受众的从众心理，扫清新闻信息传播中的障碍，尽快地整合社会舆论，又要避免和减少对少数有探索精神的受众的伤害，坚持新闻传播的公正性，注意社会舆论的平衡。在引导社会主导价值观的时候，要坚持原则，强调社会的统一和稳定，强调要同党保持政治上的一致。而在一些科学与学术问题的讨论中，则要给少数人以平等发言的机会，使他们在毫无压力的情况下充分论证自己的观点和主张，成为有个性、有活力的新闻传播的受众。

第三节　新闻传播受众的心理机制

一、受众接受新闻信息的心理

上一节已涉及受众接受新闻信息的心理机制。本节侧重从信息需求的角度，分析受众的心理机制。

心理学指出，需求是在一定的生存条件下，有机体对客观事物的需要。需求一旦被意识到，就以行为的动机形式表现出来。对新闻信息的需求，是人们的基本需求之一。人们不仅对信息的数量，还对信息的质量提出了特定的要求。其中，对新闻信息质量的要求，既受生活的直接需要的制约，又由受众的心理机制所决定，并受这种机制制约。认识和掌握这些心理机制，能很好地满足广大受众对高质量新闻信息的需求，极大地提升新闻传播工作的有效性。受众接受新闻信息的心理机制，主要有求知、求新、求同、求异、求趣、求美等六种。

（一）求知心理

对新情况、新知识、新变动信息的认知渴望，是人的动机心理的反应。人为了自身的安全、生存和发展，需要及时感知客观世界的变动，以便进行自我调适，适应变化的外部环境。新闻信息传播的使命，正是向受众报道新近发生的事实变动的信息。于是，主体对新闻信息的需求和客体每日大量传播的新闻信息，主体的需要和客体满足此种需要的可能二者结合起来，成为新闻信息传播活动源源不断、生生不息的动力。

受众接触新闻媒介和新闻信息，首先是为了了解外界的变动，采取相应的应变措施，以适应这一变动并利用这一机遇实现新的发展目标。这就是认知的需求。世界万事万物，社会人生百态，无一不处于不断的、反复的变化之中，变化是永恒的、绝对的，稳定则是暂时的、相对的。新的变动，新的事物，新的经验，新的问题是层出不穷的，对于这些层出不穷的变动信息的传递，可以不断地满足受众的认知需求。于是，供求双方的新闻传受活动就可以不舍昼夜地进行下去。

受众接触新闻媒介和新闻信息，其次是为了获得关于外部世界知识的需要。人通过学习知识来了解世界、认识世界。人经过学习和训练才使智力和体力成熟和壮大。学习知识是人一生的事业。新闻媒介及其承载的无比丰富的知识，成为名副其实的百科全书、知识大全、无围墙的学校，值得广大新闻受众在这部大书里和在这个学校里乐此不疲。

求知—认知和学习知识的动机心理，就这样推动着受众每日每时寻找着接触新闻媒介和新闻信息的机会，伴随着新闻媒介而一天天成长、成熟起来。

（二）求新心理

受众在求新心理支配下，自觉地接触新闻信息。"求新"，即受众对于有新意的新闻信息的心理指向。求新心理表明人对新鲜事物的敏感，显示人皆有好奇之心，对新闻信息来说则是人皆有"新闻欲"。人人都企盼获得最新鲜的讯息并立即阅听，所以，求新心理正是人们的动机心理的一种特殊展现。这种心理机制的积极意义，不仅在满足受众的收受新的信息以实现"新闻欲"，而且在不断地催促与激励新闻传播者提供充满新意的新闻，去款待他们的服务对象——受众，从而使新闻传播事业永葆青春，使新闻之树常绿不败。

富有新意的东西最能引起注意力的集中，于是，求新不仅成为吸引受众注意的重要手段，也是对新闻传播者提出的严格要求。不懂得新意，不善于捕捉有新意的信息，怕下功夫发现有新意事实的人，是不配占据新闻传播者——信息使者的岗位的。

受众的求新心理，在传受活动中体现在两个方面：新闻传播的内容新，新闻报道的手法新。新闻传播以传播的信息内容新而满足受众的接受需求，以信息传播的手法新而刺激和引起受众的集中注意。这两手缺一不可，新闻传播者要千方百计，尽力做好。

（三）求同心理

求同心理指人追求赞同或追求从众的心理现象，在受众的信息接受中，表现为受众对于同自身具有某些共同性的事物，即同自己有某种共同性的新闻信息感兴趣的心理。求同心理的出现是由于受众作为认知主体，对遇到的类似过去的认知对象会产生亲切感；人的观念在被人认同之后会使已有的定势得到强化，所以受众总是主动地追求赞同，追求认同，追求从众。

在接受新闻信息的实践中我们可以发现，受众对于报道同自己相似或相同的社会角色的新闻表示出强烈的兴趣，对于报道同自己生活经验相类似的新闻感到有味道，对于同自己观点相仿、情感上能引起沟通的报道会产生共鸣。这些，都是求同心理起作用的结果。

作为新闻传播者，深入地了解受众的个性、经历、观点、情感、兴趣，并选择同受众的这些特点相近的事实向受众作报道，就会收到事半功倍的效果。从新闻价值来说，这就是新闻事实、新闻报道同受众在心理上的接近性。

（四）求异心理

求异，人的好奇心理之一，有机体遇到奇异刺激物或新环境时会产生的朝向和探究反射。好奇心理是一种直接兴趣，不需引导即可产生的一种关注与感兴趣的心理指向。求异心理不是出于得益动机，而是一种无专门目的的、感受上的愉悦与满足。

在新闻传受活动中，受众对于奇怪少见的事物和反常超常的事情，常常会表现出强烈的关注和浓厚的兴趣，这就是求异心理的反应。为此，新闻传播者在报道新闻人物和新闻事件时，要努力写出人物的个性，事件的特征。此外，还要尽可能地去寻找奇特、古怪、反常、能刺激人感官的事实来满足受众的这种接受需要。当然，这里有一条不要庸俗、无聊、低级的界限，超越这一界限，“求异”就会迷失正确的方向。

（五）求趣心理

求趣心理是一种得益心理，指人们对于有趣味性的事物的心理指向。受众在接受新闻信息时，对于有趣的事实，常会表现出浓厚的兴趣。这种情况，也是传播者与受众双方对该事实的使用价值与欣赏价值的认同。由此可见，受众的求趣心理及其满足，在于传播者认识趣味、表现趣味，而受众则在于认同趣味、欣赏趣味。在新闻传播活动中，传播者心目中应有受众的崇高地位，在内容的趣味性、编排的趣味性、采写表达的趣味性方面肯下功夫，千方百计为受众提供健康有益、愉悦身心的信息，使受众在满足欣赏的需求之中，愉快地接受新闻文本提供的其他信息服务。

（六）求美心理

心理学把求美视为创造心理之一。求美，指人们对美好事物的心理指向。人们在对美的追求和欣赏过程中，心理得到极大满足，从而产生愉悦和欢乐。美的事物往往可以引起人们的集中注意。受众接受信息的过程中，目光往往注意真善美的事物和优美动人的表现形式。

新闻内容的美，表现在内容的真实、人物心灵的伟大、情趣的高尚、洋溢着人类善良的情感，对受众具有强烈的感染力，善于调动他们的欣赏热情。

新闻形式的美，首先通过一件件新闻作品的外在美——标题美、句式美、文字美，其次又通过整张报纸许多材料的配置和整组节目中许多作品的配置——版式美、图片美、印制美、色彩美、播音美、音响美、画面美……有力地刺激着人们的感官，使人们百看不厌，百听不烦，久久凝视着版面，一遍又一遍欣赏着荧屏，给人们极大的愉悦。

体现真善美的新闻信息内容，同表现这些内容的形式完美结合，常常能使新闻作品具有文学作品那样的震撼力与欣赏价值。对于这样的新闻信息，受众怎么会不接受呢？然而，新闻传播毕竟不是文学创作，文学创作可以精雕细刻，而新闻传播是快中求美，忙中求美，简中求美，杂中求美。正因为这样，对新闻传播者也就提出了更高的要求。

受众接受信息中的心理机制，不止上述六方面，求真、求短、求活、求深、求近、求快等，都是受众取舍新闻最基本的心理指向，为篇幅计，在此不一一细析了。

二、传受双方的心理调谐

心理调谐即心理相容。心理相容的前提是：交往过程中人们需要的性质及其满足的程度接近。传播者发送的新闻信息不为受众接受，后者对前者的传播行为产生厌恶反感情绪，表明传受双方的心理出现了错位、不平衡，双方心理排斥。这种情况下，对传受双方进行心理调谐就十分必要了。所谓心理调谐，指通过对传受双方的心理定势进行协调，使之处于相对和谐与平衡的心理状况。

正确地进行心理调谐，要注意两个方面，第一要深入地了解和研究受众，针对他们的需要状况、心理状况进行协调；第二要运用心理机制，巧妙地进行协调。

(一) 了解受众研究受众

深入受众，了解受众，才能知道他们的需求，懂得他们的情感，了解他们的心理活动。比如，要改进经济生活报道，就要具体了解受众物质生活中有哪些需要；要增加新闻信息中的知识含量，就要仔细了解受众有哪些求知需要；要提升新闻信息的审美价值，就要了解受众的审美情趣的特点和要求；要强化媒介与信息的沟通作用，就要具体了解受众的交往需求的缺乏状况。

对受众进行了细化的研究之后，才能掌握必要的手段去激发受众的集中注意。有的受众觉得版面安排上重点不突出，标题不鲜明；有的受众提出重要新闻安排太靠后，应在黄金时间播出；有的受众认为领导人迎来送往的内容太多，冲淡了人们对热点、焦点问题的关注……循着这些要求去改进新闻传播行为，将会收到立竿见影的效果，传受双方的心理也就趋于相容了。

同受众交朋友，倾听他们的意见，有助于沟通传受双方的情感。人有七情：喜、怒、哀、惧、爱、憎、欲。这七者，有先天成分，大部分是后天培植的。传受双方不沟通，不了解，心理错位，互相埋怨，何来好情感？如果传播者了解了受众的迫切要求，千方百计去满足这些要求，受众又知道了传播者的不便与苦衷，也会体谅和支持传播者的工作，变埋怨为理解，化指责为支持，双方心理自然会趋于调谐。

新闻传播者的社会责任要求，既要满足受众的需求，又要引导受众。两者之中，满足是前提，没有满足，也就失去了引导的手段。“在满足中进行引导”，应该是一个正确的口号。

(二) 运用心理机制进行心理调谐

解铃还需系铃人。解决传受双方在传播活动中出现的心理错位问题，在全面深入地了解了受众的需求与意见之后，还要运用受众接受新闻信息的心理机制，有针对性地进行心理调谐。

这方面成功的例子不胜枚举。如运用首因效应即第一时间传播效应来改进新闻传播时效性差的弊病；根据从众心理强化典型报道；依据求知心理深化文教科技报道，不断提升这类报道的知识含量；运用同情心理改进舆论引导；根据衰减心理加强稿件的分类、版面安排、节目编播；运用逆反心理改进传播者的撰稿口吻、播音神态等等。

最后还要强调，在传受双方的心理调谐中，新闻传播者的自我心理调节是十分重要的。这种心理调节，是传播者利用心理机制，从心理冲突向心理相容转化的内化过程，即自我实行心理调谐的过程。传播者处于心理冲突，即言行与信念不一的情况下，是难以完成新闻传播的任务的，也无法参与和实现同受众的心理调谐。

传播者的自我心理调节，除了持有正确的、正当的传播使命感和敬业精神外，还应通过增强新闻敏感，优化注意品质，适度调动情感，显示编采风度，磨炼顽强意志等途径去训练和提高。“打铁还靠自身硬”，传播者自己的心理健康，心态良好，就能有效地引导受众，更正错位心理，实现双方的心理调谐。

第四节 受众的权利与责任

一、新闻传播受众的权利

新闻传播活动中的受众，首先是社会一员，他们享有公民的基本权利。多数情况下，受传者又是付酬获得媒介即阅听权的，所以他们有权利要求媒介提供同其付出的费用相当的信息服务及其他承诺的服务。如果受众是某个集团的成员，而他们接触的又是这个集团制作或播出的媒介，他还有权要求该集团提供集团成员接受机关媒介应有的服务。最后，受众作为新闻传播活动的终端，他们还有权要求传播者尽到作为信源的责任，向作为信宿的他们提供所承诺的服务。

（一）传播领域的公民权利

作为公民，新闻传播活动中的受众享有充分的知情权（了解权）、参与权（可就国家事务、社会事务发表自己的政见和其他意见）、对国家机关和国家工作人员的监督批评权，参与学术研究和参与传播媒介工作的言论、出版、新闻自由权及学术自由权、著作权等。

（二）付酬阅听的消费者权利

作为付酬阅听的消费者，受众有权要求新闻媒介按时提供合同承诺的一定信息量的媒介，并且保证所传递信息的质量，即真实、客观、公正、全面报道的信息。报刊要按时按量投递，广播电视节目按节目表准时播出；广告刊载量和播出时间适度；报刊印制质量符合要求，广播电视节目健康并清晰；报刊中途停刊要退回所付订费；对受众的咨询与不满意见媒介要负责及时回复并切实改进；对于媒介的侵权行为公众有权投诉等。

（三）机关媒介受众的成员权利

作为机关媒介的受众如果他们也是该集团的成员，则享有该集团成员的权利。他们有权要求机关媒介公开报道该集团决策层的活动和领导人的品行，有权对集团的决策与领导人的行为提出批评，有权在媒介上监督集团的政策与工作。如果受众是付酬接触这些机关媒介的，他们还享有付酬阅听的消费者权利。

（四）信息传播受众的终端权利

新闻传播媒介的受众是传播活动最终完成者，他们有权要求得到传方的尊重与重视，有权要求传播者提供清晰、可靠、有一定数量和质量的新闻信息，保障信息通道的畅通，及时根据反馈信息改进后继传播行为。这种受众的终端权利，在理论上具有重要意义。因为这种权利不仅是保障新闻生产流程顺利推进的动力，也是新闻信息传播有效性得以实现的标识。

二、新闻传播受众的责任

责任是同权利相对应的，享有上述权利的受众，也同时承担着相对层面的社会责任和角色责任。

（一）传播领域的公民责任

受众作为公民，他们在依法行使自己的知情权、表达权、参与权、监督批评权及言论、出版、新闻自由和学术自由、著作权的同时，也就必须履行对国家和社会相应的义务。受众必须保守国家秘密，维护国家安全，不滥用言论、出版、新闻自由等权利，不向他人散布淫秽、低级、庸俗的信息及制品，尊重他人的人身权和财产权等。

（二）付酬阅听的消费者责任

受众应按时足量交付订阅（视听）费用，如实报告视听状况，在法律规定的范围内使用媒介，不侵害媒介及其制品的权利，维护自己所接触的媒介的声誉，及时提出改进意见和建议等。

（三）机关媒介受众的成员责任

受众应准时足量交付订阅（视听）费用，积极使用机关媒介，提供自己的作品，提出改进意见和建议，参与机关媒介的推介工作，维护机关媒介的声誉，不侵害媒介及其作品的权利等。

（四）信息传播受众的终端责任

作为一般的新闻媒介的受众，在传播过程中他们承担着这样的责任：积极接触和使用媒介及其信息，及时回传反馈信息，明确提出改进意见与建议，为信道的畅通做有益工作，为媒介的推介尽自己的努力等。

思考题

1. 新闻传播受众的角色特征。
2. 传播者对受众的角色期待。
3. 析“魔弹论”和“固定成见论”。
4. 现实受众、潜在受众和隐在受众。
5. 受众的认知能力、新闻文本分析和新闻根据分析。
6. 受众的选择性接触和影响选择性接触的因素。
7. 受众的选择性理解和受众的“加入行为”。

8. 受众的选择性记忆和影响选择性记忆的因素。
9. 影响受众从众接受行为的社会心理因素。
10. 受众接受新闻信息的一般心理机制。
11. 新闻传受双方的心理调谐的意义和方法。
12. 新闻传播受众的权利与责任。

第九章

新闻传播效果

CHAPTER 9

一人之辩，重于九鼎之宝；三寸之舌，强于百万之师。

——刘勰

我们不能期望找到任何一种用于传播效果的模型，是可以同自然科学中某种最普遍的模型相比拟的。我们也没有理由期望找到一种我们可以说是正确的模型。当我们懂得更多时，一切都会发生变化。

——施拉姆、波特

新闻传播效果是新闻传播活动的出发点和归宿。效果问题是整个传播活动的中心，这个问题贯穿于传播活动的全过程。设定效果的实现，需要传播者和受众的良性互动，需要相当质量的信息，需要畅通无阻的传播通道。所有这一切共同协调运作的结果，就是满意的传播效果的获得。

第一节　新闻传播效果的构成和类型

一、新闻传播效果的意义

新闻传播是人类的一种有明确目的的社会活动。新闻传播的价值，在于通过传播者与受传者的传播交往达到传递信息、沟通情况、交流经验、协调行动等目的。因此，新闻传播活动从一开始，就暗含着传受双方对效果的设定。

新闻传播的效果问题，贯穿于新闻传播活动的全过程。它始于传播之前，显现于传播之后，因此，传播效果总是由新闻收受者收受新闻信息之后表现出来的。从中我们可以得到这样的结论：所谓新闻传播效果，是指新闻传播受众接受信息之后，在感情、思想、态度和行为等方面所发生的变化。有学者指出，"效果"两个字最普通的意义是：有人因为受到传播的作用，做起与过去不同的事来。

新闻传播效果的意义首先在于，它是整个新闻传播活动的中心。传播者和受传者那样努力地投入，对信息的选定是那么千方百计不遗余力，花费人力、物力、财力，甚至还要流血牺牲争取言论、出版、新闻自由，一切无非是为了传播和接受对传受双方来说都有意义、都有兴趣的信息。效果，是传受双方的原动力，传播活动的最终目标和最终归宿。

新闻传播效果的意义其次在于，为着传播致效，对新闻传播流程的各个环节都设定了具体的、基本的要求。比如被传递的信息，必须真实、全面、客观；传播通道，必须畅通、无障碍；传播者，则应该立场公正、态度认真。一切为着效果，一切围绕效果，确保传播致效，是新闻传播活动的根本目的。

新闻传播效果的意义还在于，传播效果问题是新闻传播研究最重要的领域，它是新闻传播学研究的核心。我们在本书绪论中提出的、作为本书架构纲要的拉斯韦尔"五 W"模式最后一个 W，即是：取得了什么效果？顺着这个主题深入研究新闻传播的各个环节，就可以纲举目张，迎刃而解。因为其他各项的研究，都是为了了解、调整和把握整个新闻传播活动能够取得最大值的新闻传播效果。因此，在新闻传播效果的研究上，值得花费更多的精力和时间。

二、新闻传播效果的构成

目前，人们对新闻传播效果的价值评价体系的认识还很模糊，目前主要看新闻传播之后所产生的直接结果。因此，从宏观上分析新闻传播效果的构成，显得十分必要。

从宏观上考察新闻传播效果，可以发现新闻传播效果大致是由下列八个方面构成的：

（一）信息共享

新闻传播的社会信息中，大部分是共享性的，少部分是劝服性的即宣传性信息。共享性信息有助于受众了解自己生活的世界，并利用这些信息去认识、熟悉和适应这个世界，利用他人的经验去更好地创造新的生存环境。根据这一效果反观，对新闻传播就提出了信息的真实性、广泛性、客观性等要求。

（二）情趣养成

受众需要和接受的一部分信息内容，是关于文艺、体育、厨艺、服饰等物质生产以外的生活信息，这些信息可以推动受众情趣的养成。新闻报道的趣味性，就是据此而设定的。

（三）知识承传

新闻传播是自然科学、社会科学等文化知识得以代代相传的主要中介。它既有效地保存了文化，又极大地普及了文化和推动了文化的繁荣发展。新闻传播的这种强大的延续文化的功能，首先表现在大量和永恒地承传文化的效果上。所以，人们也就要求新闻传播的信息及其承载物新闻媒介，具有一定的知识性。

（四）情绪宣泄

新闻传播的某些信息内容可以引起受众强烈的情绪反应，如愤怒、激动、恐惧、同情、爱慕、厌恶，或者传播者在传播信息时渗入了自己的情感，这些情感也会引起受众的共鸣。这是因为，传者和受众都是有感情的。这种情绪的宣泄与传递，构成了新闻传播趣味性和人情味的来源。

（五）审美感受

新闻传播的信息及其承载物媒介如果具有审美价值的内容，则可以使受众在接受传播后得到审美感受，或是愉悦、幸福、陶醉，或是痛苦、懊丧、失望，使人的心灵受到一定的陶冶或冲击。一般情况下，新闻传播的真善美的内容多于假恶丑的内容，使人受鼓舞催上进的居多。要求新闻传播的信息内容具有一定的审美价值，就是据此提出来的。

（六）价值认同

新闻传播所报道的人物、事件、价值观念和行为模式为受众认同。这时候，受众内心的价值观念与行为模式得到所接触的信息内容的印证，受众会自我肯定与自我欣赏；或者信息内容所传达的价值观念与行为模式为受众所首肯，所报道的人物或事件以及他（它）们所宣扬的价值观，就有了推广的意义。经验报道、典型宣传之所以能够有生命力，就是这种认同效果所致。

（七）态度改变

新闻传播所传送的劝服性信息，主要的作用在于增强受众的原有态度，因为他们认同的信息，更使其坚信自己原持立场观点的正确，而一些他们所不认同的立场观点，受众也会以自己的理念给予驳斥和拒绝，从而使他们的态度更为坚定。这种态度的改变，是程度的变化，但也有态度方向的转变。受众在一系列同其原持观点相反的信息洪流的冲击下，开始怀疑以至最终放弃自己的看法，或者由于从众心理的影响改变了自己原持的立场。这种情况的出现，需要一些特殊的条件。

（八）行为转化

在一定的传播环境和一些其他因素的综合作用下，受众在一系列劝服性信息的影响下，最终放弃原有的行为或改变行为定势，按着传播者引导或指出的方向采取新的行为或行为定势，这种传播效果，是十分显著的效果，新闻传媒所作宣传是十分成功的。

三、新闻传播效果的类型

由于新闻传播效果的呈现状态十分复杂，效果的作用力度大小不一，效果显示时间和延续长短也大不相同，所以对于新闻传播效果可以进行多种方式的分类。

（一）按效果显现状态分：显态效果和潜态效果

显态效果：从受众情绪变化、态度转变、行为改变中可以感觉到的效果。

潜态效果：思想上有所触动，但在情绪、态度、行为上暂时尚无流露，需要经过一定时间，继续接受同样信息传播以后才会逐渐显现的效果。

（二）按效果显示时间分：即时效果和延缓效果

即时效果：受众接受信息后即显现的效果。

延缓效果：受众接受信息后，进行一定的选择、消化、思考以后才出现的效果。

（三）按效果存在时间分：暂时效果和持久效果

暂时效果：受众接受信息后即显现，不久又消失的效果。

持久效果：受众接受信息后即时或略过一段时间后显现的效果，由于信息作用力持久，或受众留下的刺激印痕深刻，这个效果可存在相当长的时间。

（四）按效果社会作用分：正面效果和负面效果

正面效果：受众接受信息后产生对社会有积极作用的效果。

负面效果：受众接受信息后产生对社会有消极作用甚至阻碍作用的效果。

（五）按信息内容和指向分：规范效果、确认效果、共鸣效果、理解效果、享用效果

规范效果：受众接受社会规范性和惩戒性信息后出现的对行为具有规范作用的效果。

确认效果：受众接受权威性和提示性信息后出现的对某些行为具有评价作用的效果。

共鸣效果：受众接受情感色彩强烈的信息后出现的对某些事物产生共鸣作用的效果。

理解效果：受众接受知识含量大的信息后出现的对某些事物表示理解的效果。

享用效果：受众接受实用性强的信息后出现的直接受用的效果。

（六）按信息的社会冲击力分：个别效果、一般效果、社会效果

个别效果：受众接受信息后只对个别人产生的效果。

一般效果：受众接受信息后有一定反响但力度并不很大的效果。

社会效果：受众接受信息后在全社会范围内产生强烈反响的效果。

（七）按信息社会影响所在领域分：沟通效果、宣传效果、教育效果、艺术效果

沟通效果：受众接受信息后使该信息得以扩散的效果。

宣传效果：受众接受信息后表示理解和接受劝服的效果。

教育效果：受众接受信息后思想上受到触动有助于其社会化的效果。

艺术效果：受众接受信息后得到审美享受的效果。

第二节　传播者与新闻传播效果

一、传播致效原则

传播致效，是新闻传播活动的最终目的。为此，前人已积累了许多宝贵的经验，新闻传播学者还为此提出了一系列重要原则。这些经验和原则，对于实现新闻传播效果的最大化和最优化具有借鉴作用和指导意义。这些经验和原则主要有：

（一）信息必须利于受众集中注意

新闻传播的信息能够刺激受众集中注意才有可能取得效果，才有进一步影响受众行为的可能，受众对所接收的信息有三种行为定势：拒绝信息，歪曲信息，接受信息。我们要力争第三种行为定势。

（二）目标必须利于受众行动

新闻传播的信息所设定的目标明确，才有可能促使受众采取行动。受众采取行动的条件是：信息目标同受众心目中原有目标相符；达到目标的途径简便、具体、直接；时间紧迫，不容受众有过大选择余地。

（三）来源必须利于受众改变态度

信息来源即新闻信息发布者，如果有权威，有声望，则有助于受众态度改变。同自己地位相似的来源，由于利益接近和感情相通，也利于受众接受来源的影响。

（四）方式必须利于受众理解劝服

用不同方式重复要点，在开头或结尾提出观点，明确说出自己的看法，坚持“两面说”避免“一面说”，都有助于受众理解劝服性信息。

（五）环境必须利于受众接受劝服

改变不利的传播环境、集体背景和团体关系，可以减少受众接受信息和转变态度的阻力。

（六）针对个性利于受众听从劝服

传播中的受众个性对于接受或拒绝劝服有一定关系。针对个性进行传播，有助于克服受众不良个性带来的阻力，增强传播效果。

新闻传播学总结的这些传播致效的经验和原则，不仅有着学理上的意义，而且对改善新闻传播的效果也有直接的指导作用。

二、新闻传播者对传播致效的意义

新闻传播的来源指生成、制作和发送信息的源头或起点，其直接和能动的作用人是传播者。一个称职的新闻传播者，对新闻传播效果的获得具有至关重要的作用，他们应具有良好的职业形象和合格的传媒人素质。

（一）新闻传播者的形象

新闻传播者的社会地位、资格阅历、业绩荣誉等外在形象，对于塑造美好的职业形象、增强新闻传播效果十分重要。

1. 社会地位。新闻传播者如果担任一定的社会职务，握有一定的权力，受众对其所传播的信息服从指向明显。有一定的社会地位，工作又兢兢业业，亲民形象好，他所传播的信息，权威性和亲和力也大。此人如果兼管媒介，更容易控制受众，控制传播通道和信息流量，也就直接控制了传播效果。但如果他拥权自重，不为民谋利，受众对他反感憎恶，他所发布的信息，也会被受众拒绝，难以达到预期的传播效果。

2. 资格阅历。有相当资格和阅历的人担任传播者，会受到受众尊重。他所传播的信息，公信力大，影响力强。一个资格老、阅历深、能深刻了解受众需要的传播者，他所传播的信息，往往能收到其他人所传播信息难以企及的效果。一个资格阅历都不错的传播者，如果实际能力并不强，工作成绩平平，人们在不了解这些情况的时候，他的传播活动也许仍会有相当效果，但一旦人们了解真相之后，这种效果也会随之衰减。所以老资格还不够，要不断学习不断进步，才能使自己的传播活动收到较好效果。

3. 业绩荣誉。业绩表现好、多次获得荣誉的传播者，对受众有较大号召力，他所传播的信息，权威性大，公信力和号召力强，受众信任他，乐于接受他的传播，因而传播的效果也好。传播者如果能够反抗恶势力，为民请命，为受害群众呼吁呐喊，多次受到政府和人民的嘉奖，他的号召力会更强，他的传播活动也一定会收到更好的效果。

（二）新闻传播者的素质

一个能够胜任新闻传播重任，获得最佳新闻传播效果的传播者，不但外在形象要好，自身还应该具备良好的素质，这些素质包括品质、特长、立场、感情、心理和生理等六个方面。

1. 品质。新闻传播者的品质优秀，对受众会产生很强的号召力。这些优秀品质首先表现为在任何情况下都坚持真理，客观地报道新闻，不屈服于任何势力，不以新闻谋私。人民相信他的报道，也就乐于听从他的劝服。其次，他能公正无私地评论社会事件，不误导群众，出于公心，体贴民心。再次，他能以身作则，要求别人做到的，自己首先做好。具备这些品质的传播者，会得到受众的拥护和信任，使其得到理想的传播效果。

2. 特长。受众对于具有某些特长、专长的传播者所发布的相关专业的信息，往往是相信的，赞同的，接受的可能性也大。所以传播者应力争成为某些专业的专家，或对某些问题有专门的研究。这种专长和特长，必须是真正建立在长期学习和研究的基础之上的，不能只是皮毛的了解，否则会出笑话。出了笑话，负面作用更大。

3. 立场。立场对于传播者十分重要，这不仅关系到传播者自身能否贯彻媒介方针，而且直接关系到同受众立场是同位还是错位。传播者如果立场正确，同群众所思、所求、所乐、所忧一致，就可以引导受众并满足受众的需求。在传播运作中，传播者并不一定要处处申明自己的立场，也可以采取回避立场和隐蔽立场的做法。公开表明立场有的时候便于增强劝服力，但当对方的抗拒心理很强、一时又难以劝服的时候，可以通过不断的大量的客观报道，表达“无形的意见”，从而增加传播的可信度，争取受众的共鸣反应。这种情况下，回避或隐蔽立场的做法可能更有效。

4. 感情。传播者如果尊重受众，关心受众的疾苦，重视受众的要求，往往可以同受众形成一种亲近的感情。在双方心理调谐的情况下进行传播，效果自然就好。反之，传播者以“老爷”自居，盛气凌人，语句生硬，受众读了就烦，听了生厌，便不会有好的传播效果。同受众亲近友好的感情，需要经过新闻传播者的精心培养，传播者需要有良好的自身修养，要关心受众命运，要认同和尊重受众的正确观点和合理要求。双方感情的亲近也有来自受众一方的因素，如受众对传播者资格和个性的认同，对传播者的容貌、衣着、神态、举止有好感等。但传播者自身的修养对于传受双方亲和力的培养是第一位的。

5. 心理。传播者应有良好的心态，较强的自我心理调节能力，对自己的工作要有信心，对克服工作中的困难有顽强的意志，要善于发现和克服“自鸣得意，轻易激动和恐惧上场”等三种传播者经常出现的不良心理。传播者如果盲目地自以为是，自我陶醉，往往会出现对工作马虎从事、爱出风头、表现浅薄等弊病。传播者要善于控制自己的情绪，驾驭自己的情感体验，不能轻易地、不分场合时间随便流露情感。在任何受众、任何困难面前，传播者不应出现紧张、害怕、担心等恐惧感，出现情绪失控、不能自已的尴尬相。否则，就无法完成传播者的任务，更谈不上传播效果。

6. 生理。一些先天造成的生理因素，也会在一定程度上影响传播效果，如身材高矮、胖瘦，相貌漂亮、难看，语音清晰、含糊等。这些生理因素对于广播、电视等媒介的传播有一定的影响。漂亮的形体和甜美的嗓音容易引起受众的集中注意和即时反应，而了解传播者的品质、特长、立场等则要等待许多时间。所以，对于传播者从生理角度的选择也是必要的。

总之，受众是从多方面，特别是通过新闻传播实践来考察和评价新闻传播者的。为了完成信息传播的使命，争取最大、最优的新闻传播效果，传播者应从各方面严格要求和训练自己。新闻媒介机构和新闻教育机构，应该从各方面挑选和培养合格的新闻传播者。社会也应为新闻传播者的成长、才干的发挥和个性魅力的展现，提供更为优越的条件。

第三节 信息及信息传递与新闻传播效果

一、信息对于传播致效的意义

新闻传播是新闻传播者运用特定价值观念，选择与传递信息，依据反馈信息不断调整、控制信息，最终作用于受众的过程。信息是新闻传播的客体与内容。因此，信息对于新闻效果具有重要的、根本性的意义。从信息的角度看，信息的捕捉、选择、加工，是关系到新闻传播致效的三个必要环节。

（一）新闻信息的捕捉

我们生活在信息的海洋里。在这个世界里，每日每时每分每秒都有成千上万已经发生和发现的、正在发生与发现的关于种种事物变化的信息。

首先，新闻传播者对于自己将要报道或有关部门指示必须报道的信息，心目中应有明确、清晰的标准，即掌握一定的报道方针和关于这些信息的价值取向。

其次，要敏锐地发现和捕捉新闻信息。除了必须具备很好的新闻敏感之外，新闻传播者在捕捉信息时，还要勤奋和刻苦地工作，要尽可能多地采集相关的信息，以便将来有较大的选择空间。新闻传播者还要针对信息生成与变化的全过程，尽可能全面、详细而不遗漏地采集各种各样的信息。必须牢记，有的时候，一旦错过时机，某些信息再也不可能有弥补采集的机会。

再次，对于捕捉到的信息，要严格地进行鉴定。新闻传播者可以运用分析、核实、调查等方法，对信息进行鉴别，以区别其真假、轻重、主次。这种鉴别十分重要。有的时候，由于新闻传播者本人的经验不足，知识不够，作风不实而导致鉴别失误。有的时候，则由于信息提供者别有用心，布置假环境，提供假信息而令传播者上当。不经过认真的鉴别，不仅收不到预期的传播效果，甚至会带来意想不到的可怕的传播结果。

（二）新闻信息的选择

大量的经过鉴别的信息采集之后，必须对其进行选择。要使新闻传播有效，首先要选择真实的信息。这里的真实要求已经不是在新闻鉴别时所要求的事实的真实，那是微观的真实、细节的真实；这里要求的是宏观的真实，即传播者要衡量该信息的配置是否会损害总体上的真实。比如说，一件喜事是真实的，但不能光报喜事不报忧事，造成社会现实总体上的不平衡；一件忧事也是真实的，但也不能光报忧事不报喜事，造成另一种社会总体上的不真实。换句话说，这里的真实要求，也就是从总体上把握信息传播平衡的要求，是一种社会的真实和总体的真实。

其次，要选择同表达的主题相关的信息，舍弃无关或无关紧要的信息。新闻传播的是新近变动的事实的信息，传播者要表达的也是围绕这些信息形成和展开的意见，不必要也不可能面面俱到地陈述事实变化的全部信息，表达传播者想要表达的所有意见。所以，新闻传播要围绕主题展开信息，陈述主要事实的变化过程。如果不是这样，枝叶蔓延，主题分散，材料零乱，是不会有理想的传播效果的。

再次，要选择典型的信息。要用有代表性、有说服力的信息，言简意赅地表达主题，揭示所报道事实的本质。为此，传播者在对大量信息进行选择时，要比较又比较，分析又分析，选出那些能举一反三、窥一斑见全豹的信息，用以说明事实发展的规律，揭示要表达的主题。不要搞繁琐哲学，更不能有闻必录。

最后，要选择新鲜活泼的信息。新闻传播者所采集的信息中，有陈旧的，也有新鲜的信息；有干巴的，也有生动的信息。新闻传播受众对新鲜活泼的信息会产生强烈的注意指向，因此，传播者要舍弃那些陈旧的、干巴的、已失去时效性的信息，把活蹦乱跳的信息“活鱼”奉献给自己的受传者。

（三）新闻信息的加工

新闻信息经过必要的加工才能进入传播通道，发送给受众。信息加工就是编码的过程。毛泽东对于文件、文章的写作，提出过“三性”的要求，他规定文章和文件都应当具有这样三种性质：准确性、鲜明性、生动性。准确性属于概念、判断和推理问题，这些都是逻辑上的要求。鲜明性和生动性，除了逻辑问题以外，还有辞章问题。现在许多文件的缺点是：第一，概念不明确；第二，判断不恰当；第三，使用概念和判断进行推理的时候又缺乏逻辑性；第四，不讲究辞章。看这种文件是一场大灾难，耗费精力又少有所得。一定要改变这种不良的风气。

对于新闻信息的编码来说，所谓准确，除了事实的准确、记人记事不失真之外，遣词造句、引文描述，都必须持之有据，并令人易懂易记，决不添加主观臆想的东西。所谓鲜明，传播者的态度、信息的内容、制作的符号都要力求鲜明，不能模棱两可，平淡无奇。所谓生动，新闻信息的编码要有创新，角度新颖，用词鲜亮，句式活泼。

对于新闻信息的加工制作，除准确、鲜明、生动外，还必须符合简洁编码的要求。用词要简练，不使用长句。新闻导语，要从“立片言以居要，乃一篇之警策”的古训，用极简要文句说明全文的目的或结论，以唤起阅者注意。每篇新闻的文字要短小，压去其中的“水分”。每篇文章短了，整张报纸的信息容量也就增加了。这在很大程度上有助于新闻传播效果的最优化。

二、传播致效对信息传递的要求

由新闻传播者发出的经过编码的信息，要为受传者顺利接受并准确译码，引起情感共鸣，认同传播者的态度，才能产生期待中的传播效果。在这漫长的过程中，传播者所发出的信息的质量，传播通道的容量与质量，传递方法的选定，是十分重要的。

（一）给定信息的质量

传播者发出的信息，能否为受传者接受，很大程度上取决于对受传者需求的正确预测。换言之，传播者传递的信息，必须具备有用性。受传者接触媒介有不同的需求，他们对信息呈现不同的缺乏状态。在法律和有关行政规定的范围内，广泛提供受众所需求的信息，可以收到一定的传播效果。为此，扩大报道面，加大信息量，是每个传播者参与传播活动、每个新闻媒介不断改进传播行为的前提。

在现代新闻传播中，一种媒介所提供的信息总量，不可能全被受传者接受。调查表明，受众接受每天出版或播出的某种媒介中，只要对其发出的信息总量有六成以上感到有用和有趣，这个媒介就会受到这部分受众的重视。媒介经营者发出的各类信息，必须有相当数量的受众感到有用和有趣，该媒介才能存在。至于受众数量的多少，则由媒介根据自己的编辑原则与经济实力决定。如果某些信息只为极少数人注意，绝大部分受众弃之不用，该媒介也应该检讨和修改自己的选择方针。

传播者发送信息的数量必须适中。传播同类信息过量，即传播超载，受众会感到重复、厌烦、疲劳，因为后继信息同首传信息内容上一样，已经失去了认知的意义，受众便视这些信息为“信息垃圾”，称这种重复传播的行为为“信息洪水”。这种情况下，传播效果也就谈不上了。有的时候，受众迫切需要的信息又久候不至，或新闻所传达的信息过于简单，或传播者故意隐匿了某些最重要、最关键的信息，这种种情况下，便产生“信息饥渴”，即信息量供应不足。受众对造成“信息饥渴”的传播者和媒介会产生不信任感，从而从总体上损害了以后的信息传播的效果。

传播信息迅速及时，也是对信息质量的要求。迟到的信息，“马后炮”信息，不仅由于时过境迁而损害了新闻信息的质量，也影响了传播者与传播媒介的形象。

信息传播还要求经济实惠，即受众能够以较少的付酬获得较多的信息，从而降低单位信息的成本（单价）。这样也就相对地提升了新闻信息的质量。

（二）信息通道的质量

信息是经过信息通道——特定介质的传播媒介——传送给受众的，因此，保证信息通道的畅通，优化通道的质量，也同传播效果密切相关。

以不同符号编码的信息应选用不同的信息通道。有的信息，如含义不易理解的、文字比较艰深的报道，适宜在报纸上发表。有的信息，如口语感强，又可插配音响的报道，则适宜在电台播出。有许多画面配合的新闻，在电视播出的效果会更好。而必须快速传递，又便于公众参与表达的信息，则在网络或手机上发表可能效果不错。

信息传播通道应该顺畅，无噪音或少噪音干扰。印刷媒介的印制要清楚，文字与图片清晰分明，墨色匀称，色彩协调，页码编制方便，新闻和文章少转页，广告配置适量。广播媒介播音员口齿清楚，语气亲切，断句正确，情感表达合理。电视媒介画面清晰，有美感，口播新闻时尽量配置画面或表格等形象化材料。这些，都是传播信息通道顺畅的基本要求。错别字病句多，印刷模糊，墨色过重，色彩变化过多，文章转页频繁；播音员断句失当，文言太多，吐字不清，不适当地表达情感；电视图像模糊，杂音冲击太多，画面切换过频过快等等，都会造成受传者收受信息时的不便与不适，是信息通道中的噪音。清除噪音干扰，对确保传播致效十分必要。

信息传播通道的质量，既有硬件的要素又有软件的要素。硬件，主要是指媒介的物理性能。软件，既指传播者的信息传播技巧，也指国家对信息控制实行的政策。对此，将在下一章有更多的分析。

（三）传递方法的选定

方法是过河的桥。适当的传递方法，既利于新闻信息的传递，又利于新闻受众的收受，对于传播效果的提升十分重要。经验表明，上情下达和下情上达结合，单向传递和双向传递结合，多种媒介互动传递，是行之有效的新闻信息传递方法。

国家机关、政府部门、社会团体，有许多政策、法规、决策、意图要向下级机关和广大群众传达，这种由上至下的信息传递称为上情下达。反之，下级机关和广大群众也有许多情况、意见、要求要向上级反映，这种把基层的情况向上反映的传递方法，称为下情上达。在新闻信息传递中，把上情下达同下情上达结合起来，是达到上下沟通、信息共享、互相理解、推动工作和问题解决的主要方法。只顾一头，会造成信息阻塞，传播不畅。

单向传递是传播者只管传播一方向受传一方传递，不作信息反馈或不吸收和不分析反馈信息。双向传递是传受双方互动，传播者向受传者传递信息，同受传者向传播者回传反馈信息互动互存。新闻传播中，既有公开传播中的单向传递，又有传播者向受众作调查等双向传递，这两种方法结合起来，能收到较好的传播效果。互联网传递和手机传递，比报刊、广播、电视等传统媒介的传递方法，有很大改进。

进入新世纪以来，各种介质的新闻媒介开始实行互动传递，以及传播者和受众热线联系互动传受。前者指在媒介融合的条件下，传播者就某一新闻信息动用各种媒介，选取不同的角度，向同一受众群体传播。后者指在数字技术支持下，受众通过移动电话、互联网等媒介同时参与新闻媒介的活动，成为传播者之一，身兼受传者与传播者双重角色。这两种方法，使新闻传播效果有了明显改进。

第四节 传播环境及受众与新闻传播效果

一、传播环境对传播致效的意义

传播环境泛指围绕新闻传播活动周围的情况、条件和氛围。它同传播媒介环境有联系，也有很大的不同。媒介环境是对媒介置身的环境的静态考察，主要研究媒介存在的经济社会制度和新闻传播制度。传播环境是对传播运作的整个环境的动态考察，是一种对影响传播效果的包括社会环境和自然环境的多层面的综合性研究。

（一）社会环境

传播的社会环境，指在长期的传播活动中所形成的人与人之间的联系与关系，其中有传播者结成的关系，受传者结成的关系，以及传播者与受传者结成的关系。在个体与团体之间，个体对团体往往有从众指向，团体对个体有约束作用。当新闻传播者的传播行为同团体目标一致的时候，受众中该团体的成员容易被劝服，反之则不易成功。因此，新闻传播要尽量争取同团体的目标与价值观一致，以增强传播效果。由于社会团体很多，各种团体又有不同的价值观，所以新闻传播者要尽可能地去主导主流价值观，团结最大的团体和更多的团体，使这些团体支持传播者的立场与态度；同时又要耐心地说服持不同价值观的个人赞同传播者的态度，以争取最大的传播效果。

（二）自然环境

新闻传播活动总是在一定的自然环境中进行的。自然环境包括地理、气候、特殊的景观等传播空间。

新闻传播活动无法摆脱自然条件的制约。报纸印制好以后要通过车、船、飞机运往各地发行。一场大雪、大地震，九级台风，浓雾弥漫，铁路、公路运输中断，轮船停航，飞机无法升空……于是，报纸不能外运送到订户手中。这天报纸的传播效果就等于零了。电子媒介发出的电波，被高高的山巅挡住了，随之输送的信息也无法飞越到千里之外，这样，电子媒介的传播效果就谈不上了。

报道同党的建设相关的新闻，如果以“一大”会址为背景，可能给人一种亲切感，使新闻增加历史的凝重感。报道中国旅游事业进展的新闻，以黄山或泰山为背景，也许会有更好的传播效果。可见，人文历史景观，也同新闻传播效果有联系。

人们可以利用自然条件，也可以利用不断进展的科学技术，弥补自然条件的不足，超越一些不便因素，从而改善新闻传播效果。比如利用电子传真、计算机技术，把编制好的版面输送到远处，在该地印制报纸发行。利用通讯卫星把电子信号传遍世界各地，克服过去信号无法到达等困难。正因为这样，在数字技术支持下的互联网传播和手机传播，为新闻传播效果的极大提升，提供了最大的物质条件的保证。

（三）心理环境

当传受双方都处于心理调谐的状况下，尤其是受传者处于愉悦、积极的情绪下进行新闻传递时，传播效果往往是良好的。当一个国家、地区、部门正在热烈庆祝节日时，这个国家、地区和部门的报纸在此时是不会大规模地揭露自己的黑暗腐败的事情的，因为这样做是不合时宜的，两者的心理冲突太大了。同样，一个正发生重大地震灾害的国家，也不会大张旗鼓地报道某项娱乐性活动。可见，传播效果同心理环境之间也有一定的联系。

二、新闻受众对传播效果的意义

受传者是新闻传播活动的终点，也是新闻传播效果的实现者。受传者对新闻传播效果的意义十分重要，他们的背景、智力、个性直接同新闻传播效果有关。

（一）受众的背景同新闻传播效果的关系

每个受传者都以独特的社会背景与个人背景接触新闻媒介与新闻信息。每个人的民族、阶级、所在团体、职业、文化不同，对新闻信息的接受、理解和使用也不同。每个人的立场、兴趣、阅历和社会经验不同，他对所接触的信息的反应也不同。“人以群分，物以类聚”，如果一部分受众的利害关系相近，他们对同一条信息可能会采取相近的态度。但每个受众又是各不相同的，可以说，一千个受众，有一千个背景，他们对于新闻传播的接受，也会有一千种反应。

（二）受众智力同新闻传播效果的关系

在新闻传播活动中，受传者的智力表现在对编码的识别、理解上。不同的受众，由于智力因素不同，对新闻传播的接受与利用也不同。比如对于编码的信息含量和文化价值等要求，智力高的要高于智力低的。对劝服信息的认知，智力高者更多地要求用“两面说”，智力低者则更多地习惯于“一面说”。智力高的受众，对所接受的信息理解得多，思考得多，而智力低的受传者，则偏重于即刻接受，并会很快发生态度的改变。

（三）受众个性同新闻传播效果的关系

每个受传者都有自己特殊的性格、气质和能力，这些，对新闻传播效果也有影响。具有较强攻击性的或因循守旧的人，不易接受他人的劝说。自卑怕羞、性格内向的人，则容易接受他人的劝说。这两种人，对于新闻信息接受的难易也不同，前者不轻易表态，后者则即刻表态并产生态度的转变。

至此，我们可以对影响新闻传播效果的诸种因素作一个小结：新闻来源即新闻传播者对新闻传播效果的影响是决定性的。新闻传播效果对信息有很强的依赖性。

信息传递对新闻传播效果有直接关系，所以有“传则求通”之说。

传播环境对新闻传播效果也有影响，“媒介生态说”着重研究的就是媒介与社会的关系。

传播对象是新闻传播效果的体现者，“使用与满足”、“使用与依赖”理论从不同侧面说明了受众同传播效果的密切关系。

思考题

1. 新闻传播效果在新闻传播过程中的意义。
2. 新闻传播效果的构成。
3. 新闻传播效果的类型。
4. 实现新闻传播效果最大化的条件。
5. 新闻传播者对传播致效的意义。
6. 新闻传播效果对信息的依赖。
7. 传播致效对信息传递的要求。
8. 传播环境对传播致效的意义。
9. 新闻受众对传播致效的作用。

第十章

新闻传播调控

CHAPTER 10

一个阶级是社会上占统治地位的物质力量，同时也是社会上占统治地位的精神力量。支配着物质生产资料的阶级，同时也支配着精神生产资料。

——马克思、恩格斯

人民的自由，只有在人民真正能够毫无阻碍地结社、集会、创办报刊，亲自颁布法律、亲自选举和罢免一切负责执行法律并根据法律管理国家的官员的时候，才能得到保障。

——列宁

新闻传播巨大的社会功能，使执政党和政府对新闻传播实施调控成为必然。马克思主义新闻自由观，是我国依法保障人民的新闻自由权利、对新闻传播实施法律监控的指导原则。加强新闻法制建设，强化执政党、政府和新闻传播者的法治意识，具有迫切的现实意义。

第一节　新闻传播有机运行的前提

一、新闻传播有机运行的物质技术前提

新闻传播作为社会交往的桥梁，是社会良性运行的神经与脉络。在阶级社会里，新闻传播事业的阶级性，又常使新

闻传播带有鲜明的倾向性。为此，国家权力和社会各界总是千方百计地维持和调控新闻传播的有机运行，使之利于社会，利于本阶级、政党、团体的政治经济利益。

现代新闻传播事业的产生与发展，是现代物质生产力发展的结果，是科学技术进步的产物。现代传播媒介的生产、发行、运输、阅听，对物质和技术有极大的依赖性。没有相当规模的物质技术支持，就不可能存在现代新闻传播事业。新闻传播有机运行得以继续的背后，是强大的现代化物质生产。

让我们回顾一下古登堡发明现代印刷术以后，同报业发展相关的几项最重要的技术发明：

1453 年古登堡印刷机问世
1811 年蒸汽印刷机问世
1839 年摄影术发明
1844 年有线电报发明
1845 年轮转印刷机发明
1853 年木浆造纸术发明
1857 年越洋海底电报发明
1867 年打字机发明
1876 年留声机发明
1886 年自动排版机发明
1895 年无线电报发明

我们可以发现，正是这些发明创造，为现代报业开辟了前进的道路。难怪有学者说，这些发明，每项都是现代报业的功臣。轮转机使报纸印刷发生革命，木浆造纸使报纸成本大为降低，电报之发明，使新闻传递迅速、报纸内容丰富。

现代新闻传播事业发展的早期，离不开物质技术的支持。中国自 1978 年开始实行改革开放以来，物质生产力和综合国力有了突飞猛进的发展，新闻传播事业随之出现了令世人震惊的腾飞。请看 1978 年至 1997 年中国新闻传媒的发展：

名称 / 数字 / 年份	电台（座）	市县广播站（座）	电视台（座）	邮发报纸（种）	邮发报纸期发数（万份）
1978	93	2 553	32	253	5 542.5
1979	99	2 560	38	283	6 288.8
1980	106	2 610	38	382	7 415.4
1981	114	2 643	42	451	7 996.0
1982	118	2 631	47	538	8 437.1

续前表

名称 / 数字 / 年份	电台（座）	市县广播站（座）	电视台（座）	邮发报纸（种）	邮发报纸期发数（万份）
1983	122	2 619	52	604	10 416.8
1984	167	2 570	93	714	13 202.0
1985	213	2 568	202	944	14 500.0
1986	278	2 560	292	984	20 722.0
1987	386	2 576	366	1 482	18 600.0
1988	461	2 521	422	1 628	13 780.0
1989	531	2 525	469	1 618	15 148.0
1990	635	2 466	509	1 446	13 986.0
1991	724	2 464	543	1 514	15 318.0
1992	812	2 452	586	1 666	19 066.0
1993	987	2 382	684	1 775	17 948.0
1994	1107	2 342	766	1 951	17 753.8
1995	1202	2 592	837	2 089	17 230.1
1996	1244	2 106	880	2 163	17 877.2
1997	1363	2 055	923	2 149	18 258.7

注：1987年（含1987年）后包括自办发行和邮发。

让我们再从另一观察问题的角度，论证物质技术条件对于新闻传播有机运行的意义。十月社会主义革命胜利之后，面对资产阶级报刊的殊死反抗，列宁领导党和苏维埃政权对之进行了坚决而顽强的斗争。在这些斗争中，列宁采用的“铁的手腕”是：

剥夺资本家的印刷所和纸张。列宁说，剥夺资本家的印刷劳动和纸张，也就剥夺了资产阶级的出版自由。

对广告实行垄断。列宁说，这是战胜资产阶级报刊最重要的手段。因为广告是资产阶级报刊成为大企业的秘密，它们是依靠广告生存的。

由上面的史实可以说明，新闻传播活动，特别是新闻机构所操作的新闻传播活动，是传播者将一种社会信息（传播者对于新近发生的事实的报道）以纸张、电波、光波等为载体的物化劳动过程，没有必要的物质技术条件，这种物化劳动是无法进行的。一定数量的机制纸张、印刷机械，发射与接收电信号的装置，较为发达的通信与交通，相当水平的广告、资金、文化人、技术人员与工人，就是不可缺少的条件。没有这些，报刊的生存与发展就不可能，广播的普及与改善就是一句空话，电视也将举步维艰而望“物”兴叹。

不断地改进和发展社会生产，大力推动生产关系的变革和促进社会生产力的腾飞，是新闻传播继续发展的物质基础。为了推动新闻传播活动，发展新闻传播事业和产业，国家必须不断增加资金、设备、物资和劳务的投入。新闻传播产业的利润，也必须提取一定比例用于新闻传播扩大再生产。

二、新闻传播运行的民主政治前提

新闻传播是人们认识和反映客观世界变动的意识活动。充分自由地认识和反映客观世界的权利，根据新闻市场的需求，独立自主地进行大规模的新闻生产与消费，简言之，开放和开明的民主政治制度，是保障新闻传播活动有机运行的又一个必要前提。

新闻传播事业发展的历史，也是一部人类争取新闻传播自由的历史：

1644 年，英国政论家约翰·弥尔顿在国会首倡出版自由。

1649 年，英国发生李尔本案，“批评政府无罪”原则在英国确立。该原则 1735 年在美国也得以确立。

1789 年，法国国民议会通过《人权宣言》。美国国会通过宪法第一修正案，规定国会不得制定剥夺人民言论或出版自由的法律。从此，美国确立新闻自由体制。

1791 年，法国制宪会议通过法国宪法，将《人权宣言》列为前言，重申言论自由，禁止建立出版检查制和预审制，规定了行使新闻自由的法律范围。1830 年，法国颁布 1830 年宪章，宣布政府完全不干涉出版自由。

1848 年，法国制宪会议通过 1848 年宪法，规定公民有权运用新闻媒介表达自己的思想。

1855 年，英国政府取消印花税制度，新闻自由体制经过二百多年反复斗争得以最终确立。1868 年，法国政府公布出版法，取消预审制，减少印花税，约束官员对出版物的干涉。

1881 年，法国政府公布新出版法，规定创办报刊只须向政府登记即可，无须特许和预交保证金，被认为是新闻自由体制在法国确立的标志。至此，美、英、法三国的新闻自由体制已全部确立。

自 1917 年在苏联、1949 年在中国，社会主义国家也先后确立了言论出版自由的体制。

以言论、出版、新闻自由为标志的新闻传播领域的民主政治制度，有力地保障和推动着新闻传播事业的发展。三百多年以来的事实表明，对于新闻传播活动有机运行来说，广泛的民主权利和新闻自由权利是不可缺少的。一般的民主权利即基本人权如：知晓权（公民享有及时和全面了解国内外重要事件和官员行政行为的权利）、议政权（公民享有了解、参与和评议政府决策的权利）、监督权（公民享有监督和批评政府及官员决策、行政行为及财产状况的权利），对于新闻传播活动的正常进行，新闻事业的有机运行，是不可或缺的重要社会条件。

广泛的公民权利和新闻自由权利，必须通过立法，依靠法律加以确认和保护。国家必须制定相应的法规，运用法律武器保障公民和新闻工作者的民主权利和新闻自由。一切关于新闻传播和新闻传播事业的法律，其根本宗旨在于保护正当的新闻传播活动和新闻媒介经营行为，限制和反对有碍国家安全、民族利益、公民身心健康的新闻传播活动，即防止和惩罚对于新闻自由权利的滥用。之所以要制定和实行防止滥用新闻自由的法规，目的还在于进一步保护正当的新闻传播活动和正当的新闻媒介经营行为，这是所有关于新闻传播立法的积极意义所在。

总之，充分的物质技术保障，广泛的民主权利和新闻自由以及相应的法律措施，是新闻传播正常进行、新闻传播事业及产业有机运行的重要前提。

第二节　新闻自由

一、国际社会的新闻自由概念

新闻自由这一概念，从字面上看，是指搜集、发布、传播和收受新闻信息的自由，包括报刊的出版自由、电台和电视台的播放自由、新闻采访与报道的自由，以及发表意见和开展新闻批评的自由。严格说来，新闻自由不是新闻传播者所独有的职业权利。新闻自由是公民权利的一个重要方面，它包括自然人和法人创办新闻媒介机构的自由，了解和报道新闻的自由，发表意见的自由和批评政府及公务员的自由。

新闻自由与言论自由、出版自由有联系又有区别。在国际社会，长时期以出版自由代替新闻自由，认为新闻自由的内涵，可包括在出版自由之中。新版《马克思恩格斯全集》第一卷问世之后，我国学者开始使用“新闻出版自由”。

国际社会的新闻自由概念，其理论来源有两个，一个是17世纪英国革命前后的一些启蒙思想家，另一个是18世纪美国独立前后的一些政治家。在《出版自由请愿书》中，英国政论家约翰·弥尔顿提出了这样的思想：人是有理性的动物，杀人只杀死了一个有理性的动物，而禁止一本好书出版，则是扼杀了理性本身。目前使用的查禁制，实际上查禁了真理。这是“出版自由”思想的最早提出和首次论证。

法国革命家罗伯斯庇尔在《革命法制和审判》一书中，将出版自由内涵归结为两点，一是发表对立意见的自由，二是批评政府官员的自由。资产阶级政治斗争的实践，证实了他的观点的正确。这样，政府无权禁止公民发表不同的意见、批评政府无罪，成为出版自由的重要原则。以后，出版自由进一步发展，英国哲学家洛克提出“宽容异教论”，即社会应容纳持不同政治观点的人。美国政治家杰弗逊以“政治宽容论”发展了洛克的思想。19世纪，这一思想又发展成“思想的公开市场”。

美国律师汉密尔顿提出的保障新闻自由的原则，把出版自由口号同新闻工作者的职业权利联系起来。这一职业权利的核心是，批评政府的报纸在任何时候都不应构成诽谤罪。英国社会学家边沁提出公开所有官员的行为以便对权力进行监督的主张，进一步把新闻自由权利引进舆论监督的领域。20世纪初，产生了“绝对权利”的概念，这一概念指公民享有批评政府的“绝对权利”。

视报刊舆论为除行政、立法、司法外的第四权力的观点，进一步高扬了新闻自由的思想。分权学说是由英国激进派领袖李尔本提出的，洛克发展了这一学说，提出行政、立法、外交三权分立，立法权为最高权的主张。法国启蒙思想家又将其发展为行政、立法、司法三权分立，互相制约的政体主张。杰弗逊则认为三权分立还不够，应将报刊的舆论监督功能作为第四权力，他认为，自由报刊应成为对行政、立法、司法三权起制衡作用的第四种权力。

由于报刊依靠政府津贴的弊病日见明显，英国报人柯贝特提出了报刊独立的思想。另一报人德兰进一步发展了柯贝特的思想，提出，政治家的任务是缄默，报纸的任务是说话。报刊独立的理论，进一步拓展了新闻自由的概念。

第二次世界大战以后，新闻自由概念又有新的发展。美国学者和报人提出的社会责任论，主张新闻自由是权利和义务的统一。这一思想立足于承认新闻自由是人类一项不可剥夺的权利，又坚持新闻自由必须承担应有的社会责任和义务的原则。

二战以来，国际社会关于新闻自由的思想，集中体现在一系列关于新闻自由的国际文件和联合国文件里。其中最具代表性的是1966年联合国大会通过的《国际人权公约》及其三个子公约：《经济、社会、文化权利国际公约》、《公民权利和政治权利国际公约》、《公民权利和政治权利国际盟约任择议定书》。这些国际公约中，《公民权利和政治权利国际公约》第19条直接规定了各缔约国政府保护新闻自由的义务：

一、人人有权持有主张，不受干涉。

二、人人有自由发表意见的权利，此项权利包括寻求、接受和传递各种消息和思想的自由，而不论国界，也不论口头的、书写的、印刷的、采取艺术形式的或通过他所选择的任何其他媒介。

三、本条第二款所规定的权利的行使带有特殊的义务和责任，因此得受某些限制，但这些限制只应由法律规定并为下列条件所必需：

（甲）尊重他人的权利或名誉；

（乙）保障国家安全或公共秩序，或公共卫生或道德。

我国政府已于1997年和1998年分别签署参加《经济、社会、文化权利国际公约》和《公民权利和政治权利国际公约》。这两个国际公约一旦在中国生效启动，在新闻自由问题上，我国将正式同国际社会接轨。

二、马克思主义新闻自由观

就中国社会的主流价值观而言，我们以马克思主义的新闻自由观作为自己的指导思想与行为准则。

马克思主义经典作家在理论上高度评价和严肃对待新闻自由问题，在实践上为争取无产阶级新闻自由进行过卓越的斗争。他们创办工人阶级报刊，以报刊为阵地同资产阶级及机会主义者较量。在长期艰巨的、卓有成效的报刊斗争中，经典作家们推动着新闻自由理论的发展深化。

在马克思主义奠基人看来，在人类所享有的各种自由权利——财产自由、信仰自由、审判自由、行业自由等中，新闻出版自由是最重要的自由。马克思说：没有新闻出版自由，其他一切自由就会成为泡影。

马克思主义经典作家热爱新闻自由，为追求新闻自由进行过艰苦卓绝的斗争。在他们的生平事业中，曾经留下许多可歌可泣的为新闻自由英勇奋斗的不朽篇章。马克思年轻时在抨击普鲁士反动当局剥夺公民思想与写作自由的斗争中，写下过这样令人动情的文字："你们赞美大自然令人赏心悦目的千姿百态和无穷无尽的丰富宝藏，你们并不要求玫瑰花散发出和紫罗兰一样的芳香，但你们为什么却要求世界上最丰富的东西——精神只能有一种存在形式呢？我是一个幽默的人，可是法律却命令我用严肃的笔调。我是一个豪放不羁的人，可是法律却指定我用谦逊的风格。一片灰色就是这种自由所许可的唯一色彩。每一滴露水在太阳的照耀下都闪现着无穷无尽的色彩。但是精神的太阳，无论它照耀着多少个体，无论它照耀什么事物，却只准产生一种色彩，就是官方的色彩！精神的最主要形式是欢乐、光明，但你们却要使阴暗成为精神的唯一合适的表现；精神只准穿着黑色的衣服，可是花丛中却没有一枝黑色的花朵。"①

同一般的资产阶级政治家不同，马克思主义者经典作家主张运用阶级分析的方法考察新闻自由。马克思指出，自由确实是人们固有的东西，连自由的反对者在反对实现自由的同时也实现着自由。他们把曾被他们当做人类天性的装饰品而否定了的东西攫取过来，作为自己最珍贵的装饰品。马克思还指出，没有一个人反对自由，如果有的话，最多也只是反对别人的自由。可见各种自由向来就是存在的，不过有时表现为特权，有时表现为普遍权利而已。恩格斯曾经鲜明地指出，出版自由，不同意见的自由斗争就意味着允许在出版方面进行阶级斗争。

---

① 《马克思恩格斯全集》，中文2版，第1卷，111页，北京，人民出版社，1995。

列宁在新闻自由方面也有许多精辟的论述。他说："'出版自由'这个口号从中世纪末直到19世纪成了全世界一个伟大的口号。为什么呢？因为它反映了资产阶级的进步性，即反映了资产阶级反对僧侣、国王、封建主和地主的斗争。""世界上没有一个国家像俄罗斯联邦那样做了和正在做着那么多的工作来使群众摆脱僧侣和地主的影响。我们是世界上把'出版自由'这个任务完成得最好的国家。"①

列宁提出了这样一种观点：出版是政治组织的中心和基础，出版自由等于建立政治组织的自由。这一观点明确而深刻地揭示了出版自由口号的本质和要害。

列宁还提出了两种出版自由的思想。他说，资产阶级认为，所谓出版自由，就是富人有出版报纸的自由，就是由资本家霸占一切报刊。这种霸占的结果是使包括最自由的国家在内的世界各国一切地方的报刊实际上都成了被人收买的报刊。工农政府认为出版自由就是使报刊摆脱资本的控制，把造纸厂和印刷厂变成国家的财产，让每一个达到一定人数（如1万人）的公民团体都享有使用相当数量的纸张和相当数量的印刷劳动的同等权利。

毛泽东对新闻自由也有深刻的论述。他用"舆论一律"和"舆论不一律"来概括社会主义社会的新闻出版自由。他把只许反动分子规规矩矩，不许他们乱说乱动的这种政策形象地叫做"舆论一律"，而且指出，这种"一律"，不仅指舆论，而且包括法律。这里不是用民主的方法，而是用专政即独裁的方法。在人民内部，则应该实行"舆论不一律"的方针，即人民群众应该享有充分的出版自由权利。所谓"不一律"，就是批评的自由，发表各种不同意见的自由，宣传有神论和宣传无神论（即唯物论）的自由，就是允许先进的人们和落后的人们自由利用我们的报纸、刊物、讲坛等等去竞赛，以期由先进的人们以民主和说服的方法去教育落后的人们，克服落后的思想和制度。

综合马克思主义经典作家的观点，在新闻自由问题上马克思主义的基本认识是：

1. 新闻自由是一个阶级范畴。新闻自由不是抽象的，而是具体的；不是绝对的，而是相对的。在阶级社会里，只有一定阶级的新闻自由，没有超阶级的、绝对的新闻自由。一个阶级的新闻自由，总是建立在剥夺另一个阶级的新闻自由的基础之上的。一个阶级的新闻自由，是以另一个阶级的不自由、丧失新闻自由为条件的。

2. 新闻自由是一个历史范畴。新闻自由的提出和发展都是历史的产物，它存在于一定的历史阶段，而不是永恒的东西。新闻自由的历史发展过程总是和社会发展的总趋势密切联系着的。新闻自由是在资产阶级反对封建专制主义的新闻统制的斗争中提出来的。无产阶级在反对资产阶级的新闻统制中接过这面战旗并写

① 《列宁全集》，中文2版，第42卷，85页，北京，人民出版社，1987。

上无产阶级的要求。到了共产主义，阶级和阶级差别消亡了，人人都能享有最充分的新闻自由，到那时，民主愈完全，它也就愈迅速地成为不需要的东西，愈迅速地自行消亡。到了那个时候，新闻自由作为一种政治权利，也就没有必要存在了，这个口号也就会自行退出历史舞台。

3. 新闻自由是一个政治范畴。和别的自由、民主一样，新闻自由既是目的，又是手段。在一定历史时期和斗争阶段，新闻自由是努力争取的一个目标，各个阶级都把它写入自己的斗争纲领之中。但是归根结底，新闻自由并不是最终目的，而仅仅是一种手段。人们争得新闻自由以后并不满足，而是以新闻自由为手段，去创办报刊，开办电台和电视台，去为夺取政权和巩固政权组织舆论、影响舆论。在这种情况下，新闻自由就成了争取更高的经济利益和政治利益的一个武器，一个阶梯。所以恩格斯说，无产阶级夺取政权需要民主的形式，然而对于无产阶级来说，这种形式和一切政治形式一样，只是一种手段。当然，我们在认识新闻自由最终是一种手段时，切莫看轻了它同时又是一个目的，是亿万人民流血牺牲努力争取的一个目标。新闻自由对于每个公民来说，都是极为可贵的基本权利。

三、中国法律对新闻自由的规定

新中国第一个大法《中国人民政治协商会议共同纲领》第四十九条规定："保护报道真实新闻的自由。禁止利用新闻进行诽谤，破坏国家人民的利益和煽动世界战争。"这个具有临时宪法性质的规定，是社会主义中国对新闻自由的第一次立法保护。随后的各个宪法都有类似规定，现行宪法第三十五条规定："中华人民共和国公民有言论、出版、集会、结社、游行、示威的自由。"

我国现行宪法虽然没有直接提到"新闻自由"，但宪法里的"言论、出版自由"，完全可以理解为包括"新闻自由"，因为现行宪法第二十二条里有公民可以从事"文学艺术事业、新闻广播电视事业、出版发行事业、图书馆博物馆文化馆和其他文化事业"的内容，说明公民享有进行新闻出版活动的权利。《香港特别行政区基本法》第二十七条，《澳门特别行政区基本法》第二十七条，分别有"香港居民享有言论、新闻、出版的自由"，"澳门居民享有言论、新闻、出版的自由"。而这两个基本法，相当于特殊条件下的国家宪法。新版《马克思恩格斯全集》第一卷，将过去使用"出版自由"的地方，根据当时德国新闻出版的实际情况和德语语意，已一律改为"新闻出版自由"。个别人长期以来坚持的"新闻自由不为马克思主义经典作家所接受"的断言不攻自破。因此，我们可以说，我国宪法中的"言论、出版自由"也有"新闻自由"的内涵；中国公民同其他文明国家的公民一样，依法享有新闻自由的权利。

任何自由都是以不侵害他人的合法自由为条件的。中国宪法第五十一条规定：

“中华人民共和国公民在行使自由和权利的时候，不得损害国家的、社会的、集体的利益和其他公民的合法的自由和权利。”第五十二条至五十四条还分别规定，公民有维护国家统一和全国各民族团结，遵守宪法和法律、保守国家秘密，维护国家安全、荣誉和利益的义务。

在中国，对于公民依法享有的言论、出版、新闻自由，民法、刑法及《出版管理条例》、《广播电视管理条例》、《电子出版物管理规定》等行政法规，有进一步更为明确的规定。以《出版管理条例》为例，该条例第一条规定：“为了加强对出版活动的管理，发展和繁荣有中国特色的社会主义出版事业，保障公民依法行使出版自由的权利，促进社会主义精神文明和物质文明建设，根据宪法，制定本条例。”第五条规定：“公民依法行使出版自由的权利，各级人民政府应当予以保障。公民在行使出版自由的权利的时候，必须遵守宪法和法律，不得反对宪法确定的基本原则，不得损害国家的、社会的、集体的利益和其他公民的合法的自由和权利。”第四十八条规定：“国家制定有关政策，保障、促进出版事业的发展与繁荣。”

中国法律在公民新闻自由的保护上，通过两个方面加以落实。一是保护公民通过新闻媒介享有表达权，二是通过新闻媒介使公民享有知情权。

现行宪法第四十一条规定：“中华人民共和国公民对于任何国家机关和国家工作人员，有提出批评和建议的权利；对于任何国家机关和国家工作人员的违法失职行为，有向有关国家机关提出申诉、控告或者检举的权利，但是不得捏造或者歪曲事实进行诬告陷害。对于公民的申诉、控告或者检举，有关国家机关必须查清事实，负责处理。任何人不得压制和打击报复。由于国家机关和国家工作人员侵犯公民权利而受到损失的人，有依照法律规定取得赔偿的权利。”《出版管理条例》第二十四条规定：“公民可以依照本条例规定，在出版物上自由表达自己对国家事务、经济和文化事业、社会事务的见解和意愿，自由发表自己从事科学研究、文学艺术创作和其他文化活动的成果。”这些法律文件和有关规定，明确规定了法律对公民表达权的保护。同时，这些条文也保护了公民的舆论监督与社会参与的权利。

对于公民享有的知情权，法律文件也有明确的规定。公民可以通过付酬取得报刊、免费或付酬收视广播电视而获得关于国家事务、社会事务的重要信息，政府各级机关有义务定期向新闻界通报自己的决策、工作和政府公务员的行政表现，再通过新闻媒介告知公民。

我国目前尚无新闻法、出版法和广播电视法等新闻传播活动的专门法律。因此，从法理上说，也还没有新闻传播工作者和新闻媒介机构的职业权利与职业义务。一般情况下，新闻传播工作者的职业行为，是依据宪法及有关法律、新闻出版行政机构颁布的行政法规调节的。

第三节 新闻传播的调控

一、新闻传播调控的意义

调控就是调节和控制。调节指从数量上或程度上调整，使适合要求；控制指掌握分寸，不使事物动作任意活动或超出范围，或使事物动作处于自己的占有管理或影响之下。从控制论看，新闻传播的调控，是施控方——新闻媒介机构及其新闻传播者——通过新闻传播通道，对受控方——新闻受传者——发送新闻信息的流向及流量所进行的调节与控制。从新闻传播学看，新闻传播调控，主要指国家和政党利用法律、行政、物资以及新闻宣传纪律等手段，对新闻信息传播的流向与流量进行强制性的管理与约束。实施新闻传播调控总的目的，是为了争取实现新闻信息传播效果最优化，以最经济的办法，传输最多的信息，争取最好的传播效果。

具体看，实施新闻传播调控的第一个目的，是为了确保新闻传播活动和新闻传播事业的运作适合社会发展的总方向、总目标，使它们尽到应尽的社会责任。所谓社会责任，指的是新闻媒介机构和新闻传播者进行新闻传播和新闻经营活动时，对国家安全、社会发展及公民身心健康承担的法律、道德责任与社会义务。在中国，要求新闻媒介成为党的、政府的和人民的耳目喉舌，就必须加强对新闻传播的调控。

实施新闻传播调控的第二个目的，是国家为了监管媒介机构履行其编辑方针。在当代，不管实行注册登记制还是申请批准制的国家，创办人在申请创办新闻媒介机构时，必须申报其编辑方针。所谓编辑方针，指办报刊和电台、电视台、新闻网站的主旨、立场以及内容、形式等相对固定的总体设计。编辑方针一经主管部门批准，就有履行的义务。国家据此调控媒介的新闻传播行为和媒介经营行为。

实施新闻传播调控的第三个目的，是为了引导新闻媒介机构的新闻信息的流向和流量，使新闻媒介经营的社会效益能够满足社会受众的需求，实现社会效益和经济效益的适度结合，为人民群众提供健康向上的文化产品，是新闻传播者的责任。国家据此调控新闻媒介机构，实际上是对新闻传播活动的把关定向。

在当代社会，不同阶级、政党、集团以及政府对其所属或所管辖的新闻媒介机构及新闻传播者有不同的要求，规定不同的社会责任，制定不同的法律和道德规范，并且采取一定的手段和形式监督其执行。这就是新闻传播调控的意义。

二、新闻传播调控的途径

国家、政党和集团，主要是国家机关和政府主管部门，对新闻传播活动和媒介经营活动进行调控的主要途径有：

1. 控制生产报纸、期刊、广播电视节目和新闻网站的物质生产资料——印刷机械、纸张、电台和电视台的播出设备等。对能够承担社会责任的新闻媒介机构，分配量多质优的物质生产资料，或运用市场手段提供方便条件，而对那些不能承担起码的社会责任的媒介机构，则少分配乃至不供给物质生产资料。

2. 控制广告的流向和流量。广告是现代新闻媒介的血液，对一些新闻媒介供给广告，对一些违反承诺的媒介则不供给或少供给广告，亦即实行广告的垄断，鼓励承担社会责任的新闻媒介，制约不能很好地承担社会责任的新闻媒介。

3. 控制新闻信息的采集和发布。对承担社会责任的新闻媒介，在新闻线索的提供、新闻信息的采访和发布等方面，给予种种方便，而对那些不能很好承担社会责任的新闻媒介，则剥夺、干预和设置种种障碍。

4. 控制节目的播出和接收。利用广播波段的分配和电视频道的配置，分别调控能够承担社会责任和不能承担社会责任的新闻媒介，对某些电台和电视台，号召和鼓励人们去收看收听，而对另一些电台和电视台，则阻止人们去视听，甚至运用干扰技术，破坏和阻止对这些电台和电视台的收听收视，甚至收回牌照，禁止运营。

5. 控制发行。对承担社会责任表现突出的新闻媒介，号召甚至组织订阅，而对另一些新闻媒介，则进行阻挠、限制其发行。有的提供种种方便条件，有的则不许发行、不许征订、不提供邮发机会。甚至收回刊号，中止运营。

6. 收取高额营业税和保证金。有的国家和地区规定，创办新闻媒介和经营新闻传播业，必须交纳保证金和纳税，一旦触犯有关法规，还处以罚款，以此制约新闻媒介承担一定的社会责任。

7. 制定新闻检查和惩处法规。通过原稿审查、事后检查，制约媒介机构和新闻传播者按有关法规运作，一旦违规，则依法给予制裁。这是国家调控新闻传播最强有力的手段。

8. 规定新闻宣传纪律。党派团体还可以制定或规定一定的新闻政策和新闻纪律，对违反党纪和责任制的新闻媒介与新闻传播者给予纪律处分。这种纪律，是政党属下的新闻媒介经常遇到的一种调控手段。

除了上述各项，对新闻媒介和新闻传播者的调控还有一种十分有力的手段，即通过舆论的力量倡导新闻职业道德，同时通过新闻评议会等机构对传媒实行社会监督，一方面使传媒和新闻传播者有规可依，另一方面，可以督促传媒和新闻传播者根据自己的社会责任与道德规范实行自律。

总之，国家、政府和政党调控新闻传播活动和媒介经营活动的手段是多种多样的。无论是资本主义国家还是社会主义国家，也无论是资产阶级政党还是无产阶级政党，都运用种种手段和方法，通过对新闻传播事业生产资料的不同占有方式，制定不同的新闻法规，对新闻传播实行调控，由此决定了各国新闻自由的基本特征，以及资本主义新闻自由和社会主义新闻自由的本质区别。

三、中国实施新闻传播调控的规范

中国目前对新闻传播活动和新闻传播事业实施调控，是通过执政党、政府、法律、集团和行业五个方面进行的。各个方面有相对齐备的规范，大致有：

（一）政党调控

中国由于传统的习惯，以及管治新闻媒介的法律尚不齐备，尤其没有专门的新闻法、出版法、广播电视法及新闻记者法等新闻专门立法，长期以来以党委主管新闻媒介，并已形成较为齐全的政策及规定。中国共产党是中国的执政党，中国共产党一贯坚持对中国新闻媒介的领导。江泽民在《关于党的新闻工作的几个问题》中指出，我们国家的报纸、广播、电视等是党、政府和人民的喉舌。这既说明了新闻工作的性质，又说明了它在党和国家工作中的极其重要的地位和作用。为此，中共中央在《关于当前报刊新闻广播宣传方针的决定》中要求：

1. 报刊、新闻、广播、电视，必须严格按照十一届三中全会以来党的路线、方针、政策进行宣传。

2. 报刊、新闻、广播、电视要认真进行关于坚持四项基本原则的宣传。

3. 报刊、新闻、广播、电视要大张旗鼓地宣传建设社会主义的高度精神文明。

4. 报刊、新闻、广播、电视要正确处理表扬和批评的关系，要坚持以表扬为主的方针。

5. 报刊的文艺作品或评论，广播、电视的文艺节目，有重大的社会影响。一定要坚持为人民服务、为社会主义服务的方向，正确贯彻执行“百花齐放、百家争鸣”的方针。

6. 报刊、新闻、广播、电视是党的舆论机关，要加强组织纪律性。必须无条件地同中央保持政治上的一致，不允许发表与中央路线、方针、政策相违背的言论。必须接受和服从党的领导，凡是涉及党的路线、方针、政策以及重大政治性理论问题，对外必须统一于党中央的决定和口径，与党的步调一致，不得各行其是。

中共中央在《关于坚决、妥善地做好报纸刊物整顿工作的通知》（1987.3.29）中要求：

1. 端正新闻、舆论阵地的思想政治方向，首先要把有关报刊及其出版单位整顿好。这是反对资产阶级自由化的一个重要方面，也是保证这场斗争顺利发展的必要条件。

2. 有下列情况的报刊，应作为重点进行整顿：（1）长期陆续发表反对四项基本原则、宣传资产阶级自由化言论，错误严重、影响恶劣的报刊；（2）思想政治方向不端正，背离四项基本原则，宣传和支持资产阶级自由化观点，宣传极端个人主义、民族虚无主义、反爱国主义，妨碍民族团结，违反外事纪律，而地位重要、影响较广的报刊；（3）热衷于摘编资产阶级自由化观点及其他错误言论，集中加以传播的文摘报刊；（4）严重违反中央和国务院主管部门有关办报办刊的规定，不具备办刊条件或根本背离原定办刊宗旨的报刊；（5）宣扬性解放、性生活、性心理，格调低劣，内容污浊，有严重社会伦理错误、社会效果很坏的报刊；（6）应予查禁的淫秽、色情、凶杀报刊和各种私自编印、公开出售或秘密出售的非法出版物。

3. 对重点整顿的报刊，要根据错误的性质、程度，并考虑其不同的历史、地位、影响，以及领导班子、编辑队伍的状况，在认真抓好思想整顿的同时，有领导、有区别地采取切实有效的组织整顿措施。

对实际上已成为宣传资产阶级自由化的阵地，而又没有继续存在必要的报刊，应予停办。对错误比较严重，在群众中造成了恶劣影响的报刊，一般应先停刊整顿，视整顿情况再决定是否继续出版。对政治方向不端正，发表过不少错误言论，但不宜停刊整顿的，应坚决调整领导班子和充实领导人员，边出版边整顿。对根本背离原定办报办刊宗旨，不具备办刊条件，社会效果很坏的，要下决心停办或合办一批。

中国共产党对新闻传媒的调控，除上述近年发表的重要规定之外，不少历史文件至今依然具有一定的调控作用，择其要者简述如下：

《中共中央关于宣传工作中请示报告制度的决定》（1948.6.5）

“决定”指出，为了严格统一党的宣传，在宣传部门中消灭或多或少存在着的无政府状态或无纪律状态，特规定宣传工作中的指示报告制度如下：

1. 各地党报必须执行毛主席所指示的由各地党的负责人看大样制度，每天或每期党报的大样须交党委负责人或党委所指定的专人作一次负责的审查，然后付印。

2. 各地党报的社论及编者对于新闻的政治性和政策性的按语与对于读者政治性和政策性的问题的答复，必须由党委的一个或几个负责人阅后批准后，才能发表。凡该级党委所不能负责答复的问题，应请示上级党委或新华总社，而不应轻率答复。

3. 凡各级党委及其负责人，对于带有全国性或全党性的问题的言论，其内容有不同于中央现行政策和指示者，应事前将意见和理由报告中央批准，否则，不能发表。其内容虽同于中央现行政策和指示，但其性质特别重要者，亦应事前向中央请示。其属于地方性局部性的言论，在由县委、市委起直至中央分局止的各级党委之间，亦应执行上述同样的原则，即凡新的和特别重要的宣传，均应向上级党委请示。

《中共中央关于新华社记者采写内部参考资料的规定》(1953.7)

"规定"指出，新华通讯社是国家通讯社。它的任务是要成为消息总汇，充分地、及时地、精确地报道对人民群众有教育意义、对实际工作有参考或参考意义的新事物、新情况、新人物和新经验。同时，由于新华社的记者分布较广，还可以并应当利用他们的便利条件，反映工作中存在的一些问题、缺点和群众的思想情况，供给中央负责同志参考。

目前，中国主要新闻传播媒介都负有采写内部参考资料的任务。

《中共中央关于在报纸刊物上展开批评和自我批评的决定》(1950.4.19)

"决定"要求：

1. 凡在报纸刊物上公开的批评，都由报纸刊物的记者和编辑负独立的责任。

2. 对于工农通讯员的稿件，同样适用上述办法。

3. 读者来信中的有益的批评，凡报纸刊物能判断其为真实者，应当加以发表。

4. 批评在报纸刊物上发表后，如完全属实，被批评者即应在同一报纸刊物上声明接受并公布改正错误的结果。如有部分失实，被批评者即应在同一报纸刊物上作出实事求是的更正，而接受批评的正确部分。如被批评者拒绝表示态度，或对批评者加以打击，即应由党的纪律检查委员会予以处理。上述事情触犯行政纪律法律的部分，应由国家监察机关司法机关予以处理。

对于上述决定，1954年7月17日颁布的《中共中央关于改进报纸工作的决议》有了进一步规定，指出，为了切实保障在报纸上正确地、健全地、充分地开展批评和自我批评，报纸编辑部要在党委领导下积极负责，在报纸上发表的批评的事实必须经过认真的调查研究，批评的态度和观点必须正确，严格按照党的原则、中央的决议和党委的意图办事，做到实事求是。党报编辑部和党委如有不同意见，除必须执行党委的决定外，有权向上级党委或上级党委机关报申诉。各级党委应从各方面给报纸编辑部的工作以积极的支持，在组织上加强党委机关报，并责成编辑部努力加强和提高编辑、记者的党性锻炼和政治水平，经常开展编辑部内部的批评和自我批评，经常听取读者对报纸编辑部的批评，使编辑和记者们能够担负起这一极端严肃的政治任务。各级党的组织和每个党员，对于党委机关报所进行的事实调查，有责任给以诚实的迅速的答复。

《中宣部关于党报不得批评同级党委问题给广西省委宣传部的复示》(1953.3)

"复示"指出，党报是党委会的机关报，党报编辑部无权以报纸与党委会对立。党报编辑部如有不同的意见，它可在自己权限内向党委会提出，必要时并可向上级党委、上级党报直至中央提出，但不经请示不能擅自在报纸上批评党委会，或利用报纸来进行自己与党委会的争论，这是一种脱离党委领导的作风，也是一种严重的无组织无纪律现象。

《中共中央关于坚持"少宣传个人"的几个问题的指示》(1980.7.30)

"指示"指出，报纸上要多宣传马列主义、毛泽东思想，多宣传社会主义优越性和工、农、兵、知识分子为四个现代化奋斗的成就，多宣传党的政策方针决议，少宣传领导人个人的没有重要意义的活动和讲话。

（二）政府调控

中华人民共和国政府60多年来通过行政执法、物资分配、广告统管、财政拨款、新闻审读对新闻传媒进行调控和管治。行政执法的规定不少，重要的有：

1.《中央人民政府政务院关于统一发布中央政府及其所属各机关重要新闻的暂行办法》（1949.12.9）；

2.《中央人民政府公安部关于发布公安新闻办法的规定》（1950.7）；

3.《中央人民政府邮电部新闻总署关于邮电局发行报纸暂行办法》（1950.2）；

4.《中央人民政府新闻总署关于建立广播收音网的决定》（1950.4.14）；

5.《中央人民政府新闻总署关于各报应保守国家机密的指示》（1950.9.6）；

6.《中央人民政府政务院管理书刊出版业印刷业发行业暂行条例》（1952.8.16）；

7.《国务院关于地方人民广播电台管理办法的规定》（1955.9.12）；

8.《卫生部关于授权公布传染病疫情的通知》（1989.11.8）；

9.《新闻出版署关于在京举办新闻发布会登记暂行办法》（1993.9.8）；

10.《新闻出版署、广电部、文化部关于查处非法音像出版物的通知》（1993.2.9）。

长期以来，中国关于报刊所需新闻纸和其他纸张，印刷工厂和机械，广电的播出设施，频道与波段资源都由政府统一分配。进入市场经济以来，有的物资供应已敞开，但有的仍由主管部门统一安排。

《国务院办公厅关于加强广告宣传管理的通告》（1985.11.15）规定，凡是经营广告的单位（包括专营的和兼营的），都必须向当地工商行政管理机关申请登记，否则一律不准经营广告业务。新闻单位设立的广告部门，经工商行政管理机关批准登记后，才能经营广告业务。严禁新闻记者借采访名义招揽广告，严禁利用发布新闻的形式刊播广告，收取费用。

《新闻出版署报纸管理暂行规定》（1990.12.25）第四十六条规定，凡出版正式报纸的报社经营广告业务，须持"报刊登记证"向有关工商行政管理部门申请"广告经营许可证"，获准后方可开展广告业务。报社开展广告业务，应由报社的广告部门及专职广告人员进行，其他部门和人员一律不得经营广告业务。报刊出版以后，由党委和政府组织专家和资深报刊工作者，根据前述党委要求和行政管理规章对之进行阅读评议，对违规者依法进行处罚，对守法且在新闻宣传上表现出色者进行表彰。

（三）法律调控

中国至今虽无专门的新闻法、出版法和广播电视法，但监管新闻传播的相关法规和规章也已不少。当前关于新闻传播活动的法规规章大致分三个层次：一是散见于宪法、刑法、民法等基本法律中有关新闻传播的条文；二是政府行政主管机关制定的监管新闻传媒的专门法规和其他法规中的相关条文；三是各地新闻主管部门制定的关于新闻传媒的规定与章程。这三个层次的法规规章中，最重要的有：《出版管理条例》（1997.2.1）、《报纸管理暂行规定》（1990.12.25）、《报刊管理暂行规定》（1988.11.24）、《广播电视管理条例》（1997.9.1）、《电子出版物管理规定》（1998.1.1）、《印刷业管理条例》（1997.5.1）、《互联网信息服务管理办法》（2000.9.25）。上述法规中，监控管治新闻传媒的主要规定有：

1. 新闻发布与新闻发布会

重大新闻发布。中央宣传部、中央对外宣传小组、新华通讯社《关于改进新闻报道若干问题的意见》（1987.7.18）规定，政治局会议和书记处会议决定中一些可以公开报道的内容，由新华社及时发布新闻。国务院会议作出的可以公开报道的重要决定，由国务院新闻发言人定期（每月一次或二次）举行中外记者招待会或新闻发布会加以介绍，在记者招待会上还可就一个时期内政治、经济、文化等方面全局性的重大问题和群众关心的问题发布新闻并答记者问。

重大灾情、震情、疫情的发布。《中华人民共和国防汛条例》（1991.6.28）第二十八条规定，在汛期，电力调度通信设施必须服从防汛工作需要；邮电部门必须保证汛情和防汛指令的及时、准确传递，电视、广播、公路、铁路、航运、民航、公安、林业、石油等部门应当运用本部门的通信工具优先为防汛防洪服务。电视、广播、新闻单位应当根据人民政府防汛指挥部提供的汛情，及时向公众发布防汛信息。

中央宣传部、中央对外宣传小组、新华通讯社《关于改进新闻报道若干问题的意见》（1987.7.18）第五条要求，重大自然灾害（如地震、水灾等）和灾难性事故，应及时作报道。有外籍和港澳乘客的飞机、火车、航船、汽车失事，应尽可能在文件发出的当天对外报道。如有些情况一时查不清，可先作简短的客观报道，然后再作详细的报道。关于地震、气象、洪水等可能造成重大影响的预报或预测，一般不作公开报道；需要报道时，必须经国务院有关领导批准，由新华社统一发布。卫生部《关于授权公布传染病疫情的通知》（1989.11.8）指出，根据《中华人民共和国传染病防治法》第二十三条规定，授权各省、自治区、直辖市卫生厅（局）可以决定及时如实地通报和公布本行政区域内的传染病疫情，并同时将对外公布的疫情报卫生部备案。发生鼠疫、霍乱、病毒性肝炎、流行性出血热暴发性大流行的疫情，以及艾滋病、性病（淋病、梅毒）病例，在对外通报和公布前须征得卫生部的同意。任何其他单位和个人未经批准，不准对外通报、公布和引用发表未经公布的传染病疫情。2003年以来，个别规定已有改变。

2. 新闻报道

中共中央办公厅、国务院办公厅《关于严禁公开或半公开议论友好国家和友好党内部事务的通知》(1984.10.5)第四条规定，报纸、刊物(包括限于国内发行的刊物)、广播、电视、高等院校教材等可对友好国家和友好党的情况进行正面、客观的报道和阐述，严禁作不友好的评论及将我内部讨论情况公开报道。也不要公开转载外国报刊的一些不友好评论。

中央宣传部、中央对外宣传小组、新华通讯社《关于改进新闻报道若干问题的意见》(1987.7.18)规定，新闻要讲求时效，中央的重大决策、决定和措施，中央领导同志同外宾的重要谈话内容，以及各条战线的重大成就，需要公开发表的，新华社、中央报刊、中央广播电台、国际广播电台、中央电视台都要及时地向国内外作报道，力争发在外电、外台之前。领导人和知名人士逝世，应尽可能在当天对内对外报道。

中央宣传部、中央对外宣传小组、新华通讯社《关于改进新闻报道若干问题的意见》(1987.7.18)指出，突发事件凡外电可能报道或可能在群众中广为流传的，应及时作公开的连续报道，并力争赶在外电、外台之前。2003年以后，又有几个关于突出公共事件新闻报道的文件颁布。

中央宣传部、中共中央政法委员会《关于当前报刊在法制宣传方面应注意的几个问题的通知》(1985.3.27)第二条规定，对于正在侦查、起诉或审理的案件，以及尚未作出终审判决的案件，不要登报刊、广播或上电视；个别必须见报的，要先报道破案、起诉或审理的消息，以后再报道判处结果，不得超越司法程序抢先报道，更不得利用新闻报道制造对司法机关施加压力的舆论。第三条规定，对报道的案件进行评论，要努力做到了解案件的全貌和问题的实质。对于涉及案件适用政策、法律有不同理解时，不要轻率发表肯定或否定的结论性意见。为了维护法律的尊严，对已发生法律效力的终审判决，如有不同意见，可在内部提出或登内参反映。第四条规定，各宣传单位要采取措施，切实把好事实关，维护新闻的真实性。对不慎失实造成不良后果的报道，应该在事后查明真相，总结教训，公开补正，以消除不良影响。如果发现故意歪曲事实，甚至捏造事实，造成恶劣影响的，要追究有关直接负责人员的责任。

中央人民政府新闻总署关于《改进报纸工作的决定》(1950.5.1)第四条规定，报纸对于政府机关及其工作人员、经济组织及其工作人员的工作中的缺点和错误，应负批评的责任。这种批评应当是积极的，富于建设性的，实事求是的和与人为善的。报纸所发表的批评应当要求被批评者作适当的声明，以便向人民群众报告批评的结果。报纸应当用很大的注意来发表和答复读者的来信，特别是关于政府工作、经济建设事业和其他社会生活的批评、建议和询问的信件。这些信件中最重要的可以编入新闻版，其他的可以编入副刊，作为一般报纸副刊的主要内容。改革开放以来，关于舆论监督和新闻批评又有一系列文件出台，但总的来说同上述规定基本上是一致的。

中华人民共和国《宪法》第五十三条、五十四条，中华人民共和国《保守国家秘密法》第二条、三条、八条、九条、十条、二十条至二十六条，实施细则第四条、十条，中华人民共和国《统计法》第十四条，中华人民共和国《军事设施保护法》第十五条、三十条，以及国家保密局、中央对外宣传小组、新闻出版署、广播电影电视部的《新闻出版保密规定》(1992.6.12) 对新闻传播中的保密责任及泄密处罚均有详尽规定。

3. 经营管理

中华人民共和国《商标法》以及国家工商行政管理局、新闻出版署《关于报纸杂志名称作为商标注册的几点规定》(1987.2.6) 对报刊的商品专用权作了明确规定。财政部《关于加强事业单位收入财务管理的规定》(1992.7.23)，中华人民共和国《税收征收管理法》，中华人民共和国《增值税暂行条例》等法规对新闻传媒的税收及减税作了明确规定。新闻出版署、国家工商行政管理局《关于报社、期刊社、出版社开展有偿服务和经营活动的暂行办法》(1988.3.16) 规定，报刊社和出版社在履行国家规定的审批手续后，可以开展有限的有偿服务和经营活动，但必须接受有关方面监督管理并依法纳税。

(四) 集团调控

中国新闻传媒也受到各种社会集团的调控监管，如各民主党派，人民团体如各级工会、妇联、共青团组织，各种学术社团和研究组织，以及各种企事业单位都从不同角度出发，监督新闻传媒。他们通过订阅、评议、撰文、评选、来信、表扬与批评等多种形式对传媒与传播活动进行着软性的调控。近年来，各种民意测验和传媒调查层出不穷，明显地加大了集团调控的压力。

(五) 行业调控

中国新闻传媒的行业调控是通过加强职业道德建设、各种新闻大奖评选、请受众评议、统一行为集体行动等渠道进行的。改革开放以来，中国新闻界先后以反对资产阶级自由化，坚持四项基本原则；反对有偿新闻，坚持为人民服务为社会主义服务方针为主题，不断加强新闻职业道德建设。以中国新闻奖、范长江新闻奖和韬奋新闻奖为代表的从全国到地方的各种评奖活动，不断提升着广大记者编辑的思想品质、作风建设与技艺水平。不少新闻传媒公布监督电话，动员人民群众监督批评记者编辑的工作作风与道德水准。1991 年 1 月 19 日，中华全国新闻工作者协会第四届理事会第一次全体会议通过《中国新闻工作者职业道德规范》，这是社会主义中国第一个完整、全面的新闻职业道德规范，是行业调控的重要准则。以后，这一规范又经过三次修改。

四、新闻传播调控的法制化和科学化

纵观世界各国新闻传播调控的历史与现状，回顾新中国新闻传播调控的经验与问题，可以发现，不断推动新闻传播调控走向法制化和科学化是亟待解决的问题。

（一）加强新闻传播调控法律体系建设

新闻传播调控有多种途径，多种手段，但都必须以事实为依据，以法律为准绳。如前所述，我国至今实施新闻调控的行政法规已较完备，但尚无专门的新闻法、出版法、广播电视法、新闻记者法等法律，也没有隐私权法、反诽谤法等保护公民权利的专项法律，而对于我们这样一个以成文法为特征、以法治为目标的国家，显然是一大缺陷。执政党调控新闻传播媒介，除党纲党章外，也应设有专门的法律规定。社会集团和行业组织参与对媒介及传播行为的管理，也要有法律文件为依据。新闻传播调控的法制化，是科学化的必要前提。我们要在一个不太长的时间里，建设完备的以维护公民及新闻从业人员的新闻自由及防止和惩罚滥用新闻自由为宗旨，维权和调控并举的新闻传播行为法律体系。这是一件十分重要和艰巨的任务。

（二）公正执法，加强对新闻传播调控的监督

新闻传播调控中出现的无法可依、执法不公正和违法现象，提出了加强对新闻传播调控的监督的问题。

对新闻传播的调控，必须逐步废除以言代法、以权代法、“暗箱作业”以及个人意志凌驾于法律之上的做法，坚持公开执法，公正执法。对新闻传播行为和新闻媒介的经营行为的调控与处理，要完全以事实为依据，以法律为准绳。相关的行政处理，也要做到公开、公正、公平、合理、合情。对于被调控监管的一方即新闻媒介机构和新闻从业人员，法律应保证其有为自己申诉和辩护的权利，对于非法或不合理、不正当的调控处理，有提出反批评的权利。

（三）建立维护新闻媒介和新闻从业人员权利的组织

中华全国新闻工作者协会（简称全国记协）的主要任务是帮助全国新闻工作者加强业务学习，交流工作经验，提高思想和业务水平，发展与国外新闻工作者的友好往来。它也应是新闻工作者维护自己合法权益的群众组织，是记者的“娘家”。后面这一功能，在今后应得到明确和充分发挥。全国记协和地方记协可通过设立法律顾问团等机构，为新闻工作者的合法权益服务，引导新闻工作者防止新闻侵权事件的发生。可以通过成立由法学界、新闻传播界及其他社会知名人士组成的新闻评议会等机构，积极参与新闻官司的调处，以监督公正司法，确保新闻传播调控的合法、合理与公平。

（四）加强法治意识，提高新闻传播调控的科学性

法律是由人制定的，法律必须由人自觉遵守。懂得法律，自觉地按照法律制度办事的观念，即为法治意识。为提高新闻传播调控的科学性，调控者和被调控者必须不断地增强法治意识，一切经过法律，一切依据法律。对于广大新闻媒介

机构的管理人员和从业人员来说，加强法制意识，首先要学习、熟悉和掌握同新闻传播行为与经营行为相关的法律、法规，使自己的行为行之有据，不误踩“法律雷区”。其次，要建立和健全各项规章制度，这些规章制度都必须纳入法制轨道，不能有丝毫“打擦边球”的侥幸心理，更不能有“你有政策，我有对策”的所谓小聪明。第三，要经常关注和研究其他媒介机构所涉及的“新闻官司”，从中总结和吸取经验教训，警戒自己。第四，各新闻媒介机构应设立法律顾问，请法律专家把关和建立自我监控制度，以免“新闻官司”发生，新闻官司一旦发生，也可在平时守法的基础上，以法律为武器，维护自己的合法权益。

总之，国家对新闻传播的调控是必要的，其中的法律调控是最重要、最基本的调控。但调控又不是目的本身，更不是万能的，新闻媒介机构和广大新闻从业人员自觉地进行自我调控，是一切成功的社会调控的基础，也是新闻传播事业造福于人民、为亿万人民热忱服务的重要前提。

第四节 新闻自由与新闻调控的平衡

一、建构新闻自由与新闻调控的有序平衡

在现代社会，既不可以没有新闻自由，也不可以没有新闻调控。没有新闻自由，不仅新闻传媒无法有机运行，而且按马克思的说法，如果没有新闻出版自由，其他自由也就成了泡影。同样，没有新闻调控，也不会有真正的新闻自由。这是由于，一旦取消新闻调控，有的传媒就有可能侵犯人们的荣誉权、隐私权，就有可能故意传播假新闻，从而从根本上侵害新闻自由。因此，建构新闻自由与新闻调控平衡的理念，既有理论价值，又有现实意义。

(一) 保障新闻自由是目的

实现新闻自由与新闻调控的平衡，首先要懂得，保障新闻自由是我们的根本目的。现代社会确立新闻自由的理念与保障新闻自由权利，不仅是资产阶级战胜地主阶级、资本主义推翻封建主义的伟大成果之一，也是社会主义制度战胜资本主义制度、使劳动人民真正成为社会主人的前提和保证。因此，利用包括立法在内的一切手段，确立、保护和发展新闻自由，让尽可能广泛的人民群众享受这一自由，便是执政党和人民政府责无旁贷的神圣使命。从这个角度看，最广泛的人民群众是否真正享有新闻自由，是执政党是不是真正立党为公，政府是不是执政为民的重要标志。

但是，由于旧体制遗留下来的新闻观念与新闻体制的影响，由于非马克思主义意识形态总要这样或那样地对抗新的传播制度，由于市场经济带来的无序竞争消极因素的干扰，由于法律调节手段的缺位以及国外各种势力的破坏等原因，使

新闻自由权利的确立与运用受到一定的阻碍和干扰。这样，依法对新闻传媒的运作和新闻自由实施过程中的非正当行为进行调控，就有了必要性和合理性。然而，十分明显，这种必要的、适度的调控，其出发点和最终归宿，说到底，仍然是为了更好地保护新闻自由权利的落实，是为了保障广大人民群众排除各种因素的干扰，真正享受到完全的新闻自由。换言之，实施新闻调控，其根本目的，正是为了保障公民的新闻自由。

（二）实施新闻调控是手段

由于国内外各种因素的干扰和影响，实施新闻调控是必要的、合理的和合法的。然而，实施新闻调控，本身并不是目的，人们只不过试图通过必要的调控反对对新闻自由的压制，或者通过调控防范与反对对新闻自由的滥用，从而使新闻自由真正得以实现。也就是说，实施新闻调控，只是手段，而非目的。在当代中国，任何人利用传媒违反宪法和法律的规定，颠覆国家或损害国家形象，分裂民族团结和国家统一，破坏世界和平和社会安定，宣扬封建迷信和色情庸俗的观点和主张，都可视为对新闻自由的滥用。不坚持反对和批判这种落后、错误的理念与主张，广泛的新闻自由就不可能得到确立和保障。因此，必要的新闻调控就成为重要的执政行为和执政手段，成为保护新闻自由的必要举措。

（三）新闻自由与新闻调控平衡的意义

一个健康运行的和谐社会，既要有充分的新闻自由，又要求政府对于信息流向与信息流量进行适当的、科学的调控，实现新闻自由和新闻调控的平衡。

新闻自由与新闻调控平衡的意义，首先在于通过必要的调控以确保新闻自由的实现，从而保证新闻自由的合法性与适度性。只有这样的新闻自由，才能使新闻传播活动在法治的轨道上运行，才能使广大公民借助新闻与信息的传播享受到一定的知情权、参与权、表达权和监督权，成为社会的真正主人。

新闻自由与新闻调控平衡的意义，其次在于使各种滥用新闻自由的言论和行为受到必要的抑制和反对，使真正的新闻自由受到法治的保障，确保新闻传播活动的合法有序，从而坚持新闻自由的合法性、正当性和积极性。

新闻自由与新闻调控平衡的意义，再次还在于通过这种从不平衡到平衡的调节过程，循序渐进地提升新闻自由的现代化水平，强化识别与反对滥用新闻自由言行的法治手段，从而从总体上推进新闻自由和新闻法治，推动新闻传播事业有序发展，发挥积极有益的社会作用。

二、实现新闻自由与新闻调控平衡的途径

既然新闻自由与新闻调控平衡具有重要意义，就要积极创造条件去促进和推动平衡的实现。从大的方面考察，主要途径有三条：

（一）为广泛新闻自由的实现创造条件

首先，要努力发展生产力，为各种介质新闻传媒发展提供坚实的物质基础，使广大民众增加收入和休闲时间，享有更多的新闻资源。其次，切实加强知情权、参与权、表达权、监督权的建设，为新闻自由提供更扎实的法治基础。再次，推动新闻法、出版法、广播电视法、新闻记者法等新闻传播基本法制的研究、起草、审议和颁布，为新闻自由提供直接的法律支持。

（二）为新闻调控的合法性和制度化构建法律保障

中国目前的新闻调控，虽然依据一定的法律规定和行政管理条例，但大部分仍停留在通过电话传达、传真通知、领导指示或讲话等手段进行管理调控，法治化、制度化水平不高，人治色彩明显，公开性和连续性也不够。因此，要尽快通过立法程序，把一系列调控政策及行政规定转变为国家意志即法律，使调控执法程序公开化、制度化。要坚决改变那些凭经验、凭印象、甚至凭情绪执法的做法，改变那种因人而异、因时而异、因事而异的陋习，坚持实施党政分开、政企分开、新闻传播活动与经营管理活动分开等原则，废除不准异地办媒体、不准异地舆论监督等规定，并把传媒准入与退出机制的改革开放新成果尽快法治化、制度化。

（三）研制新闻自由与新闻调控平衡科学评估机制

中国当前新闻自由实施程度水平如何？民众和新闻传播工作者对新闻自由满意度如何？滥用新闻自由的情况和特点又如何？需要有一个科学的评估和适当的把握。当前实施新闻调控的力度如何？效果又如何？采取的举措是否有法可依？执法程序是否公开和公正？民众和新闻传播工作者对这些举措反应如何？对于这些，同样需要有科学与适当的评估与把握。同时，还需要对开放新闻自由和实施新闻调控二者的效果进行总体评估，看它们是否平衡，是否适度，这又需要有一定的评估方法和评估指标。因此，研制科学而可行的新闻自由与新闻调控平衡的评估机制，是实现新闻自由与新闻调控平衡的重要途径和方法。

三、推进新闻体制改革，提升新闻自由与新闻责任统一的自觉性

实现新闻自由与新闻调控的平衡，必须积极推进政治体制改革和新闻体制改革，实现新闻自由与新闻责任的统一。自由与责任是统一的。没有不负责任的自由，也没有缺乏自由的责任。为此，必须针对中国当前新闻管理实际，重点做好以下三方面工作。

（一）弱化政府新闻调控，强化传媒自我管理

在维持新闻自由与新闻调控平衡的过程中，政府有时实施新闻调控有余，保障新闻自由不足；实施新闻调控的过程中，有时秉公执法，有时却凭感觉和情绪，个人随意性很强。而传媒有时片面地维护新闻自由，对政府的新闻调控不理解、不支持、不配合；或者消极地对待来自政府的新闻调控，没有主动地、积极地实

施自我调控，自我管理。在这种情况下，应该弱化政府的新闻调控，使政府的新闻调控制度化、法治化、规范化；强化新闻传媒的自我调控，自我管理，使传媒使用新闻自由权利的时候既有章可循，避免滥用，又在自觉守法的轨道上运作。

（二）增强新闻传媒和新闻传播工作者的新闻责任意识

新闻传媒和新闻传播工作者在使用新闻自由权利的时候，时时、事事、处处都应该保持强烈的新闻责任意识。它们使用新闻自由权利，不是为自由而自由，也不是仅仅停留在享用上。新闻传媒和新闻传播工作者利用新闻自由，宣传自己赞成和拥护的政治经济制度，维护自己欣赏的国家、团队或人物的形象，抨击侵害国家和人民利益的人与事，也就是说，新闻传媒和新闻传播工作者应以明确的、高度的社会责任感，去呼喊自己之所支持，维护自己之所珍爱，抨击自己之所反对。

（三）推进政治体制和新闻体制改革，正确定位传媒与政府的社会角色

为保持新闻自由与新闻调控的平衡，政府与传媒要各司其职，担当不同的社会角色。而在当前的实际生活中，政府与传媒常常角色错位，政府调控过严，对新闻自由开放不够；传媒滥用自由，自我管理松懈。为此，需要双方正确定位。其中重要的工作之一，是推进政治体制改革和新闻传播体制改革。因为之所以角色定位失误，很多情况下由体制弊端造成。政府民主意识淡薄，片面视传媒为一己工具，无视新闻传播规律，对新闻传媒工作干预过多，侵害新闻自由。传媒罔顾社会责任，片面追求商业利润，或法治意识淡薄，逃避必要的新闻调控，而规范政府、传媒和民众关系的相关体制，常常赋予政府过多的权力而侵害传媒与民众的民主自由，或赋予传媒过多的权利而令传媒置调控于不顾侵犯民众的民主自由。

推进政治体制改革和新闻传播体制改革是一项极其重要而难度颇大的系统工程，既要有积极稳妥的态度与政策，又要有足够的智慧和力度。相信有 30 多年改革开放经验教训之积累，从长计议，群策群力，一定会有良好的效果。在我国不断开放的新闻自由和科学有效的新闻调控之间的平衡，一定能够实现并坚持下去。

思考题

1. 新闻传播有机运行的物质技术前提。
2. 新闻传播有机运行的民主政治前提。
3. 国际社会新闻自由概念的形成与发展。
4. 马克思主义新闻自由观。
5. 中国法律对新闻自由的规定。
6. 国家调控新闻传播的意义。

7. 新闻传播调控的主要途径。
8. 中国关于新闻传播调控的规范内容。
9. 新闻传播调控法制化和科学化的意义和途径。
10. 新闻自由与新闻调控平衡的意义及实现途径。

后记

POST SCRIPT

大凡作者在写完一本书的最后一个字画上句号的时候，都有一种如释重负的感觉，也必定会有许多话想对这本书设定的未来读者说。作为凡夫俗子，我也未能免俗。

这本书的写作计划，是我上半年在香港执教时，责任编辑陈萍女士一再来电敲定的，并得到总编辑杨耕先生的首肯，太感谢了。不料回京后工作一件接一件。先是完成《中西新闻比较论纲》，接着是写完中国新闻学研究百年的理论新闻卷。刚开始着手写作本书，不料学位办又下达任务，两个月内要完成一本同等学力申报硕士学位全国水平考试大纲及指南，新闻学院嘱我牵头。一公一私，我们这号年龄的人，已习惯于以公为第一，放下已经开始的本书的写作，全力以赴完成学位办的任务。

这本书的写作花了整整三个月，却奉出了我专心研究与执教理论新闻传播学二十多年的思考。自从师从甘惜分教授攻读两个学位以来，我始终遵循用自己的治学方法，用自己的学术语言，阐述自己的学术见解的师训。其中不管被捧杀也好，被棒杀也好，一如既往，经年不改。

这本书的完成要感谢两个人：我的夫人林涵教授和这本书的责编陈萍女士。没有这两位在背后催促，心肠太软的我肯定会碍于面子，为朋友这里去一天，那里去一次，把本书的写作拖到猴年马月。陈萍的电话具有极大的威慑力，几次电话，都让我加强了倒计时的意识。我夫人以教授之尊，为我读稿、录入、校对、查找资料，每天起早贪黑，她倒不在乎："按时把稿交给陈萍，别的好话不必说。"但愿此书的问世和社会反响，给她们两位补上一点我的歉意。

童兵

1999年12月5日

于北京塔院迎春园寓所

第二版跋

本书初版于2000年1月，到这个修订版交稿，时间过去整整十一年。这十一年间，无论是国家、社会还是我个人，都发生了不小的变化。中国加入WTO以来，在国际上的地位和影响已非昔日。除了“人均”这一在今后一二十年内还不可逆转的指数外，中国在诸多领域的全球排位已名列前茅。在经济全球化和新媒体突飞猛进的态势下，随着跨文化传播的浪潮，中国的新闻传播事业和产业、新闻传播教育和科学研究都有了长足的拓展。在这种情况下，对本书初版进行修订的呼声不时传来，令我颇有压力。

我于2001年年底移教于复旦大学新闻学院。但十年来，我同中国人民大学新闻学院的学术交往和科研合作始终没有中断，至今我仍受人大委托，担任着新闻学院教育部人文社会科学重点研究基地——新闻与社会发展研究中心学术委员会副主任。我同中国人民大学出版社的友好合作关系也一如既往。除社长贺耀敏时有接触，负责新闻传播专业出版事务的几位编辑如陈萍、司马兰、李学伟，更是常有联络。这本修订版的出版，就是他们不断催促并做了辛苦的文案工作的结果。

这次修订，增添了几节新的内容，它们是：第六章新闻传播媒介加了第五节：新媒介时代的媒介融合；第七章新闻传播事业加了第六节：文化产业和新闻传播体制改革；第十章新闻传播调控加了第四节：新闻自由与新闻调控的平衡。这三节新加的内容，反映了近几年新闻传播活动条件的变化、新闻传播产业的拓展和中国人权事业的进步。

这次修订，对一些初版中不甚明确、不够准确的地方，或十年来业界现状、学界理念有所变动之处，作了必要的修改或重写。对一些用词遣句方面的毛病，也作了改正或调整。

出版社的朋友希望修订时增加一些实例，我认真考虑了他们的要求与建议。但思虑再三，还是没有这样做。其原因仍同初版时我在序言中所言的那样。这里不嫌其烦，再复述一遍："作为导论，本书努力于基本规律的认识与阐述，并尽作者力所能及，构建一个逻辑联系较为合理、清晰的理论框架。这样做，一是为了使学子们有最基本的东西可学，不再受'新闻无学'的影响；二是为了使用这本书的教师有较大的发挥空间。因此，这本书总的风格是突出专业知识与基本理论的阐释，而不提供过多的例证。"

末了，要特别向本书的现任责编李学伟先生表示衷心的感谢。他在修订版的成书与付梓过程中，做了大量艰苦而繁琐的工作。

修订版中诸多修改之处是否妥当，全书框架与阐述是否合理，静候读者批评指正。

童兵

2011 年 3 月 13 日

于上海文化佳园寓所

相关课程教材推荐

书号	书名	作者	定价
978-7-300-11125-4	传播学教程（第二版）	郭庆光	45.00 元
978-7-300-27055-5	新闻理论教程（第四版）	杨保军	49.80 元
978-7-300-20150-4	新闻理论新编（第二版）	郑保卫	39.80 元
978-7-300-08629-3	大众传播理论：范式与流派	刘海龙	59.80 元
978-7-300-18386-2	传播学纲要（第二版）	陈力丹	35.00 元

配套教学资源支持

尊敬的老师：

衷心感谢您选择人大版教材！相关的配套教学资源，请到中国人民大学出版社官网（www.crup.com.cn）下载。部分教学资源需要验证您的教师身份后，才可以下载。请您登录出版社官网后，点右上角“注册”，填写“会员中心”的“我的教师认证”项目，等待后台审核。我们将尽快为您开通下载权限。

如您急需教学资源或教材样书，也可以直接与我们的编辑联系。

联系人：龚洪训　　电话：010-62515637　　电子邮箱：6130616@qq.com

欢迎加入全国新闻教师 QQ 群（群号：259226416），开展学术讨论，交流教学心得。

全国新闻教师群
扫一扫二维码，加入群聊。

俯仰天地　心系人文

www.crup.com.cn

中国人民大学出版社

欢迎登录浏览，了解图书信息，下载教学资源

图书在版编目（CIP）数据

理论新闻传播学导论/童兵著．—2版．—北京：中国人民大学出版社，2011.6
21世纪新闻传播学系列教材
ISBN 978-7-300-13959-3

Ⅰ．①理…　Ⅱ．①童…　Ⅲ．①新闻学：传播学-高等学校-教材　Ⅳ．①G210

中国版本图书馆CIP数据核字（2011）第119805号

21世纪新闻传播学系列教材
理论新闻传播学导论
第二版
童兵　著
Lilun Xinwen Chuanboxue Daolun

出版发行	中国人民大学出版社		
社　　址	北京中关村大街31号	**邮政编码**	100080
电　　话	010－62511242（总编室）		010－62511770（质管部）
	010－82501766（邮购部）		010－62514148（门市部）
	010－62515195（发行公司）		010－62515275（盗版举报）
网　　址	http://www.crup.com.cn		
经　　销	新华书店		
印　　刷	固安县铭成印刷有限公司	**版　　次**	2000年1月第1版
开　　本	787 mm×1092 mm　1/16		2011年7月第2版
印　　张	13.25	**印　　次**	2025年6月第15次印刷
字　　数	253 000	**定　　价**	39.00元